KB160040

부의 추월차선

the Millionaire Fastlane: Crack the Code to Wealth and Live Rich for a Lifetime
Copyright © 2011 by MJ DeMarco
All rights reserved.
Original English edition published in 2011 by Viperion Publishing Corporation, USA.
Korean translation rights arranged with Viperion ASSET MANAGEMENT
and BOOKSETONG Co., LTD.-THOTH PUBLISHING, Korea.
Korean translation edition © 2013 by THOTH PUBLISHING.

이 책의 한국어판 저작권은 저작권자와의 독점계약으로 토트출판사에 있습니다.
신저작권법에 의해 한국어판의 저작권 보호를 받는 서적이므로 무단 전재와 복제를 금합니다.

부자들이 말해 주지 않는 진정한 부를 얻는 방법

부의
추월차선

엠제이 드마코 지음 | 신소영 옮김

토트

'람보르기니 예언'이 실현되다

추월차선은 오래전 내가 뚱뚱한 10대 소년이던 시절에 우연한 기회로 시작되었다. 그 기회는 전설적인 자동차 람보르기니 카운타크를 몰던 한 낯선 사람 덕에 찾아왔다. 추월차선이 탄생한 후, 나는 더 이상 부자가 되기 위해 일, 저축, 무조건적인 절약, 8%의 주식 수익률 따위에 매몰된 월급쟁이로 살 필요가 없게 되었다.

이 책에는 람보르기니가 종종 예시로 등장하는데, 이것은 내가 람보르기니 몇 대를 가지고 있다고 자랑하기 위함이 아니다. 람보르기니라는 아이콘은 내 삶의 예언이 실현되었음을 의미한다. 그 예언은 내가 처음 람보르기니를 실제로 보았던 그날, 안주하는 삶으로부터 벗어나라고 내 엉덩이를 걷어찼다. 나는 젊은 람보르기니 주인에게 간단한 질문을 던졌다.

"어떻게 하면 그런 멋진 차를 살 수 있어요?"

그때 내가 들은 짧고 강력한 대답은 뒤에서 공개될 것이다. 하지만 나는 더 자세한 대답을 원했다. 그 남자가 나와 1분, 1시간, 1일, 아니 1주 동안 이야기를 나눠 주었으면 했다. 그 젊은 이방인이 나에게 람보르기니가 의미하는 것 즉, '부'를 어떻게 하면 얻을 수 있을지 알려 주는 멘토가 되어 주길 바랐다. 그 남자가 차로 돌아가 내게 도움이 될 만한 책이라도 한 권 집어 주었으면 했다.

요즘 내가 람보르기니를 타고 거리로 나설 때면 나는 역할이 뒤바뀌어 내 어린 시절의 그 장면으로 돌아간다. 나는 추월차선 성공을 기념하기 위해 전설적인 자동차 중 하나인 람보르기니 디아블로를 샀다. 일반인의 집값보다 비싼 차를 몰 기회가 아직 당신에게 없었다면, 어떤 느낌인지 알려 주겠다. 주저할 새가 없다. 사람들은 당신을 뒤쫓는다. 당신의 차를 바싹 따라와서 흘끗흘끗 보다가 사고를 낸다. 주유하는 일조차 이벤트가 된다. 사람들은 사진을 찍고, 환경운동가들은 당신을 노려보고, 당신을 질투하는 사람들은 당신의 '물건'은 시원치 않을 거라고 생각하며 스스로를 위로한다. 람보르기니는 사람들이 범접하기 어려운 꿈 같은 인생을 상징하기 때문이다.

이제 나는 내가 20여 년 전에 던졌던 질문을 받으면 책 한 권과 어쩌면 꿈까지도 줄 수 있게 되었다. 이 책이 바로 나의 대답이다.

엠제이 드마코

차례

머리말 '람보르기니 예언'이 실현되다   4

프롤로그 부자가 되는 길에는 지름길이 있다   10

PART
1

부자 되는 데 걸리는 시간 50년? 맙소사!

1 '천천히 부자 되기'로는 가망이 없다   19

2 돈은 기하급수적으로 벌어들이는 것이다   22

PART
2

제대로 공부하고 역경을 이겨내야 목적지에 도달한다

3 백만장자는 사건이 아니라 과정에 의해 만들어진다   41

4 부를 향한 재무 지도 세 가지   46

PART
3

가난을 만드는 지도 : 인도(人道)

5 돈은 돈 문제를 해결하지 못한다   55

6 부자처럼 보이는 것과 진짜 부자인 것의 차이   63

7 평범하다는 것은 현대판 노예라는 뜻이다 68

8 '인생 한 방'을 노리는 사람은 가난을 면치 못한다 76

9 인생을 남의 손에 맡기고 남 탓하며 사는 사람들 79

PART
4

평범한 삶을 만드는 지도 : 서행차선

10 절약만으로는 절대 부자가 될 수 없다 87

11 당신은 자유를 사기 위해 자유를 팔고 있다 99

12 당신이 부의 길이라고 믿었던 것들의 함정 105

13 학위보다 빚더미를 먼저 안겨 주는 교육 116

14 자가당착에 빠진 서행차선의 구루들 120

15 서행차선을 벗어나는 비밀의 출구 125

PART
5

부자를 만드는 지도 : 추월차선

16 빠르게 부자가 되기 위한 사고방식은 따로 있다 137

17 직장 같은 사업은 No! 사업은 시스템으로 굴려라 152

18 초고속으로 돈을 벌고 불리는 방법 157

19 추월차선 진입을 예고하는 다섯 가지 사업 씨앗 170

20 부자가 복리를 활용하는 방식 184

21 돈이 저절로 따라오는 영향력의 법칙 192

PART
6

지금 당신 인생의 운전대를 잡아라

22 당신을 소유하고 있는 것은 누구인가   201

23 수백 가지 선택의 결과가 지금의 당신이다   206

24 올바른 선택을 위한 가중평균 의사결정 매트릭스   212

25 역풍으로 작용하는 사람들에게 등을 돌려라   226

26 노동 시간은 자유 시간의 대가다   231

27 시스템과 돈 나무를 키우는 교육   240

28 시스템과 사업에 진정으로 헌신하고 있는가   250

PART
7

제한 속도 없이 달릴 수 있는 멋진 길이 있다

29 올바른 길로 가야 부로 통한다   261

30 돈을 좇지 말고 필요를 좇으라   264

31 진입 장벽이 높거나 남달리 탁월하거나   271

32 통제권을 갖고 있어야 큰돈을 만질 수 있다   277

33 사업의 힘은 규모에서 나온다   284

34 시간을 쏟아 붓지 않아도 돈이 되는 사업   292

35 추월차선 5계명을 만족시키는 사업 아이템   295

36 성공은 아이디어가 아닌 실행에 있다   305

37 재무적 문맹 상태를 벗어나라   314

PART 8

당신의 실행력이 당신의 최고 속도다

38 아이디어를 실행하는 사람이 모든 것을 소유한다   329

39 최고의 사업 계획은 실행 실적이다   335

40 고객에게 힘이 있다! 고객에게 충성하라!   340

41 사업 파트너십은 결혼만큼 중요하다   354

42 경쟁사를 어떻게 활용해야 할까?   359

43 추월차선 비즈니스의 접근 포인트   363

44 부자가 되기 위해 기억해야 할 20가지   367

맺음말   당신을 가두는 혼란스러운 과거에서 벗어나라   375

부록   독자와의 Q&A   376

추월차선 라이프스타일을 위한 40가지 다짐   390

부자가 되는 길에는 지름길이 있다

젊은 나이에 부와 경제적 자유를 빠르게 얻을 수 있는 지름길은 존재한다. 당신은 평범한 삶에 머무를 필요가 없다. 당신은 부자가 될 수 있고, 40년 일찍 은퇴할 수 있으며, 대부분의 사람들이 누리지 못하는 삶을 살 수 있다. 안타까운 사실은 그 지름길이 당신이 알아채기 어렵게 교묘하게 가려져 있다는 점이다. 당신을 인도하는 것은 지름길이 아니라, 생각을 마비시키는 평범한 삶으로 향하는 길이다. 그 길은 생각 없는 대중을 위해 만들어진 재무 전략 따위와 막연한 기대를 위해 꿈을 희생하길 강요하는 지시사항으로 점철되어 있다.

평범하게 돈을 버는 방법은 '천천히 부자 되기', '서행차선', '휠체어 탈 때쯤 부자 되기'로도 대변된다. 그 방법은 다음과 같이 지루하다.

대학에 가고, 좋은 성적을 받고, 졸업하고, 좋은 직업을 갖고, 수익의 10%를 주식에 투자하고, 최대한 퇴직연금에 투자하고, 신용카드를 없애고, 쿠폰을 모으고……. 그러면 당신이 65세쯤 되었을 언젠가 부자가 될 것이다.

위와 같은 지시사항은 곧 현재의 삶을 미래의 삶과 맞바꾸라는 의미다. 이런 방식의 삶의 여정은 너무 길 뿐만 아니라 아름답지도 않다. 부를 항해에 비유하자면, '천천히 부자 되기'란 남아메리카 대륙을 빙 돌아 항해하는 것인 반면, '추월차선' 방식은 파나마 운하 즉, 지름길을 통해 항해하는 일이다.

추월차선으로 부자 되기란 "부동산에 투자하라", "긍정적으로 생각하라" 또는 "사업을 시작해라" 등을 역설하는 통계적 전략이 아니라, 부의 비밀을 파헤치고 지름길로 향하는 문을 여는 완전히 심리적이고 수학적인 공식이다. 추월차선은 탁월함을 향한 일보 전진이며, 실현 불가능하리라 생각했던 일에 가능성을 부여한다. 즉 젊은 나이에, 그리고 보통 사람들이 퇴직하는 시점보다 수십 년 앞서 부자가 될 수 있다. 당신은 평생 자유롭고 풍요롭게 살 수 있으며 그 시점은 당신이 18세든 40세든 상관없다. '천천히 부자 되기'로는 50년 만에 가능한 일을 추월차선을 통해 5년 만에 이룰 수 있다.

왜 지름길로 가지 못할까?

당신이 일반적인 방식으로 부를 축적하고자 한다면, 당신은 다음과 같은 불변의 질문을 던질 것이다. "부자가 되려면 어떻게 해야 하지?"라고. 이 질문에 대한 답을 구하기 위해 당신은 돈이 굴러들어 오게 해줄 수많은 전략, 이론, 직업, 계획을 두루 좇을 것이다. 부동산에 투자하라! 외화에 투자하라! 야구선수로 성공하라! 부자가 되고 싶은 사람들은 "난 뭘 하면 되지?"라고 소리친다.

이제 그만 멈춰라. 해답은 당신이 무엇을 하지 않았느냐가 아니라 무엇을 해 왔느냐에 있다. 다양한 버전이 있긴 하지만 핵심은 격언 한 문장으로 충분하다.

"지금 가진 것에 만족하면 하던 일이나 계속하라."

무슨 뜻이냐고? 멈추라는 말이다! 지금 부자가 아니라면, 현재 하고 있는 일을 그만둬라. 전통적 방식으로 돈 버는 지혜를 버려라. 사람들을 따라 하고 틀린 방법을 계속해서 적용하는 일을 그만둬라. 꿈을 제쳐두고 평범한 삶으로 나아가는 길에서 벗어나라. 이 책의 대부분은 나의 '하지마 조언(anti-advice)'에 대한 것이다.

이 책에는 부의 비밀을 풀고, 당신이 현재 있는 길에서 벗어나 부를 향한 지름길로 인도하는 300여 가지의 탁월한 지혜가 담겨 있다. 이 지혜는 당신이 행동하고 생각하고 믿어 온 낡은 방식을 '버리고' 새로운 방향을 잡도록 도와줄 것이다. 한마디로 당신은 이제까지 배운 것을 잊어야 한다.

당신의 현실은 나의 현실에 아무런 영향을 주지 못한다

추월차선 방식은 당신이 이제껏 배운 모든 것에 대해 반박할 것이므로 어쩌면 당신은 모욕감을 느끼거나 기분이 상할지도 모른다. 나는 당신의 부모님, 선생님, 재무 설계사의 주장에 반박할 생각이다. 그리고 사회가 만들어 내는 모든 것을 공격할 것이므로 당신의 평범한 마인드 역시 비판의 대상이 될 것이다.

하지만 다행히 당신이 추월차선 전략을 신뢰하든 신뢰하지 않든지 나에게는 영향을 미치지 못한다. 당신의 현실만 영향을 받을 뿐이다.

나는 31세에 처음으로 100만 달러를 벌었다. 그리고 37세에 은퇴했다. 매달 이자와 투자수익으로만 수천 달러를 번다. 하루 일과가 어떠

하든지 돈을 벌기 위해 일할 필요는 없다. 나는 부의 비밀을 풀고 평범하게 돈 버는 삶에서 탈출하면서 재정적 자유를 얻었다. 이제 나는 돈을 벌어야 한다는 마음의 짐으로부터 자유로운 삶을 누리면서, 실현 불가능해 보이는 꿈들을 추구할 수 있다.

당신의 꿈은 무엇인가? 당신의 꿈은 죽어 가고 있지 않은가? 당신의 꿈이 점점 더 불가능해 보이기 시작했다면 '서행차선'에 들어섰기 때문일 것이다.

당신은 더 빨리 돈을 모아 부와 자유, 그리고 꿈이 실현된 인생을 얻을 수 있다. 바로 내가 그랬던 것처럼.

홈쇼핑 광고 멘트 같이 들릴까 봐 걱정되긴 하지만 마지막으로 한 가지 덧붙이겠다. 나는 여러분을 가르치는 스승 같은 존재가 아니며 그렇게 되고 싶지도 않다. 뭐든지 다 아는 척하는 느낌이 들어서 싫다. 차라리 나를 '서행차선'의 '반(反) 스승' 정도로 생각하라. 추월차선에 대해 배우는 것은 졸업도 없는 학교를 평생 다니는 것과 같다. 20년 넘게 배운 나도 아직 배울 것이 남았다는 걸 인정한다.

성공에 아웃소싱은 없다

나는 추월차선 법칙을 발견하는 과정에서 언제나 부를 향한 절대적이고 확실한 공식을 찾고자 했다. 하지만 "목표를 확실히 하라" 또는 "인내하라", 아니면 "지식이 아니라 인맥이다"와 같이 모호하고 주관적인 가르침만을 발견했다. 이런 단편적인 지식으로 이루어진 공식은 불확실하다. 진짜 쓸모 있는 공식은 수학적으로 짜여 있을 뿐만 아니라 모호한 표현도 포함하지 않는다. 정말로 돈을 벌 수 있는 비밀, 수학적인 공식이 존재할까? 물론이다. 추월차선 이론이 그것이다.

나는 그 길을 향한 문을 열어 줄 수 있지만 그 길을 가냐 마냐는 당신에게 달렸다. 추월차선이 쉬운 길이라고는 하지 않겠다. 오히려 힘든 길이 될 것이다. 한 주에 4시간만 일하기 같은 방법론을 기대했다면 실망할지도 모른다. 내가 할 수 있는 일은 그저 약속의 땅으로 향하는 '『오즈의 마법사』의 노란 벽돌 길'을 따라가라고 안내해 주는 것뿐이다.

백만장자와 함께하는 커피 한 잔

나는 여러분을 친구로 여기고, 우리가 집 근처의 고풍스러운 카페에서 커피라도 한 잔 하며 이야기하듯 이 책을 써내려 갔다. 나는 여러분의 과거, 나이, 성향, 배우자나 교육 수준 등에 대해 아무것도 모른다. 나는 우리가 나누는 대화가 좀 더 친근하게 느껴지도록 여러분을 아래와 같이 가정했다.

- 여러분은 스스로의 삶이 어딘가 부족하다고 생각한다.
- 여러분은 원대한 꿈이 있지만, 지금 나아가는 길이 그 꿈을 향하고 있지 않아서 불안하다.
- 여러분은 대학 입학을 앞두고 있거나, 대학생이거나, 대학 교육을 받았다.
- 여러분은 만족스럽지 않거나 절대로 부자가 되지 못할 것 같은 직업을 갖고 있다.
- 여러분은 저축해 놓은 돈이 거의 없고 꽤 많은 빚까지 지고 있다.
- 여러분은 퇴직연금에 정기적으로 돈을 붓고 있다.

- 여러분은 부자를 보면 궁금하다. "어떻게 하면 저런 부자가 될 수 있을까?"
- 여러분은 직업 선수나 가수, 연예인 혹은 배우가 될 만한 신체적 재능을 전혀 타고나지 못했다.
- 여러분은 젊고 미래에 대한 열정이 가득하지만 어디로 나아가야 할지 모르고 있다.
- 여러분은 나이가 들었고 상당 기간 직장에 몸담았다. 하지만 딱히 내세울 만한 것은 없고 '새로 시작하기'는 귀찮다.
- 여러분은 직장에 몸과 마음을 바쳐 충성을 다했지만 남은 것은 경제나 회사 사정으로 인한 해고 통지서뿐이다.
- 여러분은 유명한 경제학 전문가들이 칭송해 마지않는 주식 시장이나 투자 상품에 투자했다가 돈을 잃은 적이 있다.

이 중 당신에게 해당되는 사항이 있다면 분명히 이 책이 도움이 될 것이다.

내가 추월차선 전략을 발견하고 한데 모으고 배우고 익혀 인생에 적용함으로써 궁극적으로 백만장자가 되기까지는 적지 않은 시간이 걸렸다. 나는 아직 머리숱이 무성한 젊은 나이지만 은퇴했고 인생이 다소 따분하게 느껴지기까지 한다. 이제 여러분에게 『부의 추월차선』을 선보이려 한다. 안전벨트도 단단히 맸고 커피도 준비되었다면, 이제 나와 함께 길을 떠나자!

부자 되는 데 걸리는 시간 50년?
맙소사!

'천천히 부자 되기'로는
가망이 없다

평범함은 갈망의 대상이 아니라, 회피의 대상이다.
— 조디 포스터(Jodie Foster)

'천천히 부자 되기'로는 가망이 없다

부자가 되는 것이 목표인 당신이 '천천히 부자 되기' 전략을 선택했다면, 나쁜 소식을 전해야겠다. 그 전략은 지팡이에 의지해야 할 나이가됐을 때나 가능할지 모르겠다.

으리으리한 해변 저택에 살며 50만 달러짜리 슈퍼카를 모는 사람이정말로 뮤추얼 펀드에 투자해서 돈을 벌었으리라 생각하는가? 아니면동네 슈퍼마켓에서 살뜰히 모은 쿠폰 덕분에? 물론 그렇지 않다. 열심히 쿠폰을 모으거나 동전 한 닢까지라도 알뜰하게 아껴서 30대에 부자가 된 사람을 찾아보라. 동화 같은 이야기일 뿐이다.

젊어서 부자가 되겠다는 건 헛소리?

이 책은 여러분이 은퇴를 앞두었을 때가 아니라 아직 젊고 즐겁고 자유롭게 누릴 수 있을 때 돈을 벌 수 있는 방법에 대한 것이다. 추월차선 포럼 웹사이트에 올라온 글을 보자.

제가 터무니없는 꿈을 꾸고 있는 걸까요? 저는 그런 거 있잖아요. 젊은 나이에 외제 차도 타고 멋진 집도 사고 여행도 마음껏 다니고 하고 싶은 일을 하는 그런 인생을 원합니다. 정말 젊은 나이에 숨 막히는 경쟁으로부터 자유로워지고 싶습니다. 저는 일리노이 주 시카고의 한 투자 은행에서 일하고 있는 23세 청년입니다. 수입도 꽤 됩니다. 사람들이 흔히 생각하는 기준에서 보면 제 직업은 괜찮은 편이지만, 저는 너무 괴롭습니다. 시카고 시내를 돌아다니다 보면 제가 꿈꾸는 인생을 살고 있는 사람들이 보입니다. 비싼 외제 차를 운전하고 있는 그 사람들을 보면 제 스스로에 대해 생각하게 돼요. 그 사람들은 전부 머리가 하얀 50대 아저씨들이에요! 그중 한 분이 이렇게 말했어요. "이봐, 자네가 이런 차를 살 수 있을 때쯤 되면 너무 늙어서 몰고 다니지도 못할걸!" 그 분은 부동산 투자를 하는 58세 아저씨였어요. 저는 그 분을 보며 기도했죠. '하나님, 그럴 리가 없어요! 저 사람이 하는 말이 헛소리라고 해 주세요! 제발요!'

장담하건대, 당신은 당신이 꿈꾸는 바로 '그 인생'을 젊은 나이에 살 수 있다. 부자가 되고 일을 그만두는 데 나이는 필요조건이 아니다. 진짜 말도 안 되는 소리는 오히려 당신이 적어도 30세 먹도록 '천천히 부자 되기' 방법을 따르면서 부자가 되겠다고 떠드는 거다. 나이가 들어야만 일을 그만두고 은퇴할 수 있을 거라는 믿음도 마찬가지다.

젊은 나이에도 은퇴할 수 있다

사람들은 보통 60~70대에 은퇴한다. 그 나이에도 사람들은 먹고 살기 위해 힘들게 돈을 벌고 거의 파산 지경인 정부의 재정지원 프로그램에 의지해야만 한다. 돈을 많이 모아 두어서 인생의 '황금기'를 맞은 사람들은 은퇴 후에도 기존의 라이프스타일을 유지한다. 또 어떤 사람들은 돈을 쓰기는커녕 죽을 때까지 벌기만 한다.

왜 이런 차이가 생길까? '천천히 부자 되기'에 일생을 소진시켜 버리기 때문은 아닐까? 그 방법이 성공하느냐 마느냐 여러분이 통제할 수 없는 수많은 요인들에 의해 좌우되는데 말이다. 어쩌면 50년간 일에 매달리고 구두쇠처럼 살다 보면, 언젠가 휠체어와 약 봉투 곁에서 돈 많은 은퇴자로 늙어 가는 당신을 발견할지도 모른다.

만약 50년이나 걸리는 여행이라면 떠날 가치가 있겠는가? 부를 향한 여행이 50년짜리라면 끌리지도 않을뿐더러, 결국 인생의 황혼기에 부자가 되는 사람들은 소수일 수밖에 없다.

건강하고 생기 넘치며 머리숱까지 무성한 젊은 나이에 은퇴하고 싶다면 사람들이 맹신하는 '천천히 부자 되기' 방법이나 경제학의 구루라 불리는 사람들의 가르침으로부터 자유로워져야 한다.

SUMMARY

- '천천히 부자 되기'는 시간이 너무 많이 걸린다. 그 시간에 얼마든지 돈이 되는 일을 할 수 있다.
- '천천히 부자 되기'는 당신의 시간을 소모시켜 실패하게 하는 게임이다.
- 인생의 진정한 황금기는 당신이 젊고 지각 있고 생기 넘칠 때다.

돈은 기하급수적으로
벌어들이는 것이다

인생의 목적은 다수의 편에 서는 것이 아니라 정신 나간 사람들 사이에서 벗어나는
것이다.
— 마르쿠스 아우렐리우스(Marcus Aurelius)

'천천히 부자 되기'는 꿈을 짓밟는다

10대 시절, 나는 '젊은 부자'에 대해 회의적이었다. '부+젊음'이라는 공식은 성립하지 않는 것처럼 보였다. 나는 신체적으로 타고난 재능이 없었기 때문이다. 젊은 나이에 부자가 된 사람들은 일반적으로 엄청난 경쟁을 뚫거나 재능을 타고나서 배우나 가수, 혹은 연예인이나 운동선수로 성공한 사람들이다. 내가 그런 사람들의 뒤를 쫓는다는 건 불가능했다.

그래서 나는 일찌감치 꿈을 포기했다. 진학하고, 취직하고, 가진 것에 만족하고, 희생하고, 검소하게 살면서 돈을 마음껏 써 보겠다는 꿈과 저택과 외제 차에 대한 욕심을 버려야겠다고 생각했다. 하지만 나는 여전히 꿈을 꾸고 있었다. 10대라면 누군들 그러지 않겠는가. 특히 내

가 꿈꾼 것은 자동차, 그중에서도 람보르기니 카운타크였다.

내 인생을 바꾼 90초

나는 시카고에서 자랐다. 어렸을 적에는 친구가 별로 없는 뚱뚱한 아이였다. 나는 또래 여자아이들이나 스포츠에는 관심이 없었다. 대신 도넛을 한가득 물고 〈톰과 제리〉를 보며 소파에서 뒹굴기를 좋아했다. 부모의 보살핌은 받지 못했다. 부모는 내가 아주 어렸을 때 이혼했고, 우리 형제는 어머니 손에 자랐다. 어머니는 대학을 나오지 않았고 KFC에서 닭 튀기는 일을 했던 것을 제외하면 이렇다 할 직업도 없었다. 그래서 나는 주로 군것질을 하거나 〈A특공대(1980년대 미국 드라마)〉를 보는 등 하고 싶은 대로 하며 살았다. 당시 내가 기울인 노력이라곤 누워서 텔레비전 채널을 돌리기 위해 고장 난 리모컨 대신 부러진 빗자루 막대를 들어 올리는 것뿐이었다. 또 집 근처 아이스크림 가게에 갈 때만 움직였다. 달달한 아이스크림이 주는 기쁨은 내게 유일한 위안이었다.

여느 날과 다를 바 없는 날이었다. 나는 아이스크림 가게에 도착했을 때 그것을 보았다. 80년대에 크게 흥행한 영화 〈캐논볼(The Cannonball Run)〉에 등장해서 유명해진 람보르기니 카운타크, 나의 '드림카'가 바로 눈앞에 있었다. 나는 마치 신을 목격한 신도라도 된 듯이, 근엄하고 전능한 왕처럼 서 있는 그 차를 넋을 놓고 바라보았다. 경이로움에 휩싸인 나는 어느새 아이스크림을 먹겠다던 생각도 까맣게 잊었다.

람보르기니 카운타크 사진을 내 방 벽에 붙여 놓았을 뿐만 아니라 자동차 잡지에 나올 때마다 침을 흘리며 감상하곤 했기 때문에, 그 차에 대해서 속속들이 알고 있었다. 정교하고, 사악하고, 터무니없이 빠른 그 차는 우주선을 본뜬 문을 달고 있었으며 불경스러울 정도로 비쌌다. 바로 그 차가, 마치 엘비스 프레슬리가 다시 살아 돌아오기라도 한 것처럼 바로 내 눈앞에 있다니!

몇 분간 넋을 놓고 있다가 한 젊은 남자가 아이스크림 가게를 나와 차를 향해 걸어오는 것을 보고서야 정신을 차렸다. 그 남자는 기껏해야 25세쯤 되어 보였다. 청바지에 약간 큰 플란넬 셔츠를 아이언 메이든(Iron Maiden, 1980년대 영국 헤비메탈 밴드) 콘서트 기념 티셔츠에 받쳐 입고 있었다. 나는 그 남자가 차 주인일 리는 없다고 생각했다. 주름이 자글자글하고 머리가 희끗하니 약간 벗겨지고 두 계절은 지난 옷을 입은 나이 든 남자를 상상했기 때문이다. 그런데 그가 주인이었다.

나는 그 남자가 복권에 당첨되지 않았을까 추측했다. 아니면 억대 유산을 물려받은 부잣집 자식일 수도 있다. 아니면 운동선수거나. '그래, 그거다.' 나는 그 사람이 운동선수라고 결론지었다.

그런데 갑자기 이런 마음이 들었다. '저 남자한테 직업이 뭐냐고 직접 물어보면 되잖아?'

내가 다가가자 차 주인은 두려움을 감추듯 억지미소를 지으며 차 문을 열었다. 우와! 차 문은 하늘을 향해 수직으로 열렸다. 나는 그런 식으로 문이 열리는 차쯤은 익숙하다는 듯이 침착해 보이려고 노력했다. "저기, 실례합니다만……." 나는 그 남자가 나를 무시하지 않길 바라면서 떨리는 목소리로 물었다. "직업이 뭔지 여쭤도 될까요?"

내가 10대 불량청소년이 아니라는 사실에 안심하면서 그 남자는 친절하게 대답했다. "발명가란다." 예상을 빗나간 대답이었다. 나는 너무나 당황해서 그 다음에 물어보려던 질문을 잇지 못하고 어찌할 바를 몰랐다. 젊은 람보르기니 주인은 운전석에 앉아 차 문을 닫고 시동을 걸었다.

인기와 재능은 필요 없다

그날을 특별하게 만든 건 무엇이었을까? 나는 바로 그날 추월차선과 새로운 진실을 발견했다. 사건의 계기가 되었던 군것질은 그날로 끊었다. 나는 새로운 꿈을 품은 채 집으로 돌아갔다. 나는 운동도 노래도 연기도 못했지만 인기나 재능 없이도 부자가 될 수 있었다.

람보르기니를 마주친 순간은 90여 초밖에 되지 않았지만, 그 순간은 내 인생을 새로운 믿음과 삶의 방향, 그리고 선택으로 채워지게 만들었다. 나는 언젠가 람보르기니의 주인이 되겠다고, 그것도 젊은 나이에 되겠다고 결심했다. 나는 그 차를 직접 사야만 했다. 그래서 나는 부러진 빗자루 막대를 내려놓고 살을 빼기 시작했다.

추월차선을 찾기 위한 여정

람보르기니를 본 그날 이후, 나는 타고난 재능 없이 백만장자가 된 젊은 부자들에 대해 연구하기 시작했다. 단순한 백만장자들이 아니라 부유하고 화려한 삶을 누리는 부자들에게 집중했다. 다음 네 가지 조건을 충족하면서 유명하지 않은 백만장자 집단이 내 연구의 대상이 되었다.

- 다소 사치스러운 라이프스타일을 가졌거나 그럴 능력이 있는 사람들. 나는 중산층 '옆집'에서 검소하게 살아가는 백만장자 이야기에는 관심이 없었다.

- 비교적 젊거나(35세 이하) 단기간에 돈을 번 사람들. 나는 일생의 40년 정도를 일하고 아껴 쓰는 데 바쳐 백만장자가 된 사람에게는 관심이 없었다. 나는 늙은 부자가 아니라 젊은 부자가 되는 것을 목표로 삼았다.
- 자수성가한 사람들. 나는 빈털터리였다. 애초에 금 숟가락을 물고 태어난 사람들은 내 연구 대상이 될 수 없었다.
- 인기가 많거나 타고난 재능이 있거나 야구선수거나 연기자거나 가수거나 연예인이기 때문에 부자가 된 사람들은 제외시켰다.

나는 특별한 기술이나 재능 없이 평범한 사람으로 시작해서 크게 성공한 부자들을 찾았다. 고등학교에서 대학교 시절에 이르기까지 나는 거의 종교에 매달리듯 부자가 되는 방법을 연구했다. 잡지와 책, 그리고 신문을 읽었으며 성공한 사업가에 대한 다큐멘터리를 보았다.

하지만 빠르게 돈을 버는 방법을 밝혀내겠다는 나의 열정은 곧 실망으로 이어졌다. 나는 심야에 방송되는 홈쇼핑 광고 쇼호스트의 좋은 먹잇감일 뿐이었다. 잘 속고 적극적인 데다가 신용카드를 쥐고 있었으니까. 나는 떠돌아다니는 무수한 정보를 믿고 주식에 투자하기도 했다. 정보의 출처는 "선생님께만 알려드리는 겁니다" 식의 광고를 비롯해 부동산 큰손까지 다양했다. 광고도 부동산 거물의 호언장담도 그럴듯했지만, 어떤 것도 내게 돈을 안겨 주지 못했다.

나는 대학을 졸업하자마자 젊은 부자가 될 거라고 생각했다. 하지만 얼마나 많은 장애물과 우회로 그리고 실수들이 내 길을 가로막을지 미처 알지 못했다.

장애물과 우회로 그리고 우울증

졸업 후 몇 년간, 내 인생은 기대에 한참 못 미쳤다. 나는 이 사업 저 사업을 전전하며 어머니와 함께 살았다. 성공하는 일이 없었다. 비타민, 보석, 경영 잡지를 보고 구입한 마케팅 관련 소프트웨어, 장거리 네트워크 마케팅 사업 등등 매달 새로운 사업에 손을 댔다.

실패와 함께 빚도 늘어가기만 했다. 시간은 점점 흘렀고 돈을 벌기 위해 구시대적인 잡일을 하면서 내 자존심은 구겨져 갔다. 중국 음식점 종업원, 막노동, 피자 배달, 꽃 배달, 배차 관리, 리무진 운전, 신문 배달, 지하철 샌드위치 가게 판매원 등 안 한 일이 없을 정도였다.

쥐꼬리만 한 돈과 거지 같은 일보다 더 끔찍했던 것은 바로 시간이었다. 대부분의 일은 동이 트기 전 새벽 3시나 4시에 출근해야 했다. 나는 5년의 대학교육을 마치고 졸업까지 했지만 막노동꾼과 다름없이 살고 있었다.

반면 내 친구들은 직장에서 잘나가고 있었다. 연봉은 매년 4%씩 인상되었고, 머스탱이나 어큐라에서 차를 뽑았으며, 30평형짜리 타운하우스를 샀다. 사회가 미리 정해 놓은 인생을 살면서 만족스러운 듯했다. 내 친구들은 평범했고 나는 그렇지 못했다.

26세에 우울증이 찾아왔다. 나도 내 사업들도 자립하지 못했다. 계절이 바뀔 때마다 찾아오는 우울증이 심약해진 정신을 갉아먹었다. 비가 자주 내리고 어둡고 우울한 시카고의 날씨 때문에 나는 더욱 따뜻한 침대와 달콤한 군것질거리가 주는 안락함 속으로 숨어들었다. 내가 하는 일이 성공하는 횟수는 햇볕이 나는 날만큼이나 적었다. 다시 말해 나는 성공한 일이 거의 없었다.

고등학교를 중퇴한 사람들이나 할법한 일들에 질린 나는 이제 그만 침대를 벗어나려고 애썼다. 그리고 매일같이 지나온 과거를 곱씹었다. 나는 실패 때문에 신체적, 정신적, 재정적으로 지칠 대로 지쳐 있긴 했지만 그것이 내 실체는 아니라고 믿었다. 나는 부를 향한 추월차선의 존재를 확신했지만 그것을 실현할 방법을 모르고 있을 뿐이었다.

내가 대학교를 졸업한 첫해에는 어머니도 내 인생에 간섭하지 않으셨다. 하지만 그 후 줄줄이 사업에 실패하고 한심한 아르바이트로 근근이 살아가는 아들을 지켜보셔야 했다. 나는 조금 더 기다려 달라고 부탁하면서, 취직을 하면 몇 십 년씩 걸려 모을 돈을 엄청나게 빠른 시간 안에 벌어 보이겠다고 어머니를 설득했다. 하지만 어머니는 나를 더 이상 믿지 않으셨다. 팥으로 메주를 쑨다는 말을 내 말보다 더 신빙성 있다고 했을지 모른다.

어머니의 잔소리는 내 의지를 꺾곤 했다. 어머니는 한 주에 적어도 20번씩 "이제 제발 취직해라, 아들아!"라고 소리 질렀다.

깨달음의 순간

어느 어둡고 추운 밤, 하루 종일 리무진을 운전하고 피곤에 지쳐 돌아오는 길이었다. 신발은 눈에 파묻혀 온통 축축했다. 두 시간 전에 먹은 아스피린은 편두통에 아무런 효과가 없었다. 한시라도 빨리 집에 가고 싶었지만 눈 폭풍 때문에 집에 가는 길이 막혀 버려 그럴 수도 없었다. 일단 길가에 차를 댔다. 눈이 녹으면서 발가락부터 다리까지 추위가 엄습했다. 리무진을 공원에 세우고 나서 눈 내리는 소리뿐인 지독한 정적 속에서 나는 내가 얼마나 겨울을 싫어하는지 새삼 느꼈다. '내가 도대체

뭘 하고 있는 거야? 내 인생은 결국 이런 거였어?'

거부할 수 없는 생각이 머릿속을 채웠다. 이런 식으로는 하루도 더 살
수 없다는 깨달음이었다.

변화를 결심하다

나는 혹독한 겨울밤의 깨달음을 즉시 행동으로 옮겼다. 나는 바뀌기
로 결심했다. 변화 불가능하다고 여겼던 주변 환경을 변화시키기로 결
심했다. 나는 새로운 장소에 정착하기로 결심했다. 어디로 가야 할지는
몰랐지만 어디든 상관없었다.

그 즉시 나는 힘이 솟는 것을 느꼈다. 변하겠다는 결심은 빠른 속도로
나의 한심한 인생을 희망과 약간의 행복으로 채우기 시작했다. 내가 했
던 실패들은 잊히고 새로 태어난 듯한 느낌이었다. 갑자기 막다른 길인
줄 알았던 그 길이 꿈을 향해 뻗어 나가고 있었다. 단순히 몸을 움직여
야 한다는 깨달음이 아니라, 내 인생은 내 스스로가 통제하고 선택해야
한다는 깨달음 때문이었다.

예전에 미처 생각하지 못했던 몇 가지 선택사항에 대해 생각해 보았
다. 스스로에게 다음과 같은 간단한 질문을 던졌다. "아무 제약 없이 고
를 수 있다면, 내가 살고 싶은 지역은 어디지?" 나는 내가 중요시하는
요소들을 고려하여 지도에서 5개의 도시를 골라 표시했다. 바로 그 다
음 달에 나는 이사했다. 아니, 도피했다고 말하는 편이 정확하겠다.

서행차선에서 추월차선으로 갈아타기

나는 직업도, 친구도, 가족도 없이 900달러만 들고 피닉스에 도착했

다. 내가 가진 거라곤 330일간 해가 쨍쨍한 날씨에 추월차선에 올라 부자가 되겠다는 불타는 의욕뿐이었다.

비록 가난했고 경비시설도 없었지만 나는 부자가 된 느낌이었다. 내 인생을 통제하는 사람은 바로 나였기 때문이다.

내가 손댄 여러 가지 사업 중 하나는 웹사이트를 구축하는 일이었다. 시카고에서 리무진 운전을 하던 시기에도 나는 한가한 시간에는 꼭 책을 읽었다. 나는 시간을 허투루 쓰지 않았다. 공항에서 고객을 기다리거나 고객이 술집에서 거나하게 취하는 사이에도 나는 차에 앉아서 책을 읽고 또 읽었다. 나는 재무나 인터넷 프로그래밍에서부터 부자들의 자서전에 이르기까지 모든 것을 공부했다.

리무진 운전기사 일 덕분에 얻은 것이 있다면, 해결이 시급하나 미처 해결되지 않은 고객의 니즈를 발견했다는 점이다. 리무진 손님 가운데 한 명이 뉴욕에 있는 리무진 회사 중 괜찮은 회사를 알고 있는지 내게 물은 적이 있다. 손님을 공항에 내려 주고 나서 그 질문에 대해 곰곰이 생각했다. 만약 내가 시카고에 사는 사람인데 뉴욕에 있는 리무진이 필요하다면 어디 가서 찾아야 할까? 뉴욕에 살지 않는 사람이 뉴욕 전화번호부를 갖고 있을 리 만무했다. 그 질문 덕분에 다른 여행자들도 그와 비슷한 고민을 하고 있을 거라는 결론에 생각이 미쳤다. 그래서 이 문제를 해결하기 위해 웹사이트를 만들었다.

인터넷 접속에는 지리적 제한이 없으므로 이 사업을 그대로 피닉스로 옮겨 이어나갈 수 있었다. 하지만 내 이전 사업들과 마찬가지로 큰돈이 되지는 않았다. 하지만 이번에는 사정이 조금 달랐다. 나는 돈도 직업도 믿는 구석도 없이 낯선 도시에 와 있었다. 이 사업에 매달려야만 했다.

　나는 공격적으로 웹사이트를 홍보했다. 이메일을 보내고 고객 확보 전화를 돌리고 편지를 보냈다. 검색 엔진 최적화 기술을 배웠다. 책을 살 돈이 충분하지 않았으므로 매일같이 피닉스 도서관에 들러 인터넷 프로그래밍 언어를 공부했다. 웹사이트를 개선하고 그래픽과 저작권에 대해 공부했다. 도움이 될 만한 지식이라면 무엇이든지 습득했다.

　그러던 어느 날 돌파구를 찾았다. 캔자스에 위치한 한 회사가 내 웹사이트를 극찬하며 자기네 회사의 웹사이트 디자인을 맡아 달라는 전화를 해 왔다. 웹디자인은 내 전공분야가 아니었으므로 400달러의 사례금도 고맙게 받았다. 그 회사는 사례금이 거저나 마찬가지라고 생각했지만 나는 24시간 안에 웹사이트를 완성해 보였다. 나는 흥분했다. 24시간 만에 월세의 대부분을 마련한 것이다. 그러고 나서 공교롭게도 바로 24시간 후에 뉴욕의 한 회사로부터 웹사이트를 제작해 달라는 똑같은 주문을 받았다. 이번에는 600달러를 받았고 이틀 만에 완성해 보였다. 다음 달 월세도 번 것이다!

　물론 큰돈은 아니지만 빈털터리에서 시작하여 사흘 만에 1,000달러를 벌고 나니 5,000만 달러짜리 복권에 당첨된 듯했다. 피닉스에서 보낸 몇 달 만에 나는 고객의 관심을 끌었고 생애 최초로 내 힘으로 생활비를 벌 수 있었다. 꽃 배달도, 접시 닦기도, 피자 배달도, 엄마 집에 얹혀살지도 않고 온전히 내 스스로 돈을 번 것이다! 이제 내 인생은 순풍을 타고 부자가 되는 길을 향해 나아갈 것만 같았다.

　하지만 아직 빠진 것이 있다는 사실을 알고 있었다. 내 수입의 대부분은 웹사이트 광고가 아니라 디자인으로부터 나오고 있었다. 즉 나는 웹사이트 구축 작업에 시간을 들여야만 수입을 얻을 수 있었다. 웹사이트 구축 의뢰가 많으면 많을수록 더 많은 시간을 일해야 한다는 사실을 의미했을뿐더러, 일을 멈추면 수입 역시 없을 터였다. 나는 돈을 받고 내 시간을 팔고 있었다.

새로운 부의 방정식은 부를 가속화한다

겨울에 시카고에서 친구가 찾아왔다. 친구에게 웹디렉토리를 보여주자 서비스 이용자 수를 보고 깜짝 놀라했다. 전 세계에서 리무진 가격을 묻는 사람들이 매 분마다 나의 웹사이트로 몰려왔기 때문이다. 보스턴에서 우스터로 가는 리무진 비용이 얼마인가요? JFK공항에서 맨해튼까지 얼마죠? 받은 메일함에는 450개의 새로운 편지가 들어와 있었다. 편지함을 비우고 10분이 지나자 또 다른 메일 30개로 채워졌다. 이메일이 쉬지 않고 쏟아져 들어왔다. 친구는 "야! 이 이메일을 다 돈으로 좀 바꿔 봐"라고 말했다.

어떻게? 어떻게 하면 사람들의 요구를 만족시킬 수 있을까? 나는 친구가 남기고 간 과제를 해결해야겠다고 마음먹었다. 며칠에 걸쳐 나는 완전하지는 않지만 해결책을 고안해 냈고 시도해 보기로 했다. 바로 광고를 게시할 공간 대신 클릭하면 해당 웹사이트로 이동하는 리드광고를 파는 것이었다. 하지만 이 수익 모델이 새롭고 획기적이긴 해도, 고객들에게 유익하다는 믿음을 줄 만한 입증된 데이터가 없다는 것이 문제였다. 당시는 1990년대 후반이었고, 내가 도입하기 전까지 리드광고는 지금처럼 잘 알려진 것이 아니었음을 감안하길 바란다.

나는 위험을 감수하고 실행에 옮겼다. 단기적으로 내 수입을 갉아먹으리라는 예상은 적중했다. 나는 이 전략이 만약 성공한다고 해도 수익을 내기까지 몇 달이 걸리리라고 예상했다. 새로운 시스템을 도입한 첫 달에 473달러를 벌었다. 둘째 달에는 694달러를 벌었다. 셋째 달에는 970달러, 그 다음달에는 1,832달러, 그리고 2,314달러, 3,733달러……. 성공이었다.

사업 수익, 개인 소득 그리고 자산은 기하급수적으로 성장했지만 문제가 없는 것은 아니었다. 방문자 수가 늘수록 클레임과 피드백을 비롯해 해결해야 할 과제 역시 늘어났다. 시스템은 고객의 제안을 그대로 받아들여 개선했다. 며칠 만에, 혹은 몇 시간 만에 고객의 아이디어를 시스템으로 구현해 냈다. 또 나는 몇 분 안에, 늦어도 한 시간 안에 고객의 이메일에 응답하는 것으로 유명했다. 나는 고객들로부터 믿음을 얻는 법을 배웠고, 사업은 번창해 갔다.

일하는 시간은 점점 길어지고 힘겨워졌다. 40시간을 일한 주는 오히려 휴가에 가까웠다. 주당 평균 60시간씩 일했다. 주중과 주말의 경계가 없어졌다. 새로 사귄 친구들이 술도 마시고 파티도 즐기며 노는 동안 나는 작은 아파트에 쭈그리고 앉아 코드를 짜고 있었다. 나는 오늘이 목요일인지 토요일인지도 몰랐고, 그래도 상관없었다. 진짜로 일에 푹 빠져들면 일이 아니라 놀이를 하고 있다고 느끼게 된다. 나는 일이 아니라 열정에 시간을 쏟았다. 내가 만든 시스템을 사용하는 사람이 수천 명이 넘었고, 그럴수록 나는 더 일에 빠져 들었다. 나는 고객들이 작성한 추천글을 한데 모으기 시작했다.

"덕분에 제 사업이 10배 성장했습니다."

"이 웹사이트 덕분에 가장 큰 고객을 얻을 수 있었어요."

"제 사업이 성장하는 데 없어서는 안 될 존재입니다."

이런 피드백은 돈에 맞먹는 가치가 있었다. 아직 수중에 돈이 넘쳐나지는 않았지만 나는 부자가 된 기분이었다.

부자가 되는 신기루에 속다

2000년에 접어들자, 새로운 종류의 문의 전화가 걸려 오기 시작했다. 이제 막 사업을 시작하려는 정보기술업체 몇 군데에서 회사를 팔 생각이 있는지 물어 왔다. 그해는 닷컴 열풍이 최고조에 달했었다. 기술을 팔아 떼돈을 벌었다는 닷컴 사업가에 대한 소문이 들려오지 않는 날이 하루도 없었다.

그럼 나도 회사를 팔고 싶어 했을까? 당연히 그렇다! 나는 회사를 매각하라는 전화를 총 세 번 받았다. 한 번은 25만 달러, 한 번은 55만 달러, 한 번은 120만 달러를 제시해 왔다. 나는 마지막 제안을 받아들여 부자가 되었다. 아니, 거의 그럴 뻔했다.

기쁨은 오래가지 않았다. 당시에 나는 120만 달러가 큰돈이라고 생각했지만 결코 그렇지 않았다. 세금과 쓸데없는 스톡옵션 때문이었다. 나는 그 돈을 잘못 투자했다. 나는 부자처럼 보이고 싶어서 쉐보레 콜벳을 샀다. 나는 내가 부자가 된 것으로 착각했다. 닷컴 열풍이 잦아들 즈음 내 수중에 남은 돈은 30만 달러가 채 안 되었다.

정보기술의 거품이 붕괴하자 그 여파 때문에 적어도 내 회사를 매입한 사람들은 힘든 상황에 놓였다. 내 충고에도 불구하고 그들이 내린 몇 가지 잘못된 결정 때문에 단기적으로는 수익 증가를 보았을지 모르지만 장기적으로 회사의 성장에 치명타를 입었다. 돈이 무한정 들어오기라도 할 것처럼 펑펑 써 댄 결과였다. 주문 제작방식 물병이나 로고를 박은 티셔츠 따위에 뭣하러 돈을 쓴단 말인가? 수익에 직접적인 영향도 없는데 말이다.

회사의 경영 주체는 이사회였고 결정 과정은 느렸다. 고객의 의견은 무시되었다. 회사는 위기를 빠져나올 충분한 자금을 확보하고 있었지만, 내가 탄생시킨 웹사이트는 천천히 죽어 가고 있었다.

몇 달 후 파산 위기에 놓인 회사는 내 웹사이트가 아직 수익을 내고 있음에도 불구하고 폐쇄 여부를 표결에 부쳤다. 정보기술 투자자는 씨가 말랐고 스톡옵션은 휴지조각이 되었다. 모두들 제 살 길 찾기에 바빴다.

나의 창조물이 사람들로부터 잊히는 모습을 보고 싶지 않았던 나는 내 웹사이트를 헐값에 다시 사들이겠다고 제안했다. 25만 달러를 제시했고, 내 사비를 들였다. 제안은 받아들여졌고, 내가 1년 전에 팔았던 그 회사는 다시 내 손에 들어왔다. 이제 회사를 경영하고 수익을 내서 회사를 사느라 받은 대출금을 갚아 나가야만 했다. 남은 돈은 전부 사업에 재투자했다. 회사를 다시 찾고 나니 새로운 욕심이 생겼다. 닷컴 위기를 무사히 넘기는 것뿐만 아니라 회사를 번창하게 만들자는 욕심.

돈이 열리는 나무의 탄생

회사를 넘겨받은 후 18개월 동안 나는 서비스를 한 차원 업그레이드 시키는 데 힘을 쏟았다. 나는 계속해서 웹사이트를 개선해 나갔다. 새로운 기술을 접목시키고 고객의 소리에 귀 기울였다. 자동화와 프로세스 개선에 열정을 쏟아 부었다.

프로세스와 시스템을 간소화하는 과정에서 어떤 변화가 느리게 또

꾸준하게 생겨났다. 나는 점점 더 적은 시간을 일에 투자했다. 어느 순간, 하루에 10시간이 아니라 1시간만 일하고 있었다. 그래도 돈은 들어왔다. 하루는 라스베이거스로 날아가 흥청망청 도박을 즐겼지만, 그래도 돈은 들어왔다. 한 번은 나흘간 앓아누웠지만, 그래도 돈은 들어왔다. 한 달을 주식을 사고파는 데 보냈지만, 그래도 돈은 들어왔다.

바로 그때 나는 내가 이룬 것이 무엇인지 깨달았다. 그것이 바로 추월차선이었다. 나는 스스로 살아 있는 돈이 열리는 나무가 된 것이다. 나는 하루 24시간, 한 주 7일 동안 돈을 벌어들이는 무성한 '돈 나무'일 뿐만 아니라 내 인생을 돈과 맞바꿀 필요도 없었다. 단지 한 달의 몇 시간만 물을 주고 햇볕을 쬐어 주는 것으로 충분했으며, 그 일이라면 얼마든지 환영이었다. 지속적으로 관심을 주지 않아도 '돈 나무'는 성장하고 열매를 맺었으며 내가 하고 싶은 일은 무엇이든 할 수 있는 자유를 주었다.

회사는 내가 되찾은 이후로 일약 성장세를 탔다. 어떤 달에는 20만 달러가 넘는 수익을 냈다. 매출이 아니라 수익 말이다! 성과가 좋지 않은 달에는 10만 달러 정도였다. 나는 보통 사람들의 연봉에 해당하는 돈을 2주 안에 벌었다. 돈은 쏟아져 들어왔고 나는 사람들의 레이더망에 걸리지 않도록 낮게 날아다니며 유명세를 피했다. 한 달에 20만 달러를 번다면, 인생이 어떻게 바뀔 것 같은가?

- 어떤 차를 탈 것인가?
- 어떤 집에 살 것인가?
- 어떤 휴가를 떠날 것인가?

• 자녀를 어떤 학교에 보낼 것인가?

이 정도의 수입을 올릴 수 있으면 당신은 바로 백만장자의 지위를 누리게 된다. 나는 33세에 '수백만 장자'가 되었다.

나의 첫 번째 람보르기니를 뽑던 날, 10대의 내가 품었던 꿈은 실현되었다. 과거에 그 남자에게 주저하며 던졌던 질문을, 이제는 거의 매주 내가 받고 있다. 그리고 과거의 내가 그렇게도 듣고 싶었던 바로 그 답을 줄 수 있다.

2007년, 나는 회사를 다시 매각하기로 결정했다. 은퇴하고 내가 꿈꿔 온 가장 자유분방한 꿈, 그러니까 책이나 영화 시나리오를 쓰는 일에 대해 생각해 볼 때였다. 이번에는 330만 달러에서 790만 달러에 이르기까지 다양한 제안이 들어왔다. 이미 짧은 기간에 수백만 달러를 계속해서 벌어들이고 난 후였다. 나는 현금으로만 지불하겠다는 제안을 수락했고 내 인생은 또다시 추월차선에 들어섰다. 단 10분이 걸렸을 뿐이다. 수백만 달러에 이르는 여섯 장의 수표를 현금으로 바꿔 손에 쥐는 데 걸린 시간이, 바로 그 10분이었다.

SUMMARY

- 인기와 타고난 재능은 부의 필요조건이 아니다.
- 빠르게 돈을 번다는 것은 차근차근 모으는 것이 아니라 기하급수적으로 벌어들이는 것이다.
- 변화는 순간적으로 일어날 수 있다.

제대로 공부하고 역경을 이겨내야
목적지에 도달한다

3

백만장자는 사건이 아니라
과정에 의해 만들어진다

천 리 길도 한 걸음부터
− 노자(老子)

백만장자는 사건이 아니라 과정에 의해 만들어진다

자수성가한 부자들은 모두 신중하게 설계한 과정을 거쳐 돈을 벌었다. 이들은 부자가 되기 위한 완벽한 공식을 갖고 있으며 효율적으로 사용할 줄 안다. 여러분이 뭐라고 읽거나 들었는지 모르겠지만, 부는 하나의 사건으로 얻어지는 것이 아니다. 부는 하늘에서 뚝 떨어지거나 상금이 걸린 퀴즈쇼에서 우승한다고 얻어지는 것이 아니다. 부는 어느 날 갑자기 찾아와 여러분의 현관문을 두드리지 않는다.

부를 얻는 것은 하나의 사건이 아니라 일련의 과정이다. 어느 주방장에게 물어보더라도 완벽한 요리는 재료들과 잘 짠 레시피가 없다면 나올 수 없다고 이야기할 것이다. 이 재료 조금, 저 재료 조금, 정확한 시간과 정확한 단계에 필요한 조리 방법을 거쳐야만 비로소 '짠!' 하고 먹음직스런 요리가 완성된다. 돈을 버는 것도 마찬가지 과정을 거쳐야 한다. 여러 가지 요소들을 조심스럽게 한데 모아야 비로소 수백만 달러의 가치를 내는 공식이 완성된다.

대부분은 과정을 무시한 채 특정 사건에 집착한 나머지 부를 놓치곤 한다. 과정이 없다면 사건도 없다. 여유를 갖고 이 구절을 다시 음미해 보길 바란다. 부자를 만드는 것은 과정이며, 여러분이 익히 보고 들은 특별한 사건들은 과정의 결과일 뿐이다. 주방장을 다시 예로 들자면, 요리는 곧 과정이고 음식은 곧 사건이다.

예를 들어 5,000만 달러의 계약을 맺은 야구선수는 과정으로부터 파생된 하나의 사건이다. 여러분이 보고 듣는 것은 그 선수의 계약 즉, 깜짝 놀랄 만큼 '부자가 된' 사건이다. 하지만 그 사건에 앞서 존재한 과정은 보통 무시해 버린다. 여러분이 보지 못한 그 과정은 길고 힘든 길이었다. 매일 이어지는 하루 네 시간의 연습과 한밤중에 소집되는 즉석게임, 늘어난 인대, 수술과 재활훈련, 유소년대표팀 선수 발탁 좌절 등 모든 인생 여정이 과정을 이루었던 것이다.

20세 청년이 자신이 세운 인터넷 회사를 3,000만 달러에 팔았다는 소식이 알려지기 시작하면 여러분은 블로그 따위로 그 이야기를 접한다. 그런 사건은 곧 사람들의 입에 오르내리며 부러움을 산다. 하지만 여러분은 그 청년이 얼마나 오랜 시간을 코딩과 씨름하며 보내야만 했는지 그 과정에 대해서는 듣지 못한다. 그 청년이 창고에서 일하며 보낸 춥고 어두운 나날에 대해, 그 회사가 이율 21.99% 신용카드 대출금을 자본으로 시작되었다는 사실을 듣지 못한다.

제이 다리우스 비코프(J. Darius Bikoff)는 1996년에 글라소 비타민 워터를 설립했는데, 11년 후에 코카콜라로부터 41억 달러에 회사를 팔 것을 제안받았다. 그 파격적인 제안은 전 세계 뉴스의 헤드라인을 장식했다. 하지만 지난 11년간의 고생을 통해 갈고 닦은 과정은 조명을 받지 못했다. 수십억 달러 매각 제안이 사건이라면, 회사가 성장하기까지 기울인 노력과 비하인드 스토리는 과정이다.

내가 회사를 매각한 일은 하나의 사건으로 정점을 찍었지만, 그 성과는 과정이 있었기에 존재했다. 나를 모르는 사람들은 나의 좋은 집과 비싼 차를 보며 '우와, 나도 저 사람처럼 운이 좋았더라면'이라고 생각할지도 모른다. 그 사람들은 과정이 아닌 결과의 신기루만을 보고 있는 것이다. 부자가 되는 모든 사건의 이면에는 과정 즉, 도전과 위험, 노력과 희생의 비하인드 스토리가 존재한다. 과정을 건너뛰려고 하는 사람에게는 절대로 사건이 일어나지 않는다.

부자가 되는 공식

부자가 되는 공식은 국토대장정만큼이나 길고 어렵다. 성공하려면 부를 향한 여정에 집중하고 목적지(사건)가 아닌 여정 자체(과정)를 위한 도구를 준비해야 한다. 그 공식을 풀려면 공식을 구성하는 네 가지 요소를 이해해야 한다.

1. 지도

지도는 여러분이 나아갈 방향을 인도한다. 지도는 여러분의 경제관념과 부와 돈에 대한 신념에 해당된다. 여러분이 부를 향해 나아갈 길은 다음의 세 가지 유형으로 요약된다.

- 인도
- 서행차선
- 추월차선

요리법과 마찬가지로 여러분의 지도는 '왜, 어디서, 어떻게, 무엇을' 에 따라 쓰여질 것이다. (→ PART 3·4·5)

2. 차량

여러분이 탈 차량은 바로 여러분 자신이다. 다른 누구도 아닌 여러분 스스로가 여정을 떠나는 것이다. 여러분의 차량은 오일, 연료, 엔진, 운전대, 유리창, 마력, 그리고 가속페달로 이루어진 복잡한 존재로, 여 행 과정에서 최대의 효율을 낼 수 있도록 계속 점검하고 정비해 주어야 한다. (→ PART 6)

3. 길

길은 여러분이 여행하는 재정적 진로다. 예를 들어, 여러분이 직업의 길을 여행한다면 제한적인 선택을 할 수 있다. 기술자가 되거나 프로젝 트 매니저, 외과의사, 배관공 또는 트럭 운전사가 될 수도 있다. 사업의 길을 선택한다면 부동산 투자자, 자영업자, 프랜차이즈 사장, 인터넷 마케터, 혹은 발명가가 될 수도 있다. 자동차 여행과 마찬가지로 여러 분은 수많은 길 중 하나를 선택해 나아가면 된다. (→ PART 7)

4. 속도

속도는 여러분의 생각을 실행으로 옮기는 일이자 능력이다. 텅 비고 곧게 뻗은 길 위에 페라리를 타고 있다 하더라도 가속 페달을 밟지 않으면 움직일 수 없다. 속도를 내지 않으면 여러분의 지도는 방향을 잃고 차는 멈추고 길은 사방이 막혀 버릴 것이다. (→PART 8)

부자가 되는 길은 공짜가 아니다

추월차선 여행을 성공적으로 마친 사람들은 거친 길 위에서 살고 죽기를 두려워하지 않는 전사들이다. 부자가 되는 길에는 희생이 따르며, 이미 돈이 많은 사람이라고 해도 예외는 아니다. 부를 향한 여정이 쉬웠더라면 부자가 아닌 사람이 어디 있겠는가? 부자가 되기 위해서는 대가를 치를 준비를 해야 한다. 위험과 희생을 각오해야 한다. 길 곳곳의 요철에 대비해야 한다. 구덩이에 바퀴가 빠지면(당연히 그렇게 될 것이다) 당신의 성공 스토리가 다듬어지는 과정이라고 생각하라. 추월차선을 여행하는 과정에는 반드시 희생이 뒤따르며, 소수의 사람만이 그 과정을 견뎌 낸다.

SUMMARY
- 부는 부분적인 요소가 아니라 하나의 공식이다.
- 과정이 부자를 만든다. 사건은 과정의 결과물일 뿐이다.
- 부자가 되는 길에는 위험과 희생이 따른다. 그 과정을 견뎌 내는 소수만이 부자가 될 수 있다.

부를 향한
재무 지도 세 가지

어디로 가야 할지 모르면, 어떤 길로 가든 상관없다.
– 루이스 캐롤(Lewis Carroll)

부를 위한 나침반

당신이 어디로 향하고 있는지 모른다면 어떻게 그곳에 도착했는지 알 수 있겠는가? 목적지가 확실하지 않으면 분명히 그곳에 도착할 수 없을뿐더러 원하지 않던 곳에 다다르게 될 것이다. 부는 다트 판이 아니라 지도를 보고 찾아야 한다.

자수성가한 부자들은 우연히 부자가 되지 않았다. 가난해질 때도 우연히 가난해지지 않는 것과 마찬가지다. 돈을 버는 것도 잃는 것도 여러분이 선택한 지도와 여러분이 취한 행동의 직접적인 결과다. 여러분이 선택한 지도는 부를 향한 과정을 결정짓는 곧, 부를 향한 여정에 사용될 첫 번째 도구다.

여러분이 현재 처한 재정적 상황은 의도했든지 그렇지 않든지 기존에 지니고 있던 지도를 따라온 결과물이다. 당신의 인생이 전개되는 방식은 당신의 선택에 의해 결정되며, 그 선택들은 당신의 신념체계에 의거해 이루어졌으며, 그 신념체계는 당신이 선택한 지도를 바탕으로 형성되었다. 인생을 바꾸고 싶다면, 다른 선택을 내려라. 다른 선택을 내리고 싶다면 신념체계를 바꿔라. 당신의 신념체계는 당신이 어떤 지도를 들고 있느냐에 따라 변화한다.

믿음이 어떻게 재무 상태에 영향을 미칠까? 믿음은 선택에 우선하며, 선택은 행동에 우선한다. 예를 들어 당신이 '부자들은 뮤추얼 펀드에 투자해서 돈을 벌었을 거야'라고 믿는다면 당신의 믿음은 행동에 반영될 것이다. 어떤 경제학 구루가 "모든 빚은 해롭습니다"라며 신용카드를 해지하라고 충고한다면 당신은 아마 그렇게 할 것이다. 어떤 저자가 "오늘 투자한 50달러는 40년 후 1,000만 달러의 가치를 가질 것입니다"라고 한 말을 믿는다면, 당신의 믿음은 행동으로 나타날 것이다.

부를 향한 재무 지도 세 가지

부자가 되는 과정을 설계하는 일은 여러분이 현재 지니고 있는 재무 지도와 대안들을 살펴보는 것으로부터 시작된다. 재무 지도에는 세 가지가 있다.

- 인도로 가는 지도
- 서행차선으로 가는 지도
- 추월차선으로 가는 지도

이 세 가지 지도의 이면에는 모두 심리학 즉, 각각의 지도에 따라 행동을 지시하는 신념체계가 작용한다. 더 중요한 것은 각각의 지도가 수학적 '부의 공식'에 의해 좌우되는 '가치관'의 영향 아래에 있다는 것이다. 어떤 지도를 선택하든지 부에 대한 가치관은 각각의 지도가 지닌 부의 방정식을 따르게 될 것이다. 게다가 각각의 지도는 특정 목적지를 향하고 있다. 각각이 가리키는 방향은 다음과 같다.

- 인도 → 가난
- 서행차선 → 평범한 삶
- 추월차선 → 부

어떤 재무 지도를 선택하든지 그 지도가 내포하고 있는 목적지인 '진정한 본질'로 여러분을 안내할 것이다.

진정한 본질이란 무엇인가? 만약 블랙잭 게임에서 15연승을 거두고 있다면, 여러분은 무작위성의 진정한 본질을 해치고 있는 것이다. 무작위성이 자연스럽게 작용하는 상황이라면 15연승과 같은 사건은 발생하지 않는다. 만약 야생 아프리카 사자가 라스베이거스 마술 쇼 무대에 서도록 훈련받았다면, 사자의 진정한 본질은 침해당한 것이다. 사자는 야성을 유지하고 사냥하고 죽이고 짝짓기를 해야 자연스럽다. 사자는 자연스러운 자신의 본질을 되찾고 싶어 하기 때문에 종종 마술사들의 머리를 물어뜯어 버리곤 한다. 진정한 본질의 법칙을 거스르려면 특별한 노력이 필요하다.

이와 마찬가지로 각각의 지도는 여러분을 가난, 평범한 삶 또는 부로 안내하는 진정한 본질을 갖는다. 예를 들어 인도를 따라 여행하기로 선택한 사람은 분명 가난한 인생을 살게 될 것이다. 다른 지도를 손에 쥐고서도 결과적으로 부를 얻을 수 있을지 모르지만, 부로 인도하지 않는 지도를 사용해서 부에 도달하는 일은 불가능하다.

각각의 지도는 이정표 역할을 하는 핵심 사고방식을 포함한다. 사고방식의 기준은 다음과 같다.

부채에 대한 인식 : 빚이 당신을 통제하는가, 당신이 빚을 통제하는가?

시간에 대한 인식 : 당신은 시간을 어떻게 인식하고 관리하는가? 시간이 많은가? 적은가? 별로 중요하지 않은가?

교육에 대한 인식 : 당신의 인생에서 교육의 역할은 무엇인가?

돈에 대한 인식 : 당신의 인생에서 돈의 역할은 무엇인가? 돈은 도구인가 장난감인가? 많은가? 적은가?

주요 수입원 : 당신의 주요 수입원은 무엇인가?

부를 늘리는 주요 전략 : 어떻게 순자산을 늘리고 부를 얻었는가? 혹은 그런 적이 있는가?

부에 대한 인식 : 부를 어떻게 정의하는가?

부의 방정식 : 부를 얻기 위한 수학적 계획은 어떻게 되는가? 어떤 부의 방정식이 당신의 부에 대한 가치관의 근간을 이루고 있는가?

목적지 : 목적지가 있는가? 있다면 어떤 모습인가?

책임감과 통제력 : 당신은 자신의 삶과 재무 계획을 통제하고 있는가?

삶에 대한 인식 : 인생을 어떻게 살아가고 있는가? 미래를 계획하는가? 내일을 위해 오늘을 희생하는가? 아니면 오늘을 위해 내일을 희생하는가?

지도는 가치관에 따라 만들어진다

각각의 지도는 부의 방정식이라는 특정 수학적 공식의 영향 아래 있다. 이 공식은 당신이 얼마나 빠른 기간 안에 부자가 될 수 있을지 결정한다. 아인슈타인의 $E=MC^2$ 공식처럼 물리학이 이 세상을 지배하듯이, 각각의 공식은 여러분이 지닌 부의 가치관을 지배한다. 그리고 물리학을 수학의 절대적 규칙과 떼 놓고 생각할 수 없듯이 부의 방정식(그리고 부의 확률)도 마찬가지다.

부의 가속도는 여러분이 선택한 지도의 '가치관'을 바탕으로 진화할 뿐만 아니라, 재무 계획이 가속도를 받느냐 멈추느냐를 결정짓는 가치관으로부터 자유로울 수 없다. 각각 고유의 속도와 규칙, 법칙을 지닌 철도 노선을 떠올려 보라. 여러분은 시속 20미터까지만 허용되는 노선에도, 아니면 시속 200미터의 노선에도 올라탈 수 있다.

현재의 재정 상황이 불만족스럽다면 지도를 바꿈으로써 여러분의 가치관을 바꾸면 된다. 하지만 우선 각각의 지도에 대해 이해해야 한다. 이어지는 3~5장에서 세 가지 지도 즉, 인도, 서행차선, 추월차선으로 향하는 지도를 각각 심층 분석해 보도록 하겠다.

SUMMARY

- 변화를 주려면 우선 당신의 신념이 변해야 한다. 당신이 들고 있는 지도가 바로 그 신념을 결정짓는다.
- 각각의 지도는 부의 방정식을 바탕으로 설계되어 있으며 재정적 목적지를 가리킨다. 즉 인도는 가난, 서행차선은 평범한 삶, 추월차선은 부라는 목적지를 향한다.

가난을 만드는 지도 : 인도(人道)

돈은 돈 문제를
해결하지 못한다

만약 당신이 처음으로 사람들과 다른 생각을 하기 시작했다면 아마도 "내가 옳고 다른 사람들은 다 틀려"라고 말할지도 모른다. 그런 생각은 처음에는 재미있을지 모르지만 결국 공격을 받게 마련이다.
– 래리 엘리슨(Larry Ellison)

인도로 가는 지도

대부분의 사람들은 일생 인도를 안내하는 지도를 보고 인도를 따라 걷는다. 인도는 유쾌한 오늘을 위해 보다 나은 내일을 포기하겠다는 계약과 같다.

인도를 택한 여행자들의 시작은 언제나 빈털터리다. 빈털터리로 내놓은 앨범, 빈털터리로 시작한 사업, 빈털터리로 오른 무대, 빈털터리의 실직자. 인도를 걷는 사람들 대부분은 집도 없고 파산 지경이거나 부모님 집에 얹혀사는 신세로 시작한다.

물론 인도를 걷는 사람들 중 몇몇은 실제로 큰돈을 벌기도 하지만, 진정한 부를 얻는 사람을 찾기란 쉽지 않다.

인도를 걷는 사람은 누구인가?

인도를 걷는 사람들에게는 재무적 목적지가 존재하지 않는다. 그들의 계획은 계획을 세우지 않는 것이다. 여분의 돈이 생기면 그 즉시 새로 나온 기기나 여행, 새 차, 옷이나 가방, 아니면 새로 유행하는 제품을 사는 데 써 버린다. 이들은 쾌락과 이미지, 그리고 채워지지 않는 일시적인 욕구 때문에 '라이프스타일의 노예'로 살아간다. 욕구와 구매의 사이클은 시간이 갈수록 더 빠른 속도로 회전하면서 이들의 어깨에 더 무거운 짐을 지우고, 결국 평생을 직업 또는 사업의 노예로 살게 만든다.

일반적인 인도 여행자 : 소득이 있지만 가난하다

미 통계국에서 2000년(2001년 기술 거품 붕괴와 2008년 금융위기 이전)에 시행한 조사 결과 다음과 같은 충격적인 진실이 드러났다.

- 55세 이하 국민의 57%는 순자산이 없거나 마이너스다.
- 미국 가정의 약 62%는 순자산이 10만 달러 이하다.
- 35세 이하 국민의 89%는 순자산이 10만 달러 이하다.
- 35~44세 사이 국민의 주택자산을 제외한 평균 순자산은 1만 3,000달러다.
- 45~54세 사이 국민의 주택자산을 제외한 평균 순자산은 2만 3,000달러다.

2007년에 시행된 통계국 조사에 따르면 소득이 있는 국민의 61%는 연봉이 연간 3만 5,000달러에 못 미친다. 국민 대부분은 인도 여행자다. 성인의 약 60%가 인도를 걷는 삶을 택한다. 여러분의 나이가 35세 이상이고 순자산이 1만 3,000달러 이하라면, 내 말을 새겨듣길 바란다. 당신이 가고 있는 그 길은 틀렸다. 새로운 지도를 하루빨리 찾아라.

'가난한 소득자'는 인도 여행자의 대다수를 차지하며 하층이나 중산층에 해당된다. 이들은 괜찮은 연봉을 받고 남들이 부러워할 만한 장난감을 몽땅 사들이지만, 정작 모아 둔 돈이나 은퇴 후 계획은 전무하다시피 하다. 이들의 미래는 라이프스타일을 감당하는 데 최대한도로 저당 잡혔으며, 한 달에 나갈 돈의 액수에 따라 얼마나 비싼 사치품을 사들일지 결정한다. 이들의 소득은 한 푼 한 푼 이미 주인이 정해져 있다. 자동차 할부금이며 쇼핑에 쓴 돈은 매달 꼬박꼬박 신용카드사의 손으로 넘어간다.

인도 여행자의 사고방식

인도로 가는 지도에는 여행자의 행동을 결정짓는 몇 가지 특징이 포함되어 있다. 이 특징들은 곧 인도를 택한 사람들의 사고방식이다.

부채에 대한 인식 : 신용거래는 참 좋은 제도야! 신용카드, 부채 정리, 자동차 할부금 같은 제도 덕분에 나는 월급이 적어도 현재를 즐길 수 있지! 사고 싶은 게 있으면 나는 지금 당장 사 버릴 거야.

시간에 대한 인식 : 시간은 충분해. 나는 내일이 오지 않을 것처럼 돈을 쓸 거야. 젠장, 앞으로 며칠 안에 갑자기 죽을지도 모르는데, 돈은 모아서 뭐하겠어!

교육에 대한 인식 : 졸업과 동시에 공부와는 담 쌓았어. 만세!

돈에 대한 인식 : 자랑할 게 있으면 자랑해야지! 뭣하러 만일을 대비한담? 나는 돈을 벌면 다 써 버리지만 내야 할 돈은 제때 내. 그게 바로 책임감 있는 행동 아니겠어?

주요 수입원 : 돈만 많이 주면 어디든 괜찮아. 내 목적은 돈뿐이야! 돈이면 다 되는 세상이니까!

부를 늘리는 주요 전략 : 순이익? 나는 도박도 하고 복권도 사고 보험회사에 걸어 둔 소송도 있는데…….그런 것도 쳐주나?

부에 대한 인식 : 실컷 누리다 죽는 사람이 바로 승자!

부의 방정식 : 내 부의 방정식은 이거야. '부=수입+빚'

목적지 : 무슨 목적지? 나는 오늘에 충실하고 내일 따위는 신경 쓰지 않아.

책임감과 통제력 : 나한테는 온갖 나쁜 일이 다 생겨. 저 사람 때문에 일이 안 풀려. 나는 피해자야. 이건 내 잘못이 아니야.

삶에 대한 인식 : 오늘을 살고 내일은 개나 줘 버려. 인생은 한 달 후

를 내다보기에도 너무 짧아. 인생은 영원하지 않아! 젊음은 한때야! 게다가 난 언젠가 크게 한탕 할 거거든.

인도가 끌어당기는 것 : 가난

인도 위의 삶은 자연스럽게 가난을 끌어당긴다. 인도를 걷는 여정은 단기적이므로 결코 장기간 효과를 발휘하지 못한다. 길에 패인 웅덩이 하나하나를 맞닥뜨릴 때마다 대출로 메워야 할지도 모른다. 불황이나 실직, 또는 금리 폭등이나 주택담보대출 금리 변동 등이 웅덩이가 될 수 있다.

그런데 터덜터덜 걷고 있는 인도 여행자를 붙잡고 실패의 이유를 물으면 그 사람은 즉시 외부적인 요인을 탓하기 시작할 것이다. 해고당했어요! 차가 고장 났어요! 다리를 다쳤는데 보험이 없었어요!

다음 질문에 솔직히 대답해 보자. 순자산이 1만 3,000달러인 상황에서 은퇴하길 기대하는가? 아니면 11만 3,000달러일 때 은퇴하겠는가? 주택자산만 믿고 살겠다는 계획이 합리적이라고 생각하는가? 다음 주에 당장 지불해야 하는 돈이 아니라 그 이후의 계획에 대해 생각해 본 적 있는가? 어느 시점에서 방향을 틀고 계획을 재평가해야 한다는 사실을 깨닫는가? 그런 시점이 있기는 한가? 지난 5년, 10년, 20년간 해 온 일이 어째서 갑자기 다른 효과를 나타내겠는가? 똑같은 일을 반복하면서 다른 결과를 기대하는 것은 미친 짓이다.

인도를 벗어나는 첫 번째 단계는 내가 지금 인도 위에 서 있는 것인지도 모른다는 사실을 깨닫는 것이다. 방법은 그 다음에 바꾸면 된다.

돈은 돈 문제를 해결하지 못한다

인도를 걷는 사람들은 각계각층에 존재한다. 부의 화신처럼 보이는 사람조차도 예외가 아니다. 그들은 사업가이거나 의료인 또는 법조인 같은 고소득자거나 큰돈을 버는 유명한 배우 또는 음악가일 수도 있다. 하지만 한 가지 공통점이 있다면 계획도 저축도 하지 않는다는 점이다. 버는 돈보다 더 많은 돈을 쓰고 오늘 당장의 사치를 위해 내일의 안정을 포기한다.

인도를 걷는 사람들의 부의 방정식은 소득 더하기 끌어다 쓸 수 있는 만큼의 부채다.

$$부 = 소득 + 빚$$

인도를 걷는 사람들은 자신의 소득과 빚의 합에 비례하는 라이프스타일을 추구한다. 이들은 주택담보대출이나 집세, 공과금, 신용카드 할부금 때문에 스트레스를 받는다. 당장의 즐거움만 보고 미래를 생각하지 않은 결과다.

부유한 인도 여행자 : 소득이 있고 풍족하다

고소득을 올리는 인도 여행자가 파산하면 큰 뉴스거리가 된다. 음반이 인기를 얻어 엄청난 돈을 번 래퍼가 3년 만에 빈털터리가 된 이유가 궁금했던 적이 있는가? 아니면 한때 유명했던 배우가 인기를 잃은 지 몇 년 만에 파산신청을 하는 지경에 이른 이유를 알고 있는가? 어떻게 8,000만 달러에 NBA와 계약했던 선수가 파산하고 사람들의 기억 저편으로 잊히는 걸까? 그 이유는 바로 인도를 걷는 사람들의 부의 공식이 '부=소득+빚'이기 때문이다.

추월차선 포럼 회원 중 하나가 금융기관에서 일하는 친구에게 들은 일화를 웹사이트에 올린 적이 있다.

이름을 대면 알 만한 유명한 래퍼 A군이 6만 달러 대출 신청을 거절당했다고 하네요. 대출 신청서에 쓴 한 달 소득이 40만 달러였는데 말이죠. 과거에 앨범 두 개가 히트를 치긴 했지만 파산하게 될 것 같다고 합니다. 신용 점수도 매우 안 좋다고 하네요. 아무리 성공한 사람이라도 돈과 신용 관리 능력만큼 중요한 게 없다는 걸 다시 한 번 느꼈습니다.

고소득의 인도 여행자들은 돈을 많이 벌고 명품 옷이나 장신구를 사고 소득에 걸맞은 취미생활을 즐긴다. 예를 들어 이들은 한 달에 2만 달러를 번다면 한 벌에 300달러짜리 청바지를 사는 것쯤은 당연하다고 여긴다. 문제는 바로 이들이 가난한 인도 여행자와 마찬가지로 한 달 소득 이상을 전부 써 버리기 전까지는 좀처럼 만족을 모른다는 것이다. 돈을 관리하는 방법을 배우는 데 있어서 소득은 중요하지 않다. 돈 관리법을 모르면 인도 위의 삶을 벗어날 수 없다. 그 삶을 지속하느냐 벗어나느냐는 당신의 소득이 얼마고 차가 무엇인지와는 별개의 문제다.

소득과 부의 신기루

가난하든지 부유하든지 인도를 걷는 사람들은 겉으로는 달라 보이지만 공통된 문제를 가지고 있다. 돈 관리 능력이 미숙하다는 것이다. 이

것은 부유하다고 해서 또는 돈을 더 번다고 해서 해결되지 않는다.

돈 관리 능력이 없는 사람들은 피치 못할 상황을 늦추기 위해 돈을 낭비한다. 1년에 4만 달러로 살 수 없다고 생각하는 사람이라면, 1년에 40만 달러로도 부족할 것이다. 당신이 주택담보대출금 900달러를 어떻게 갚을지 전전긍긍할 때, 돈 많은 인도 여행자는 대출금 9,000달러 때문에 고민한다. 이 둘의 고민은 금액에서 차이가 있을 뿐 본질적으로 같다.

돈 문제에 대한 해결책은 돈에 대한 사고방식을 변화시키는 것뿐이다. 이를 위해서는 먼저 지도를 바꿔야만 한다. 지금 당장 인도를 벗어나라. '부=소득+빚'이라는 공식을 버려라.

SUMMARY

- 인도 여행의 일등석은 아무런 재무 계획이 없는 사람에게 주어진다.
- 인도로 가는 길은 시간과 돈의 부족으로 이어진다.
- 미숙한 돈 관리 능력을 더 많은 돈으로 해결하는 것은 불가능하다.
- 부자가 될 수는 있지만 인도에서 벗어날 수는 없다.
- 부가 소득과 빚의 합으로 정의된다면 그 부는 실체가 없는 환상이다.
- 미숙한 돈 관리 능력은 도박과 같다. 결국 잃는 쪽은 당신이다.

부자처럼 보이는 것과
진짜 부자인 것의 차이

부란 인생을 충분히 경험할 수 있는 능력이다.
— 헨리 데이비드 소로(Henry David Thoreau)

사회가 부를 오염시키고 있다

인도의 유혹에 빠져드는 것은 사회가 부의 개념을 오염시켰기 때문이다. 사회는 '부'란 곧 기사가 딸린 롤스로이스, 전용 비행기, 남태평양으로 떠나는 이국적인 여행, 해변의 저택, 그리고 라스베이거스의 펜트하우스라고 정의 내린다. 6캐럿짜리 다이아몬드 귀고리와 애쉬튼 마틴 자동차와 일반인의 집값보다 더 비싼 손목시계가 부의 상징이라고 말한다. 대부분 '부'라는 단어를 들으면 본능적으로 사치스럽고 호화로운 라이프스타일을 떠올리게 될 것이다.

사회는 부를 물질적인 소유물로 완성되는 절대적인 개념이라고 믿게 만들었다. 사회는 여러분에게 부에 대해 잘못된 개념을 주입시켜 왔고,

그 결과 여러분은 잘못된 길로 인도를 받았다. 하지만 걱정할 것 없다. 여전히 호화로운 인생을 원한다면 추월차선이 그런 인생으로 인도해 줄 수 있다.

부의 3요소 : 부란 무엇인가?

부는 모호한 개념이 아니다. 내 인생에서 가장 행복한 순간은 진정한 부를 몸으로 느꼈을 때였다. 언제인지 짐작이 가는가? 그 순간은 내가 처음 람보르기니를 뽑았던 날이 아니다. 대저택으로 이사한 날이나 회사를 수백만 달러에 팔았던 날도 아니다.

부는 물질적인 소유물이나 돈, 또는 '물건'이 아니라 3F로 이루어진다. 3F는 부의 3요소로 가족(Family, 관계), 신체(Fitness, 건강), 그리고 자유(Freedom, 선택)을 말한다. 3F가 충족될 때 진정한 부를 느낄 수 있다. 즉, 행복을 얻을 수 있다.

영화 〈멋진 인생(It's a Wonderful Life)〉의 마지막 장면은 다음과 같은 교훈을 던져 준다. "기억하라, 친구가 있다면 그 어떤 인생도 실패작이 아니다." 이 구절은 친구나 가족, 그리고 사랑하는 사람들과 인생을 함께 나누는 것이 얼마나 중요한 일인지 알려 준다. 부란 공동체적 삶이자 타인의 인생에 영향을 미치는 일이다. 그래서 아무도 없는 공간에서 홀로 경험할 수 없는 것이다. 내 인생에서 부유함을 느낀 순간은 가족과 친구들과 사랑하는 사람들에게 둘러싸여 있는 바로 그 순간이었다.

부는 곧 신체다. 건강, 활기, 열정, 그리고 끝없는 에너지가 곧 부다. 건강을 잃는 것은 곧 부를 잃는 것이다. 시한부 인생을 사는 사람들에게 가장 가치 있는 것이 무엇인지 물어보라. 암을 이겨 낸 사람에게 다시 태어난 기분이 어떤 것인지, 그리고 행복이 '물질'이 아니라 사람과 경험으로부터 얻어진다는 깨달음을 얻었을 때 어떤 기분이 들었는지 물어보라. 건강과 활기는 돈을 주고 살 수 없다.

마지막으로 부는 곧 자유와 선택이다. 인생을 당신이 원하는 방식으로, 원하는 모습으로, 원하는 시기에 원하는 곳에서 살 수 있는 자유다. 상사와 알람시계와 돈 때문에 받는 압박으로부터의 자유다. 그리고 하기 싫은 고된 일로부터의 자유다. 무엇보다 원하는 인생을 살아갈 자유다.

부의 눈속임 : 부자처럼 보이기

'30K 밀리어네어(연소득이 3만 달러밖에 되지 않으면서 백만장자인 척하는 사람들)'라는 신조어가 있다. 백만장자처럼 꾸미고 다니지만 실제로 가진 돈은 없는 사람을 떠올려 보라. 이런 사람을 보는 것은 어렵지 않다. 이들은 BMW 저가 라인을 몰고 자신의 이니셜을 수놓은 세련된 명품 옷을 걸치며 클럽 VIP석에 앉아 양주를 마신다. 물론 계산은 신용카드로 한다. 이들은 사교계에 갓 데뷔한 근사한 청년처럼 보이지만 그럴듯한 겉모습을 벗겨 내면 인도 위의 초라한 마술사에 지나지 않는다.

부자처럼 보이는 것과 진짜 부자인 것의 차이는 전자가 쉬운 반면 후자는 그렇지 않다는 데 있다. 쉬운 대출과 장기 대출 옵션(거치기간이 1년인 경우도 있다!) 덕분에 부자인 척 눈속임하는 일은 어렵지 않다. 사회는 '부'를 마치 백화점이나 자동차 매장, 또는 투자광고를 통해 얻을 수 있는 것인 양 사람들을 현혹시켜 왔다.

당신은 어떤가? 당신이 8만 달러짜리 메르세데스 벤츠를 6년 할부로 구입했다면, 그건 부가 아니라 부의 물체화, 즉 흉내내기다. 스스로를 기만하는 행위이자 추월차선의 우회로에 들어선 것이다. 하지만 나는 당신이 비싼 독일산 세단을 사면 안 된다는 설교를 하려는 것이 결코 아니다.

나는 운동하러 갈 때마다 고속도로변의 허물어져 가는 아파트 단지를 지나친다. 그런데 주차장에는 언제나 똑같은 차 한 대가 서 있다. 22인치 커스톰 크롬 휠을 장착한 빛나는 검은색 캐딜락 에스컬레이드다. 얼마나 부조화로운지 상상이 가는가? 무너져 가는 아파트에 살면서 1만 달러짜리 휠을 단 6만 달러짜리 차를 몬다니? 분에 넘치는 차를 감당하느라 무너져 가는 아파트 단지에 사는 대신 더 좋은 동네의 더 나은 집을 사는 데 집중한다면 더 현명한 행동일까? 우선순위의 문제다. 어떤 사람들은 진짜 부자가 되고 싶어 하는 반면 어떤 사람들은 부자처럼 보이고 싶어 한다.

가짜 부는 진짜 부를 파괴한다

'가짜 부'란 실체가 없는 환영이며, 사회가 좇는 부의 정의를 그대로 받아들인 결과물이다. '가짜 부'를 추구하는 것이 얼마나 두려운 결과를 낳는지 사람들은 잘 모르고 있다. 가짜 부는 진짜 부를 파괴한다.

진짜 부와 가짜 부의 간극이 커질수록 기대는 산산조각 나고 불행이 찾아오기 시작한다. 부자처럼 보이려고 노력하면 할수록 가난은 더욱 더 옭혀든다. 벤츠 판매 대리점에서 부를 사는 것은 불가능해도 자유를 저당 잡히는 것은 가능하다.

부에 대한 잘못된 이해 때문에 잃는 것은 자유다. 사람들은 부의 상징을 가졌다고 자랑하지만 정작 자유는 잃었다. 그리고 자유를 잃고 나면 진정한 부의 기반이 되는 다른 요소 즉, 건강과 관계마저 좀먹기 시작한다.

분에 넘치는 물질적 소유물은 건강과 관계에 영향을 준다. 부자처럼 보이는 것은 역설적으로 진짜 부를 도망가게 하는 적이다. 그것은 자유와 건강과 관계를 파괴한다.

무엇보다도 이 책은 부의 3요소 가운데 자유를 가장 중요하게 다룰 것이다. 왜냐하면 자유가 보장되어야 건강과 관계를 지킬 수 있기 때문이다. 당신만이 당신의 자유를 정의 내리고 어떤 삶을 살지 결정할 수 있다. 개인 전용기를 타고 다닐 자유를 원한다면 그것이 당신의 자유다. 필요한 최소한의 소유물만 지닌 채 살아갈 자유를 원한다면 그것 역시 당신의 자유다. 모두가 생각하는 자유는 다 다르다! 당신이 내린 정의 속에서 부라는 퍼즐을 완성해 줄 조각을 찾게 될 것이다. 당신을 고통스러운 인도 위의 삶으로 안내하는 사회가 내린 부에 대한 정의로부터 자유로워져라.

SUMMARY
- 부는 물질적인 소유가 아니라 가족적인 친밀한 관계, 신체와 건강, 그리고 자유가 바탕이 될 때 얻어진다.
- 감당할 수 없는 수준의 물질적 소유물은 부의 3요소를 위협한다.

평범하다는 것은
현대판 노예라는 뜻이다

돈으로 행복을 살 수는 없지만 곤란한 상황에서 당신을 구해 줄 수는 있다.
– 클레어 부드 루스(Clear Boothe Luce)

돈으로 행복을 살 수는 없다는 주장의 맹점

"돈으로 행복을 살 수는 없다"고 단언하는 사람들은 이미 스스로 부자가 될 수 없을 거라고 단정 지은 사람들이다. 이 오래된 격언은 많은 이들의 가난의 불씨가 되었다.

사실 이 주장에는 맹점이 있다. 행복의 진짜 적이 무엇인지 놓치고 있기 때문이다. 바로 노예화 즉, 자유를 잃은 상태다. 역설적으로 '더 많은 돈'을 벌수록 더 많은 자유를 얻는 것이 아니라 잃는다는 것이다. 더 많은 돈은 라이프스타일의 노예가 되게 함으로써 오히려 부의 3요소 즉, 가족, 신체, 자유에 해가 된다.

크레이튼 대학교의 결혼·가족연구센터에 따르면 빚은 신혼부부가 겪는 갈등의 중요한 원인이다. 빚과 라이프스타일의 노예가 되면 사람들은 계속해서 일에 매이고 관계가 소홀해진다. 2003년 세계가치조사(worldvaluessurvey.com)에 따르면 공동체에 강한 소속감을 갖고 가족과의 유대가 끈끈한 사람이 세상에서 가장 행복하다는 결과가 나왔다. 기본적인 욕구가 충족된다면(안전, 주거, 건강, 음식), 인간의 행복은 배우자나 가족, 친구, 종교적 존재 또는 자기 스스로와의 관계의 질에 의해 매우 크게 좌우된다. 남들에게 뒤지지 않으려고 경쟁적으로 더 좋은 물건을 사는 데 급급하다 보면 불행을 자초하게 된다. 세계가치조사보고서는 '소비지상주의'가 행복을 가로막는 가장 큰 장애물이라고 결론짓고 있다.

사실상 수많은 부자들과 고소득자들은 지독한 불행을 겪고 있지만, 돈 때문은 아니다. 그들은 자유를 잃었기 때문에 불행하다. 그들이 돈을 가진 게 아니라 돈이 그들을 쥐고 있다. 일에 파묻혀 사느라 좀처럼 집에도 들어가지 못하고 가족과의 관계를 소홀히 하는 고소득자가, 하루의 반은 농사를 짓고 나머지 반은 가족과 시간을 보내는 가난한 농부보다 더 행복할 가능성은 매우 낮다.

평범하다는 것은 생존 경쟁에 놓인 현대판 노예라는 뜻이다

평범하다는 것은 아침 6시에 일어나서 붐비는 대중교통을 타고 출근한 후 여덟 시간을 일하는 것이다. 평범하다는 것은 월요일부터 금요일까지 일의 노예가 되는 것이며 월급의 10%를 저축하는 것이고 그 짓을 50년간 반복하는 것이다. 또 평범하다는 것은 모든 물건을 신용카드로 구매하는 것이며 주식 시장에 투자하면 부자가 될 수 있을 거라고 믿는 것이다. 그리고 평범하다는 것은 빠른 차와 큰 집이 있으면 행복하다고 믿는 것이다.

여러분은 사회가 정해 놓은 부의 잘못된 정의를 받아들인 것처럼 평범한 삶에 대한 정의 역시 무비판적으로 받아들이도록 길들여져 왔다. 그러므로 사회가 정의하는 평범한 삶의 의미 역시 틀렸다. 평범하다는 것은 현대판 노예라는 뜻이다.

돈의 올바른 사용

돈은 잘못 사용하는 사람에게는 결코 행복을 가져다주지 않는다. 돈으로 자유 대신 구속을 사는 꼴이 되기 때문이다. '부'와 '행복'은 같은 의미다. 단, 부의 의미가 올바르게 정의되었을 경우에만 그렇다. 사회는 부가 '물질'적인 것이라고 말한다. 바로 이 잘못된 정의 때문에 부와 행복을 잇는 다리가 무너져 버리곤 한다. 부유하지 못하다고 느끼면, 아마도 그 느낌에 계속 매달리게 될 것이다. 그리고 부유하다고 느끼게 해 줄 만한 물건을 살 것이다. 사람들은 느낌, 존경, 자존심, 즐거움 등에 목말라 한다. 그리고 칭찬과 사랑, 그리고 수용을 원한다. 당신이 이런 느낌들로부터 기대하는 것은 무엇일까? 바로 행복해지는 것이다. 바로 거기에 함정이 있다. 우리는 부의 잘못된 정의와 행복을 동일시하는 오류를 범하고 그 결과로 인해 불행해 한다.

돈은 올바르게 사용할 때 자유를 가져다준다. 자유는 부를 이루는 3요소 중 하나다. 자유로 선택을 살 수 있다. 수많은 가난한 사람들이 과로에 시달리는 중상류층 노동자에 비해 더 행복한 삶을 살고 있다는 뜻이다. 왜냐하면 과로에 시달리는 중상류층 사람들은 자유와 관계와 건강을 잃어버렸기 때문이다. 이건 모두 하기 싫은 일을 한 주에 5일씩 50년 동안 열심히 한 결과다.

돈은 적어도 자유를 누릴 수 있도록 보장해 준다. 그리고 이로 인해 부의 다른 요소인 건강과 관계를 지키기가 더 쉬워진다.

- 돈은 자녀가 성장하는 과정을 지켜볼 자유를 가져다준다.
- 돈은 아무리 어리석은 꿈이라도 추구할 자유를 가져다준다.
- 돈은 이 세상을 변화시킬 자유를 가져다준다.
- 돈은 관계를 쌓고 강화시킬 자유를 가져다준다.
- 돈은 금전적인 이득을 따질 필요 없이 하고 싶은 일을 할 자유를 가져다준다.

위의 다섯 가지 중에 당신을 행복하게 만들어 줄 만한 것이 하나라도 있는가? 아마 그럴 것이다. 적어도 당신을 불행하게 만들 만한 요소는 하나도 없다.

라이프스타일의 노예 : 인도의 함정

인도를 걷는 사람들은 라이프스타일의 노예가 되기 십상이다. 이들은 치열한 경쟁 속으로 내몰리고, 화려한 라이프스타일과 일 사이에서 줄다리기를 벌인다. 돈을 벌기 위한 일, 라이프스타일을 유지하기 위한 돈, 그리고 일을 위한 라이프스타일이라는 사이클을 빙빙 돌며 좀처럼 빠져나오지 못한다. 이들의 자유는 라이프스타일의 노예로 만드는 원인이 어디에 있든지 관계없이 점차 침식당한다.

- 일이 수입을 낳는다.
- 수입이 라이프스타일(자동차, 보트, 명품 등)과 빚을 낳는다.
- 라이프스타일과 빚 때문에 일을 해야만 한다.

이런 종류의 노예화는 일반적이다. 우리는 나중 일은 나중에 생각하고 일단 최신의 것, 가장 멋진 것을 욕심내는 데 익숙해져 있다. 이런 태도 때문에 우리는 라이프스타일이라는 감옥에 갇히게 된다. 그리고 감당할 수 없는 물건을 많이 사들일수록 이 감옥에 갇혀 지내는 시간은 더 길어진다.

사고할 능력이 있다면 사지 말아야 한다는 사실을 깨달을 것이다

가장 마지막으로 껌 한 통을 샀던 때를 떠올려 보라. 가격을 보고 조바심을 냈던가? '흠, 내가 이걸 사도 될까?'라고 생각했던가? 아마 아닐 것이다. 당신은 껌을 샀고 그걸로 끝이었다. 껌을 샀다고 해도 당신의 라이프스타일이나 미래 계획은 아무런 영향을 받지 않았다. 자동차 대리점에 들어가 수십만 달러짜리 벤틀리를 고민 없이 사는 부자의 경우도 마찬가지다.

어떤 금액을 감당할 수 있다는 것은 굳이 그 금액을 따져 볼 필요가 없는 상황에서 통한다. 감당 여부를 생각해야만 한다는 것은 당신에게 그럴 돈이 없다는 뜻이다. 선택에 따르는 조건과 결과가 고민해 봐야 할 만큼 크다는 의미이기 때문이다.

만약 보트를 한 척 사고 나서 그 금액을 감당할 수 있을지 고민하느라 머리가 빠질 것 같다면, 당신은 그 보트를 살 여유가 없는 거다. 물론 "……만 하면 살 수 있는데"로 끝나는 말들을 늘어놓으며 자기 위안을 할 수도 있다.

"이번에 승진만 하면……."
"집세를 올려 달라고만 하지 않으면……."
"이번 달에 주식이 10%만 오르면……."
"판매량이 두 배로 오르면……."
"아내가 취직만 하면……."
"보험 해약만 하면……."

이렇게 스스로를 안심시키는 모든 말들은 당신이 그걸 살 형편이 안 된다는 경고다. 살 형편이 된다면 이런 부연설명들은 애초에 붙지 않는다. 스스로를 속일 수는 있지만 결과를 속일 수는 없다.

그럼, 감당할 능력이 되는지 아닌지 어떻게 알 수 있을까? 당신이 원하는 물건을 현금으로 살 수 있고 앞으로 상황이 어떻게 변하느냐와 관계없이 지출로 인해 라이프스타일에 영향을 받지 않을 수 있다면 감당할 능력이 되는 것이다. 그러니까 보트를 한 대 사고 싶다면, 현금으로 지불할 수 있고 예기치 못한 어려움에 부딪히더라도 아무렇지 않게 지나갈 수 있을 경우에만 사라. 언젠가 마음껏 즐기며 살아도 괜찮은 시기와 장소에 도달하게 될 것이다.

유혹을 조심하라!
광고업계는 낚시에 능할 뿐만 아니라, 당신을 낚는 것이 유일한 목표다. 이들이 쓰는 미끼란 바로 반짝거리는 새 차, 더 큰 집, 명품 옷처럼 "나를 가져요"라고 속삭이는 상품들이다. 사람들은 매일같이 '즉각적인 만족'이라는 미끼의 유혹을 받는다.

"이 제품 없는 인생은 불완전해요!"
"지금 사면 인생이 훨씬 편해질 겁니다!"
"이걸 사기 전까지 당신의 인생은 성공했다고 말할 수 없어요!"
"이걸 사면 사람들이 엄청 부러워할걸요!"

위의 메시지들은 하나의 공통점이 있다. 바로 당신은 그들의 먹잇감이며 당신에게 감당할 돈이 있는지 여부 따위는 그들의 관심사가 아니라는 점이다.

부를 가로막는 것이 무엇인지 알고 어떤 행동으로 인해 그것이 당신의 인생으로 침투해 들어오는지 알아야 한다. 당신이 원하는 수준의 호화로운 생활을 감당할 수 있을 때까지 기다려라. 그리고 추월차선을 타게 되면 그 날은 머지않아 찾아올 것이다.

SUMMARY

- 돈으로 행복을 살 수는 없다. 돈으로 사는 물질적인 것들은 자유를 해치기 때문이다. 자유에 해가 되는 모든 것은 부의 3요소에 해가 된다.
- 올바르게 사용한다면 돈으로 자유를 살 수 있으며, 자유는 곧 행복으로 이어진다.
- 행복은 돈이 아니라 건강과 자유, 그리고 친밀한 인간관계를 바탕으로

얻을 수 있다.

- 라이프스타일의 노예가 되면 자유를 잃게 되고, 자유를 빼앗는 것은 부를 함께 빼앗아 간다.

- 당신이 감당할 수 있을 것 같다는 생각으로 사면 안 된다.

- 즉각적인 만족을 추구하면 자유와 건강, 그리고 선택권을 잃게 된다.

'인생 한 방'을 노리는 사람은 가난을 면치 못한다

나는 운을 믿는다. 그리고 더 열심히 일할수록 더 많은 운이 따르곤 했다.
– 토마스 제퍼슨(Thomas Jefferson)

스스로 번 돈은 스스로 만든 행운으로부터 온다

"스스로 번 돈은 스스로 만든 행운으로부터 온다."

억만장자 사업가이며 댈러스 매버릭스 NBA구단의 구단주 마크 큐반(Mark Cuban)은 자신이 거둔 성공과 관련해 이렇게 말했다. 그는 회사를 야후에 59억 달러에 팔기 전, 사업 초기에 겪은 고생담을 떠올렸다. 그는 사람들이 자신의 성공이 운이 좋았던 탓이라고 이야기했던 것을 기억했다. 첫 회사 마이크로솔루션즈를 매각했다니 운도 좋지, 기술 열풍을 타고 큰돈을 벌었다니 운도 좋지, 회사를 야후에 몇 십억 달러를 받고 팔았다니 운도 좋지, 그가 일군 사건들은 그 즉시 운 탓으로 돌려지고 과정은 이면에 숨겨졌다.

그는 대부분의 사람들이 이해하지 못하는 이분법을 이해하고 있었다. 과정은 사건을 낳고 사람들은 그것을 운이라고 부른다. 그는 또한 이렇게 덧붙였다.

"내가 복잡한 소프트웨어 관련 서적이나 매뉴얼을 읽고 있을 때나 집에 틀어박혀 새로운 기술을 실험하고 있을 때는 아무도 운에 대해 언급하지 않았다."

운이란 놈은 그때 어디에 있었을까? 부와 마찬가지로 행운이란 하나의 사건이 아니라 과정의 결과다. 운은 과정이 남긴 잔여물이다. 하지만 인도를 걷는 사람들은 사건은 좋아하지만 과정은 싫어한다. 이들은 부가 하나의 사건이라고 믿기 때문에 자연스럽게 부를 운이라고 생각한다.

추월차선 포럼 회원 중 한 명이 빌 게이츠는 운이 좋다는 내용의 글을 올렸다. 나는 동의하지 않는다. 윈도우즈는 운 덕분에 만들어지지 않았다. 회사는 운 덕분에 만들어지지 않는다. 운은 특정한 목적을 향해 나아가는 반복적이고 통일된 일련의 행동을 낳을 뿐이다. 여럿이 손을 잡고 끊임없는 노력으로 세상을 두드린다면 어떤 일이 일어난다. 어떤 일이냐고? 인도를 걷는 사람들은 그것을 운이라고 해석한다.

운을 이해하려면 더 높은 확률이 기대되는 과정에 참여하라. 운은 실제로 게임에 참여할 때 얻을 수 있다. 인생이라는 게임에서 이기고자 할 때 비로소 행운은 얼굴을 보인다. 불행하게도 인도를 걷는 사람들은 운을 믿음의 결과라고 생각하지, 과정의 일부라고 생각하지 않는다. 행운을 원한다면 과정에 뛰어들어라. 과정이 있어야 당신이 원하는 사건들이 벌어진다.

SUMMARY

- 부와 마찬가지로 행운은 사건이 아니라 과정에 의해 만들어진다.

- 행운은 실제 행동으로 이루어진 과정 덕분에 확률이 올라갈 때 찾아온다.

- '인생 한 방'을 노리고 있다면 당신은 과정이 아니라 사건에 초점을 맞추고 있는 것이다. 이런 사고방식은 당신을 추월차선이 아니라 인도로 안내할 것이다.

인생을 남의 손에 맡기고
남 탓하며 사는 사람들

위대함의 대가는 책임감이다.
– 윈스턴 처칠(Winston Churchill)

히치하이킹의 정치

　인도를 걷는 사람들이 자주 하는 또 다른 실수는 자신의 재무 계획을
남에게 맡겨 버리거나 부를 향한 여정을 대신해 줄 사람이 있을 거라고
믿는 것이다. 이런 사고방식은 피해의식만을 낳을 뿐이다.

　인도를 걷는 사람들의 삶의 방식은 히치하이킹과 닮아 있다. 무작정
남을 믿고, 일이 제대로 풀리지 않을 때면 무작정 남을 비난한다. 행운
에 대한 믿음과 우연에 기댄 생활, 비난하는 습관 등이 그들의 가장 큰
문제다.

　인도를 여행하는 히치하이커들은 전국적으로 규모가 가장 큰 유권자
집단이다. 이들은 인생을 편하게 살고 싶어 하지만 그 대가는 다른 사

람이 지길 원한다. 이들은 평생 히치하이커로 살아간다. 이들은 스스로 체제의 희생자라고 믿으며 정부(또는 다른 기관)가 자기들을 위해 더 많은 일을 해야 한다고 믿는다. 이들은 인생이 자기에게 너무 가혹하다고 믿는다. 이들은 세상을 편하게 살게 해 주겠다고 약속하는 정치인이라면 누구든 뽑아 준다.

"국가가 당신을 위해 무엇을 할 수 있는지 묻기 전에 당신이 국가를 위해 무엇을 할 수 있는지 물어보라"는 존 F. 케네디의 발언은 "국가가 나한테 뭘 해 줄 수 있는데?"라는 질문을 정면으로 비판한 것이었다. 지난 20년간 인도 여행자들의 라이프스타일이 미국을 점령해 버렸기 때문에 미국 밖의 사회적 문제에 대해서까지 논할 필요는 없을 것 같다. 한때 "자유가 아니면 죽음을 달라"고 외쳤던 사람들은 이제 이렇게 외치고 있다. "그냥 달라."

이 책을 쓰고 있는 현재, 경제는 급속도로 악화되고 있다. 주택시장은 폭락했고 수백만 명이 돈을 잃었다. 어쩌다 이렇게 되었을까? 원인은 복합적이다. 사람들은 스스로 재무적 의사결정을 내리지 못하고 '다른 사람들'에게 의존했다. 세부 항목들을 간과했고 계약서나 관련 법률은 읽어 보지도 않았다. 정부가 보험을 설계하도록 놔두었다. 사회 전체적으로 사람들이 같은 행동을 반복한다면 역사는 암울한 미래로 나아갈 수밖에 없다.

나 역시도 경기 침체에 약간 영향을 받았다. 내 집값도 하락하긴 했지만 상관없다. 나는 내 집을 부자가 되기 위한 도구로 사용하지 않기 때문이다. 어떤 구루들은 "집은 가장 훌륭한 투자 대상이다!"라고 말하지만 그건 말도 안 되는 소리다. 시장경기가 침체되었을 때도 나는 많은 손해를 입지 않았다. 시장은 내가 돈을 버는 수단이 아니었기 때문이다. 추월차선을 탄다는 것은 통제력을 갖는다는 것이다. 반면 인도를 걷는 히치하이커로 산다는 것은 아무것도 통제하지 못한다는 것이다.

2005년 8월에 있었던 한 포럼에서 나는 일곱 가지 이유를 근거로 대며 주택시장 거품이 붕괴할 것을 예측했다. 그리고 결과적으로 내 말이 옳다는 것이 입증되었다. 나는 스스로 재무적 결정을 내렸기 때문에, 남에게 의존해선 안 된다는 진리가 더욱 확고해졌다. 나는 경제뉴스에 나와 주택시장이 안전하다고 자신 있게 떠들어대던 전문가의 말을 그대로 믿지 않았다. 주류 매체의 보도 내용에도, 나 외의 다른 누군가에게도 의존하지 않았다. 나는 나 스스로에게 의지했다. 나는 히치하이커가 아니라 인생을 직접 운전해 나가는 사람이기 때문이다. 그리고 인생을 직접 운전해 나가다 보면 많은 사람들이 잃어버리는 것 즉, 책임감을 얻게 된다.

피해자가 되지 않도록 스스로 조심하라

2006년, 나는 애리조나 주 피닉스의 아름다운 산기슭에 있는 꿈에 그리던 집을 샀다. 그 집은 한때 피닉스에서 가장 아름다운 전망을 자랑했지만 꽤 큰 리모델링 공사가 필요했다. 새로 사건 친구 하나가 리모델링 업체를 소개해 주어서 나는 별다른 조사나 검토, 평판 확인이나 허가증 검사 등 아무것도 하지 않은 채 업체와 계약했다.

그런데 세상에, 8개월이면 마무리되어야 할 일이 3년을 질질 끌었다. 내 일생 최악의 결정이었다. 그 업체 사장은 지독하게 능력이 없는 멍청이였다. 그래도 내 잘못이다. 스타워즈의 한 구절을 따오자면 이랬다.

"누가 더 바보야? 저 바보야 아니면 저 바보를 고용한 나야?"

나는 피해자가 아니었다. 우선적으로 그 책임은 나에게 있었기 때문이다. 그건 내 잘못이었다. 내가 그런 일이 생기게 만들었다. 이제 나는 집수리를 맡기기 전에 철저히 조사한다. 내가 내 잘못을 깨닫지 못했더라면 나는 여전히 피해를 입었다는 사실에만 집착하며 내가 얼마나 불쌍한 사람인지 떠들고 있을지도 모른다.

자신 스스로 행동과 그 행동에 따르는 결과에 책임을 질 수 있고 의무를 다할 때 비로소 피해자가 되는 일을 피할 수 있다. 실수와 실패 그리고 성공을 오롯이 받아들이고, 다음번 선택에 그것을 반영하라. 당신은 스스로 초래한 상황에 놓여 있는가? 그 과정에서 실수한 것이 있는가? 게으르지 않았나? 나쁜 상황들은 대부분 나쁜 선택의 결과다. 그 사실을 받아들이면 인생을 장악하게 된다. 운전석에 앉아 있는 사람은 바로 당신이므로, 다른 누구도 당신을 길 밖으로 밀어낼 수 없다. 그리고 스스로의 선택을 장악하면 기적적인 일이 벌어진다. 실패의 경험은 더 이상 피해의식의 원인이 아니라 지혜로 자리 잡는다. 책임과 의무를 부정하면 당신은 스스로 인생의 열쇠를 남에게 쥐어 주게 된다. 다시 말해 인생의 운전석을 남에게 내주는 것이다.

SUMMARY

- 히치하이커들은 재무 계획을 남에게 맡겨 버림으로써, 스스로 피해자가 될 가능성을 높인다.
- 피해자의 법칙 : 당신을 피해자로 만들 수 있는 사람에게 그럴 힘을 내주지 않는 한 당신은 피해자가 되지 않는다.

- 책임이 선택을 결정한다.
- 책임을 진다는 것은 인생의 운전석에 앉는 첫발을 내딛는 것이며, 의무는 그 다음 과정이다.

평범한 삶을 만드는 지도 :
서행차선

절약만으로는
절대 부자가 될 수 없다

50년간 매주 50시간씩 일했는데 이제 그만 꺼지란 말을 들으면, 그리고 결국 양로원에 들어가 똥오줌도 못 가리고 죽을 날만 기다려야 한다면, 그거야말로 '미친' 짓 아닐까?

— 스티브 부세미(Steve Buscemi)

다음 출구 : 평범한 인생행 '서행차선'

앞 장에서 우리는 인도를 걷는 사람들은 아무런 재무 계획도 없고 단지 즉각적인 만족과 즐거움만을 추구한다는 것을 이야기했다. 인도가 오늘의 만족을 위해 내일을 저당 잡히는 만성적인 라이프스타일이라고 한다면, 서행차선은 그 반대다. 보다 밝고 자유로운 내일에 대한 희망 때문에 오늘을 희생하기 때문이다.

서행차선 여행자라면 거래의 규칙에 대해 역설하는 몇 가지 원칙쯤은 꿰고 있을 것이다. 취직해서 아무리 힘들어도 한 주의 5일은 꼬박꼬박 출근하라. 점심은 도시락을 싸 갖고 다니고 한 잔에 10달러씩 하는 커피는 그만 마셔라. 월급의 10%는 주식과 퇴직연금에 투자하라. 살 능력도 없는 스포츠카는 그만 생각하라. 65세 정년을 맞기까지 인생의 즐거움을 미뤄라. 저축하고 또 저축해라, 복리의 힘은 위대하다. 지금 투자한 1만 달러가 50년 후면 엄청나게 불어나 있을 것이다!

놀랍게도 서행차선은 인도를 걷는 사람들에게 어른스러운 책임감이 더해질 때 가장 쉽게 갈아탈 수 있는 노선이다. 인도를 걷는 사람들은 가정을 이루거나 빚이 점차 늘거나, 미래에 대한 기대와 현실 간의 괴리를 느끼는 등 보다 많은 책임을 떠안게 되면 보다 책임감 있어 보이는 노선으로의 전환을 꾀한다. 믿을 만한 전문가들이 추천하는 서행차선으로 갈아타는 것이다. 무절제한 행동이 인도의 대표적인 성질이라면, 서행차선의 재무 계획은 책임과 의무라는 부의 방정식으로 설명할 수 있다.

그러나 불행하게도 서행차선에 들어서는 것은 길 잃은 운전자가 주유소에서 길을 물었는데, 잘못된 길을 알려 주는 상황과 같다. 한 가지, 길을 가르쳐 주는 사람이 낯선 이가 아니라 여러분이 신뢰하는 사람이라는 점만 빼면 말이다. 이들은 선생님, 텔레비전이나 라디오에 나오는 전문가, 재무 설계사, 또는 부모님이 될 수도 있다. 이들의 조언으로 인해 서행차선의 전략은 더욱 절대적인 것처럼 받아들여진다. 서행차선은 오늘의 희생이 내일의 부로 돌아올 것이라는 가르침에 인생을 거는 도박에 지나지 않는데도 말이다.

부자가 될 거라는 약속, 그 대가는 당신의 인생이다
서행차선 인생에 딴죽을 거는 사람은 거의 없다. 그 '거짓 진실'은 너무나 완벽해서 그것이 거짓말임을 깨닫게 되는 시점은 이미 수십 년을 속고 난 이후다. 그 와중에 수백만 명은 추가로 그 거짓말에 넘어간다.

서행차선의 거짓말을 믿는다면 영광스런 내일에 대한 희망 때문에 오늘을 팔아넘기게 된다. 그러면 그 영광스런 내일은 도대체 언제 오는가? 언제쯤이면 모아 둔 돈을 실컷 써 보고 인생을 즐길 수 있는가? 도대체 언제?

천천히 부자 되기 전략의 원동력은 시간이다. 직장에서 보내는 시간과 시장에 투자한 시간이다. 당신이 기다리는 빛나는 내일은 40년 후에나 올 수도 있다. 그때쯤이면 당신은 인생의 마지막 정권이 들어서는 것을 보거나 두 번째 고관절 수술을 받고 있을 수도 있다. 당신의 빛나는 내일은 당신이 73세 치매 노인이 되어 냄새 나는 침대 위에 누워 있을 때쯤 올지도 모른다.

10대 시절, 조는 부자가 되기 위한 자기계발 서적을 여러 권 읽었다. 이 책들은 한결 같이 저축하고 취직하고 알뜰 쿠폰을 모으고 버는 돈 이하로 생활수준을 유지하라고 조언했다. 법대를 졸업하고 나서 조는 조언에 충실하게 생활했다. 쉽지는 않았지만 부자가 되기 위해 근면하게 살았다. 로펌에서 한 주에 60시간씩 일하느라 종종 가족에게 소홀하기도 했다. 주중 대부분의 시간은 사무실에서 보냈고 주말에는 주로 집에서 일 때문에 받는 스트레스를 해소하며 시간을 보냈다.

법률 분야에서 12년을 보낸 후에 조는 자신이 더 이상 일을 즐기지 못한다는 사실을 깨달았지만 파트너로 승진하고 높은 연봉을 받을 기회가 곧 찾아올 것임을 알았기에 참기로 했다. 인생이 점차 진전하는 동안 조는 자신의 목표를 결코 잊지 않았다. 그는 55세에 은퇴할 계획이었다. 재무 전문가 데이비드가 "현명한 사람이라면 돈을 충분히 벌어 둔 후에 일을 그만둔다"고 했기 때문이다.

조는 저축하고 야근하고 뮤추얼 펀드에 투자하고 회사 퇴직연금에 가입했다. 자신이 세운 계획에 충실하기 위해 하루하루를 버텼다. 이 모든 과정이 쉽다고 말하는 사람은 없다. 백만장자로 은퇴할 바로 '그날'은 다가오고 있었다. 그는 하기 싫은 일을 하느라 고통스럽게 보내는 날들이 미래를 위한 희생이라고 정당화했다. 그러던 어느 더운 여름 날, 조는 잔디를 깎다가 51세의 나이에 심장마비로 사망한다. 목표한 날까지 4년밖에 남지 않은 시점이었다.

당신은 젊어서 부자로 사는 인생, 또는 늙어서 부자로 사는 인생 둘 중에 하나를 선택할 수 있다. 선택은 당신의 몫이지만 생각해 볼 필요도 없을 것이다. 당연히 30세에 부자가 되는 것이 65세에 부자가 되는 것보다 낫다.

부는 건강과 생기와 에너지, 그리고 머리카락도 조금 더 남아 있는 젊은 시절에 가장 잘 즐길 수 있다. 부는 당신이 한 주에 50시간씩 40년 동안 일하느라 꿈 따위는 이미 산산조각 난 인생의 황혼기에 접어들었을 때가 아니라, 인생의 정점에 있을 때 누려야 한다. 우리 모두 그 사실을 잘 알지만, 여전히 40~50년 후의 부를 약속하는 재무 지도에 충실하게 인생을 걸어간다.

당신은 서행차선 계획이 정말로 효과가 있는가를 먼저 의심해 보아야 한다. 전 세계적인 불황 속에 서행차선이 불확실한 길이라는 사실이 드러나고 있다. 직업을 잃으면 서행차선 계획은 실패다. 주식으로 모은 돈의 50%를 잃어도 계획은 실패다. 주택 시장의 위기로 1년 만에 부동산의 40%를 손해 본다면 계획은 실패다. 그 계획은 당신이 통제할 수 없는 시간과 요소들에 근거해서 짜여 있으므로 실패할 수밖에 없다. 그런데도 수백만 명의 사람들이 그 계획을 믿고 수십 년간 충실하게 번 돈을 투자하고서 결국 불편한 진실을 마주한다. 서행차선 계획은 한마디로 위험하고 부실하다.

당신의 인생과 꿈을 희생양으로 요구하는 전략이라면 틀림없이 지는 게임이다. 서행차선 전략은 당신이 평생 살고 평생 돈을 벌 수 있을 것을 가정한다.

서행차선 여행자의 사고방식

서행차선 여행자들은 믿을 만한 출처로부터 수집한 확고한 사고방식을 지니고 있다. 부모님은 대학에 가고 졸업하고 취직을 하라고 말씀하신다. 베스트셀러 작가 데이비드는 "비싼 카페라떼는 그만 마셔라"라고 말한다. 수지는 "퇴직연금 계좌를 개설하고 월급의 10%씩 저축하라"고 말한다. 램지는 "작은 부채부터 청산하라"고 말한다. 이 모든 충고들이 모여 서행차선 여행자의 사고방식을 형성하고, 일생을 걸고 부를 향한 여정을 시작하게 만든다.

부채에 대한 인식 : 빚은 악마야. 평생 초과근무를 하게 되더라도 반드시 쫓아 버려야 하는 존재지.

시간에 대한 인식 : 시간은 충분해. 나는 기꺼이 내 시간을 돈과 바꿀 거야. 더 많이 일할수록 더 빨리 빚도 갚고 65세에 은퇴할 돈을 모을 수 있겠지.

교육에 대한 인식 : 교육은 중요해. 더 높은 연봉을 받을 수 있거든.

돈에 대한 인식 : 돈은 귀해. 한 푼이라도 계획적으로 쓰고 아껴야 해. 65세에 큰돈을 쥐고 은퇴하려면 힘들게 번 돈을 함부로 써 버리면 안 되지.

주요 수입원 : 내 직업이 수입의 유일한 원천이야.

부를 늘리는 주요 전략 : 복리의 힘은 위대해. 오늘 투자한 10달러가 50년 후에 30만 달러가 될 거거든. 뮤추얼 펀드, 집값 상승, 퇴직연금도 빠뜨릴 수 없지.

부에 대한 인식 : 일, 저축, 투자. 40년 동안 반복해서 65세 정도 되면 편안하게 은퇴할 수 있겠지. 아니면 운이 좋아 매년 12% 수익을 본다면, 아마도 55세쯤 은퇴할 수 있을 거야!

부의 방정식 : 부=직업+투자

목적지 : 인생의 황혼기에 즐기는 은퇴 후의 안락한 삶

책임감과 통제력 : 내게는 가족을 부양할 책임이 있지. 그러려면 회사, 재무 설계사, 정부, 경제 호황에 의존해야 한단 말이야.

삶에 대한 인식 : 작은 것에 만족하라. 불가능한 꿈은 버려라. 저축하며 검소하게 살고, 불필요한 위험은 피하라. 그러다 보면 부자가 되어 은퇴할 수 있을 것이다.

당신이 서행차선의 거짓말에 속고 있다는 사실을 어떻게 알 수 있을까? 다음은 서행차선의 여정에 필요한 준비물 목록이다.

서행차선 여행에 필요한 무기
- 진학 · 검소
- 좋은 성적 · 비싼 커피 마시지 않기
- 졸업 · 학위 취득
- 자립 · 부채 해결
- 초과근무 · 알뜰 쿠폰
- 승진 · 신용카드 해지
- 월급의 10% 저축 · 정액 분할 투자
- 퇴직연금 가입 · 주식 시장
- 뮤추얼 펀드에 투자
- 주택 매입 후 보유 · 주택담보대출 조기 청산
- 수표, 연금, 보조금 · 개인 퇴직연금계좌
- 다각화 · 소득수준 이하의 생활
- 보험 세금 공제 · 복리에 대한 이해

위와 같은 전문 용어들을 접하게 되면 경계하라. 누군가가 서행차선 전략을 부자가 되는 종합적인 계획이라고 당신을 속이려 들지도 모르기 때문이다. 알뜰 쿠폰이나 다른 서행차선 전략들이 쓸모없는 것은 아니지만, 그 자체로서 하나의 계획이 될 수는 없다. 서행차선을 계획의 일부가 아니라 하나의 종합적인 계획으로 여기면 문제가 된다. 이 둘을 구분하는 것은 매우 중요하다. 올바른 재정적 규범이라면 돈 버는 방법 하나하나를 초월하여 존재해야 하기 때문이다.

서행차선으로 가는 지도 : 수학적 설명

서행차선에서 부는 어떻게 만들어질까? 그 방법(및 취약점)을 설명하려면 서행차선의 수학적 바탕, 혹은 부의 방정식이 만들어지는 방식을 뒤집어 볼 필요가 있다. 서행차선 계획으로 부자가 되는 데 걸리는 속도의 이론적 한계를 파악하는 것인데, 이 한계는 다음의 두 가지 변수로 결정된다. 하나는 당신의 주요 수입원(직업)이고 또 다른 하나는 부를 증식시키는 방법(투자 방법)이다. 이 두 변수는 서행차선 부의 방정식을 이루며 부를 증가시키는 힘을 관장한다.

$$부=(주요 수입원 : 직업)+(부의 증식 방법 : 투자)$$

이 방정식은 아래와 같이 이해되곤 한다.

$$부=원금 가치+복리 이자$$

주요 수입원의 변수인 원금 가치는 당신이 임금을 지급받는 방식에 따라 다시 두 가지 변수로 나뉜다.

$$원금 가치 = 시간당 급여 \times 근무 시간$$

또는

$$원금 가치 = 연봉$$

복리 이자는 '투자' 즉, 오늘 주식에 투자한 X달러가 수십 년 후 X백만 달러의 가치가 될 것이라는 보편적인 개념에서 파생한다. 뒤에서 서행차선의 수학적 구조를 설명하고 구조적 결함에 대해서도 이야기할 것이다.

주말을 위해 영혼을 팔아 본 적 있는가?

당신의 영혼은 주말보다 소중하다. 따분함은 서행차선 인생에 따라오는 부작용이다.

2007년, 어느 추운 겨울 아침, 한 바이올리니스트가 워싱턴 D.C.의 기차역에 서서 여섯 곡의 바흐 작품을 연주했다. 바이올리니스트도 바이올린도 결코 평범하지 않았다. 그는 세계에서 가장 위대한 음악가 중 한 명인 조슈아 벨로였다. 며칠 전 보스턴 콘서트홀에서 100달러에 가까운 티켓이 매진될 정도로 인기 있는 공연을 선보인 후였다. 조슈아가 바쁜 직장인들로 가득한 기차역에서 350만 달러짜리 바이올린을 연주하는 동안 2,000여 명이 그를 스쳐 지나갔다.

그는 45분간 계속해서 연주했다. 단 6명만이 잠시 걸음을 멈춰 서서 그의 연주를 들었다. 20명가량이 돈을 냈지만 이내 걸음을 재촉했다. 연주를 마쳤을 때 기차가 내는 소음 외에는 정적이 흐를 뿐이었다. 박수갈채도, 군중도, 그를 알아보는 사람도 없었다.

〈워싱턴 포스트〉가 진행한 이 실험은 놀라울 정도로 강력하고도 불편한 진실을 증명한다. 세계에서 가장 훌륭한 음악가마저도 치열한 경쟁에 치이고 무관심으로 무장한 사람들의 발길을 끌 수는 없었던 것이다.

생계를 유지하는 일이 인생의 전부가 되는 바람에 망연자실했던 적이 있는가? 일에 급급해서 눈앞에 놓인 아름다운 존재를 전혀 못 보고 지나친 적이 있는가? 출근하는 사람들은 마치 좀비처럼 걷는다. 이들은 월요일부터 금요일까지는 아무리 아름다운 것이 눈앞에 나타나도 알아채지 못한다. 그런데, 바이올린 연주 실험이 토요일에 있었더라면 결과는 달랐을까?

이 일화는 서행차선의 삶이 얼마나 비참한지를 드러낸다. 아무 생각 없이 당신의 인생을 돈과 맞바꾼다면, 당신은 인생 그 자체로부터 눈을 감은 채 붐비는 기차역을 좀비처럼 걸어 다닐 수도 있다. 인생은 금요일 밤에 시작해서 월요일 아침에 끝나는 것이 아니다.

마이너스 60% : 서행차선의 수익률

토요일과 일요일이라는 보상 때문에 당신의 영혼을 월요일부터 금요일까지 팔아넘기는 것은 바람직하지 못하다.

하지만 여러분은 바로 그 거래를 하고 있다. 서행차선의 지도를 전략으로 삼았다면 5대 2 거래를 받아들인 것이다. 당신은 5일간의 노예 생활을 2일간의 자유와 맞바꾸고 있다. 월요일부터 금요일까지의 시간을 토요일과 일요일 이틀을 위해 팔아넘기고 있는 것이다. 사람들은 돈에 대해서는 마이너스 60%짜리 수익률을 금방 알아채고 거부하지만, 시간에 대해서는 그렇지 못하다.

당신이 들이는 시간에 비해 더 나은 결과를 가져다주는 시스템에 의거하여 거래하지 않는 한, 닷새의 노예 생활을 이틀의 자유와 맞바꾸는 거래는 결코 바람직하지 못하다. 5대 2 대신 더 나은 비율로 인생을 구성하는 건 어떤가? 1대 2 또는 3대 10은 어떤가? 1대 10의 비율로 인생을 살 수 있다면 5대 2의 거래를 계속하겠는가? 투자할 만한 가치가 있는가?

나는 한참 일하던 시기에 7대 0(7일을 일하되 하루도 쉬지 않았다)의 비율로 살았다. 내 지도 위의 길이 내 꿈을 향해 가리라는 사실을 알고 있었기 때문이다. 나는 40년 후가 아니라 가까운 장래에 더 나은 비율을 얻겠다는 생각으로 일했다. 나는 내 운명을 통제했고 결국 시간을 투자한 결과로 40년에 해당하는 시간을 벌었다. 이제 나는 0대 7의 비율로 산다. 나는 하루도 일하지 않고 7일의 자유를 누린다.

당신이 서행차선의 삶에서 빠져나오지 못하는 한 당신이 투자한 자유는 마이너스 60% 수익률의 벽을 깨지 못할 것이다. 기억하라. 부를 정의하는 것은 자유다.

SUMMARY

• 서행차선은 인도를 걷는 사람들이 책임과 의무를 느낄 즈음에 자연스럽게 갈아타는 노선이다.

- 부는 당신이 인생의 황혼기에 접어들어서가 아니라 젊고 생기 있고 누릴 수 있을 때 누리는 것이 최선이다.
- 서행차선 인생 계획은 성공하기까지 수십 년이 걸리며, 회사에서 그때까지 버티려면 엄청난 정치적 수완이 필요하다.
- 서행차선 여행자들은 주말을 주중에 더 열심히 일하기 위해 존재하는 시간이라고 여긴다.
- 서행차선의 기본 투자시간 대비 수익률은 마이너스 60% 즉, 5대 2다.
- 서행차선에 내재된 5대 2 거래 비율은 보통 고정 불변하다. 일반적인 직장은 한 주에 5일을 일하기 때문이다.

당신은 자유를 사기 위해
자유를 팔고 있다

하루에 8시간씩 열심히 일하다 보면 결국엔 사장이 되어 하루 12시간씩 일하게 될 것이다.

– 로버트 프로스트(Robert Frost)

대학 나와 하는 일이 고작 전화 돌리기?

대학교를 졸업하기 전에 억지로 직업 체험 워크숍에 참석해 보았다. 그중 아직도 생생하게 기억나는 체험이 있다. 시카고에 있는 규모가 큰 보험회사의 신입사원 자리였다. 회사에서 진행된 워크숍의 소개 세션에서 인사 담당자는 우리가 해야 할 일이 무엇인지 이야기해 주었다.

신입사원들 자리는 저쪽(칸막이 쳐진 자리들을 가리키며)입니다. 돌려 말하지 않을 게요. 이 일은 처음이 어렵습니다. 여러분에게 세 가지가 지급될 거예요. 책상, 전화기, 전화번호부. 그러면 여러분은 고객 확보를 위해 하루 10시간씩 전화를 돌리면 됩니다. 기대했던 일은 아니겠죠. 하지만 실적에 따른 보상은······.

보상 따위는 귀에 들어오지 않았고, 나는 연기를 시작했다. 관심 있는 척, 행복한 척, 그 일을 원하는 척한 것이다. 실제로는 전혀 그렇지 않았다. 지난 5년간의 대학 교육은 고작 1평 남짓한 칸막이 안에서 전화번호부를 뒤져 가며 나이 든 고객들에게 가입 권유 전화나 돌리기 위한 거였나? 지금 장난하는 건가? 이런 일은 중학교를 중퇴했어도 충분히 할 수 있었다. 나는 보험 상품이나 팔려고 대학교에서 수천 시간을 흘려보낸 게 아니었다. 하지만 내 친구들은 회사에서 제공하는 짭짤한 기본급과 퇴직연금, 그리고 훌륭한 건강 보험 제도에 침을 흘리고 있었다.

직업 : 정상이라는 이름의 사육

서행차선을 벗어나 부와 자유를 빠르게 얻고 싶다면, 당장 직업을 버려야 한다. 다시 말하겠다. 그 망할 직업을 버려라.

직업은 한심하다. 총체적으로 그렇다는 거지, 어떤 특정 직업이 그렇다는 뜻은 아니다. 전기 기사든지 매장 관리자든지 마찬가지로 직업이다. 직업은 제한적인 영향력과 제한적인 통제력만을 허락한다는 점에서 한심하다. 물론 멋진(게다가 재미있기까지 한) 직업도 있다.

하지만 부의 관점에서 볼 때 직업을 갖는다는 것은 부를 얻기 위해 절대적으로 필요한 두 가지 즉, 영향력과 통제력이 제한된다는 것을 의미할 수밖에 없다. 그럼 이제 서행차선 계획의 핵심인 직업을 중심으로 당신이 재무 계획을 세워서는 안 되는 이유를 알아보자.

한심한 이유 1. 시간 거래는 곧 인생 거래

당신은 자유를 사기 위해 자유를 팔고 있다. 직장에서 돈을 벌려면 반드시 시간을 내줘야 하며, 5대 2 거래라는 끔찍한 굴레를 벗어나지 못한다. 여기서 시간이라는 단어를 인생으로 바꿔 보자. 직장에서는 돈을 벌기 위해 인생을 판다. 일을 하면 돈을 벌지만, 일하지 않으면 돈을 못 번다. 누가 이런 거머리 같은 공식을 만든 것일까?

다음은 직업별로 100만 달러를 벌기까지 소요되는 시간이다. 당신이 수입의 10%를 부지런히 저축한다고 가정하면, 100만 달러를 모으려면 연간 100만 달러를 버는 데 걸리는 시간의 약 10배의 시간이 필요하다. 100만 달러를 벌기 위해 300년 정도 살 수 있는가?

직업	평균 연봉	100만 달러를 버는 데 걸리는 시간	100만 달러를 모으는 데 걸리는 시간
건축가	6만 4,000달러	16년	156년
자동차 정비공	3만 4,000달러	30년	294년
바텐더	1만 6,000달러	61년	625년
목수	3만 7,000달러	27년	270년
소프트웨어 기술자	8만 달러	13년	125년
비서	3만 8,000달러	27년	263년
미용사	2만 2,000달러	47년	454년
교사	4만 6,000달러	22년	217년
약사	9만 5,000달러	11년	105년
경찰	4만 8,000달러	21년	208년
물리치료사	6만 6,000달러	15년	152년
수의사	7만 2,000달러	14년	139년

출처 : 미국 노동통계국(CareerBuilder.com) 앤소니 발더라마(Anthony Balderrama), 수치는 반올림한 어림수임.

당신이 무슨 일을 하든지 상관없이 계속해서 돈을 버는 일은 불가능할까? 잠을 잘 때도, 놀 때도, 큰일을 볼 때도, 해변에 앉아 있을 때도 계속해서 돈을 벌 수 없을까? 시간이 당신을 위해 돈을 벌어다 주게 만들 수는 없을까? 그런 방법이 존재하기는 할까? 물론 존재한다. 하지만 서행차선 위에는 존재하지 않는다.

한심한 이유 2. 제한된 경험

나는 2개월 동안 직접 사업을 운영하면서 지난 10년간 장래성 없는 일을 전전하며 배운 것보다 더 많은 것을 배웠다. 전문 기술로만 먹고 사는 사람에게는 그 사람이 지닌 기술을 필요로 하는 자리가 제한적이라는 문제가 있다. 결국 톱니바퀴처럼 소모적인 존재가 되다가 더 이상 쓸모없다고 판단되면 버려질 뿐이다.

그런데 경험이란 당신의 직업이 아니라 인생에서 하는 일로부터 오는 것이다. 경험을 얻는 데 직업은 필요 없다.

스스로에게 이렇게 물어보라. 어떤 경험이 더 소중한가? 다달이 공과금을 내기 위해서 하는 하찮은 업무 경력인가? 아니면 평생 직업을 가지지 않아도 재정적 자유를 선사할 만한 경험(또는 실패)인가?

한심한 이유 3. 통제력 박탈

직업이란 트럭에 실린 침대 위에 앉아 있는 것과 같다. 당신은 트럭 운전기사가 운전석에 편하게 앉아 트럭을 모는 동안 온갖 위험한 환경에 노출된다. 길이 험해지면 이리저리 부딪히다가 심하면 트럭 밖으로 튕겨져 나가기도 한다. 트럭 뒤에 앉아 있을 때는 아무런 통제력을 가질 수 없다.

이런 '전략'을 재무 계획에 적용하는 것은 마찬가지로 어리석은 짓이다. 수입을 통제할 수 없다면 재무 계획 전체를 통제할 수 없다. 재무 계획을 통제할 수 없다면 결국 자유도 통제할 수 없다. 직업에는 안전도 보장도 없다.

한심한 이유 4. 스스로에게 가장 마지막에 투자할 수밖에 없다

"스스로에게 가장 먼저 투자하라(Pay yourself first)"는 서행차선의 교리나 마찬가지다. 문제는 그것이 직장인들에게 거의 불가능에 가깝다는 점. 정부에서 소득에 부과하는 무거운 세금으로부터 소득을 보호하려면 퇴직연금이나 개인 퇴직연금계좌―이마저도 제한적이긴 하지만―에 소득의 10% 또는 최대 1만 6,500달러를 붓는 제한적인 방법밖에 없다.

부지런히 당신의 인생을 바쳐서 회사의 중역 자리에 오른다면 번 돈의 50%가 손에 들어오기도 전에 증발할 것을 예상해야 한다. 직장인이라면 원하든지 원하지 않든지 스스로에게는 가장 마지막에 투자할 수밖에 없게 될 것이다.

당신이 번 돈을 남들이 먼저 가져가고 남은 돈만 당신 몫이 된다면 빠르게 부자가 될 생각은 버리는 편이 좋다.

한심한 이유 5. 소득에 대한 횡포

회사는 당신의 가치를 평가받는 장소다. 당신의 가치는 윗사람의 평가에 따라 결정되고 당신의 직업은 당신이 벌 수 있는 돈의 양을 좌우한다.

직업 때문에 당신은 5일의 인생을 팔아 2일의 자유를 사는 잘못된 거래에 응할 수밖에 없는 운명에 놓인다. 직업 때문에 당신은 경력을 쌓길 강요당하며, 통제력을 빼앗기고, 참기 힘든 사람들과 함께 일해야만 하고, 스스로 번 돈을 가장 마지막에 손에 쥐고, 소득에 대한 결정권을 남에게 넘길 수밖에 없다. 이러한 한계 때문에 당신은 부자가 될 수 없다. 그래도 직업을 갖길 원하는가?

SUMMARY

- 직장에서는 자유(시간)를 팔아서 자유(돈)를 산다.
- 경험은 행동을 통해 얻어진다. 장소가 어디인지는 관계없다.
- 소득의 주요 원천을 통제하지 못하면 부의 증식은 불가능하다.

당신이 부의 길이라고
믿었던 것들의 함정

인생이 시작하는 바로 그 시점에, 우리는 죽는다고 누군가가 알려 줬어야 했다. 그랬다면 우리는 매일 매순간을 헛되이 보내지 않았을지도 모른다. 지금 하라! 하고자 하는 일이 무엇이든, 지금 하라. 내일은 얼마 남지 않았다.

— 마이클 랜던(Michael Landon)

통제 불가능한 제한적 영향력

부의 증식을 위한 첫 단계는 큰돈을 모으는 것이다. 큰돈을 모으기 위한 우선 조건은 ①통제력과 ②영향력이다. 서행차선에서는 두 가지 모두를 가질 수 없다. 이는 서행차선 전략의 수학적 구조를 역으로 분석해 보면 알 수 있다. 계획의 이면에 작용하는 수학을 끄집어내면 계획의 약점을 알 수 있다.

서행차선 이론을 해체하면 다음 두 가지 변수를 얻을 수 있다. ① '주 수입원' 즉, 소득을 얻는 방법과 ② '부의 증식 방법' 즉, 돈을 모으는 방법이다. 서행차선 여행자의 주 수입원은 '직업'이며 부의 증식 방법은 퇴직연금제도나 뮤추얼 펀드 등 '시장에 대한 투자'다. 이 두 변수를 써

서 서행차선 부의 방정식을 다음과 같이 도출할 수 있다.

부 = (주 수입원 : 직업)+(부의 증식 방법 : 시장에 대한 투자)

이 계획에 따르면 직업으로부터 얻는 소득이 라이프스타일과 투자에
필요한 자금의 원천이다. 제한적 영향력을 좀 더 자세히 이해하기 위해
이 두 가지 변수 가운데 직업 변수에 대해 먼저 이야기해 보자.

부의 관리자 : 소득의 내재가치

직업을 통해 돈을 버는 수단은 소득의 내재가치다. 내재가치는 당신
이 내놓는 시간이 시장에서 얼마의 가치가 있느냐에 따라 결정된다. 내
재가치는 일을 함으로써 버는 돈이자, 당신이 사회에 기여하는 가치에
대해 누군가가 지불할 의사가 있는 만큼의 돈이다. 내재가치는 시간 단
위 즉, 1시간 또는 1년 단위로 계산된다. 햄버거 가게에서 버거를 굽고
시간당 10달러를 받는다면 당신의 내재가치는 시간당 10달러다. 당신
이 만약 1년에 12만 달러를 버는 회계사라면 당신의 내재가치는 연간
12만 달러다.

여기서 눈여겨봐야 할 점은 내재가치를 측정하는 단위가 시간이라는
점이다. 서행차선 공식은 시간을 바탕으로 한다는 점에서 우선 당신을
부자로 만들어 주는 데 한계를 갖는다. 당신이 시간을 통제하거나 시
간에 영향을 미칠 수 있는가? 불가능하다. 돈과 교환할 수 있는 시간은
24시간으로 제한되어 있다. 시간당 200달러를 번다고 하더라도 하루에
400시간을 일할 수는 없다. 1년에 5만 달러를 번다고 하더라도 400년

간 일할 수도 없다. 시간은 마음대로 늘였다 줄였다 할 수 없다.

시간당 급여를 받는 근로자라면 하루 최대 일할 수 있는 시간은 24시간이다. 이 한계치를 벗어날 방법은 없다. 이론적으로 하루 24시간을 돈과 맞바꿀 수는 있지만, 그 이상은 불가능하다. 물론 하루 24시간을 일하는 것은 불가능하므로 8시간에서 12시간 정도를 돈으로 맞바꾸게 된다.

연봉을 받는 근로자라고 해도 같은 한계를 지닌다. 일반적인 기대수명 이상으로 몇 년씩 더 일할 수는 없다. 교환 가능한 최대 년 수는 몇 년일까? 40년, 또는 50년? 인류 역사에 비춰 볼 때 1만 년 이상 일한 사람은 아무도 없다. 시급이든지 연봉이든지 관계없이 시간을 마음대로 조정할 수는 없다!

제한된 영향력 이면에는 부를 갉아먹는 또 다른 요소 즉, 통제력의 부재가 숨어 있다. 고용주나 연봉, 또는 경제 상황을 통제할 수 있는가? 1년에 5만 달러를 벌면서 다음 해에 5,000만 달러를 모을 수 있는가? 쥐꼬리만 한 4% 임금 인상률을 포함해 직업과 관련해 어떤 요소라도 통제 가능한 것이 있는가? 직장을 옮겨 다니면 가능하리라 생각할지 모르지만, 그렇지 않다. 어느 직장에서나 당신이 지닐 수 있는 통제력은 한계가 있다.

복리 : '그들'이 말해 주지 않는 사실

서행차선 부의 방정식의 두 번째 변수는 '부의 증식 방법'이다. 경제학 구루와 재정 설계사들이 추천하는 뮤추얼 펀드나 퇴직연금제도, 그 외 전통적 방법의 투자 등이 서행차선에서 말하는 부의 증식 방법이다.

이런 방식들은 '복리'라고 알려진 전략을 기본으로 한다. 복리란 오랜 시간에 걸쳐 이자가 쌓이고 쌓이는 수학적 구조를 의미한다. 복리의 기본 원리는 경제학 대가들이 워낙 지겹게 반복한 내용이라 모르는 사람이 없을 것이다. 오늘 1만 달러를 투자하면 40년 후에는 어마어마한 돈이 된다. 한 달에 250달러씩만 투자하면 50년 후에 부자가 되어 은퇴할 수 있다. 제대로만 사용된다면 '복리'는 실로 부자가 되기 위한 강력한 방법이다. 하지만 서행차선 방식으로 사용된다면 복리는 부자가 되기 위한 과정을 느려터지게 만들 뿐이다. 왜일까? 이 질문 역시 수학을 통해 풀 수 있다. 답은 직업을 통해 부자가 될 수 없는 이유와 같다. 바로 시간 때문이다.

복리를 통한 부의 증식에는 오랜 시간의 흐름이 필수다. 직업과 마찬가지로 복리 또는 뮤추얼 펀드나 퇴직연금 같은 투자는 통제도 조정도 불가능하다.

직업을 통해 얻는 수익은 1시간 또는 1년 단위로 계산되므로, 복리를 이용한 부의 증식 과정 역시 시간(년)과 연간 수익률의 곱으로 계산되어야 한다. 부를 향한 서행차선의 수학 공식을 다시 한 번 살펴보자.

부 = (주 수입원 : 직업) + (부의 증식 : 시장에 대한 투자)

직업과 마찬가지로 '복리'의 결함은 공식을 이루는 숫자들이 당신에게 유리한 쪽이 아니라 불리한 쪽으로 작용한다는 데 있다. 다음 표를 보면 1만 달러를 투자했다고 가정했을 때 복리가 지닌 위력을 강조하고 있다.

1만 달러를 투자할 경우

시간(년)	경제 성장률			
	5%	10%	15%	20%
5	12,763	16,105	20,114	24,883
10	16,289	25,937	40,456	61,917
15	20,789	41,772	81,371	154,070
20	26,553	67,275	163,665	383,376
25	33,864	108,347	329,190	953,962
30	43,219	174,494	662,118	2,373,763
35	55,160	281,024	1,331,755	5,906,682
40	70,400	452,593	2,678,635	14,697,716

(단위 : 달러)

서행차선을 옹호하는 전문가는 15% 경제성장률을 가정하면 초기 투자금 1만 달러가 40년 만에 250만 달러로 불어날 것이라고 주장한다. 만세!

그러면 그들이 말하지 않는 진실은 무엇일까? 매년 15%의 수익률을 기록하기란 버니 매도프(Bernie Madoff)나 찰스 폰지(Charlse Ponzi) 같은 사람들과 함께 일하지 않는 이상 불가능하다. 40년 후에는 250만 달러가 지금의 25만 달러 정도의 가치밖에 없거나 우유 한 통이 12달러쯤 할지도 모른다. 정작 그들은 이런 식으로 돈을 모으지 않을 수도 있다. 그들은 많은 사실을 숨기고 있지만 당신은 따져 묻지도 않은 채 믿어버리고 있다.

통제와 조정이 불가능한 변수

복리 이자로 득을 보려면 다음의 세 가지 요소가 필요하다.

- 시간, 연 단위로 계산
- 투자 기간 중 바람직한 연간 수익률
- 투자 총액, 투자금은 계속 늘려 나가야 함

이 세 가지 변수는 앞서 본 서행차선 부의 방정식 중 복리 부분에 적용된다.

$$복리 = 투자 총액 \times (1+수익률)시간$$

원래 공식은 훨씬 더 복잡하지만 위와 같이 단순화해서 변수에 대해서만 집중적으로 이야기해 보겠다. 복리 계산 시에는 보통 투자 수익률이 매년 10%를 유지할 거라고 가정한다. 그렇게 40년 동안 운이 따라주길 바라야 한다. 시장 성장률이 1년에 마이너스 20% 또는 40%를 기록한 적이 있던가? 물론 있다. 게다가 그럴 경우 힘들게 모아 투자한 돈은 물거품이 되어 사라진다.

복리를 통한 부의 증식 방법은 복리를 이루는 변수 자체의 결함 때문에 불완전하다. 시간이나 수익률 모두 통제 및 조정이 불가능한 변수다. 여기서 제한적 영향력 개념이 다시 등장한다.

투자 금액의 2,000% 수익률을 기대할 수 있는가? 아니면 40년 후가 아니라 400년 후에 투자금을 되찾을 수 있는가? 이번에도 당신은 변수를 마음대로 다룰 수 없다. 투자 가능한 최대 기간은 50년이다. 수익률은 상황이 더 나쁘다. 연간 6%나 8%, 또는 10%가 기대할 수 있는 일반적인 수치다. 사람이 평생 살 수 있는 기간이 한정되어 있기 때문에 시간은 제한적이고, 수익률 또한 시장에 투자했을 때 일반적으로 기대할 수 있는 수익률을 넘기 어려우므로 제한적인 데다가, 총투자 금액은 소득의 출처가 직업이기 때문에 마찬가지로 제한적이다. 복리의 약점을 수학적으로 극복할 수 있는 유일한 방법은 처음부터 큰 숫자로 시작하는 것뿐인데, 큰 숫자로 시작하려면 영향력을 갖추어야 한다.

게다가 직업과 마찬가지로 복리를 통제하기란 불가능하다. 금리를 25%로 올려 달라고 은행에 요구할 수 있는가? 기껏해야 1% 남짓한 수익률 차이를 보이는 상품을 찾아서 투자하는 수고를 제외하면 당신이 통제할 수 있는 요소는 아무것도 없다.

뮤추얼 펀드와 퇴직연금제도로 부자가 될 수 없는 이유

한 증권회사에서 개최한 채권 투자 세미나에 참석한 적이 있다. 채권 투자란 지방채나 회사채 투자와 비슷한 투자 방식이다. 자리가 꽉 차는 바람에 50여 명이 선 채로 강연을 듣고 있었다. 나는 강연장 맨 뒤에 앉아서 사람들을 살펴보았다. 머리가 희끗한 사람, 양말에 샌들을 신은 사람, 지팡이를 짚은 사람, 그리고 휠체어를 탄 사람을 제외하면 남는 사람은 나밖에 없었다. 내가 그 방 안에서 가장 젊은 사람이었다(게다가 난 이제 더 이상 그렇게 젊지도 않다). 어쩌다 30대인 내가 은퇴자들로 가득한 그 방에 들어가게 된 걸까?

방 안에 모인 사람들은 서행차선으로 성공한 사람들이었다. 그들은 시간을 이용해서 재산을 불렸고, 그 결과 나이 들어 버렸다. 연세 드신 분들을 무시하는 게 아니라 핵심을 강조하려고 하는 이야기다. 복리로는 빠르게 부자가 될 수 없다.

뮤추얼 펀드, 주식, 채권, 퇴직연금, 복리 따위는 서행차선이 즐겨 내세우는 돈 버는 전략이지만 통제력과 영향력을 발휘할 수 없는 전략으로는 결코 돈을 모을 수 없다.

매수 후 보유 전략은 끝났다

대학 시절에는 '매수 후 보유' 전략이 돈을 모으는 안전한 투자 전략이라고 배웠다. 건실한 회사의 주식을 사들인 후 시간이 흐르길 기다리다 보면 돈이 불어난다고. 이 전략의 신봉자들은 아마도 그래프 한 장을 얼굴에 들이밀며 외칠 것이다. "1955년에 1만 달러를 주고 산 XYZ 회사의 주식 가치가 지금 500만 달러로 불었어!" 다행히도 나는 그 가르침을 무시했다.

나는 1997년에 개인 퇴직연금계좌를 개설하고 1,000달러를 넣었다. 그리고 괜찮은 투자 회사에서 내놓은 뮤추얼 펀드에도 투자했다. '전문가들'이 내 돈을 운용하게 만든 셈이다. 그 후 10년간 나는 그 돈을 건드리지 않았다. 정확히 말하자면 계좌에 대해서 잊어버리고 있었다.

그 10년이라는 기간 동안, 나는 추월차선 전략을 사용해서 1,000만 달러를 벌어들였다. 퇴직연금계좌의 돈은 어떻게 되었을까? 말했다시피 나는 그 돈을 건드리지 않은 채 서행차선식 투자 흐름을 타도록 놔두었다. 지금 그 계좌에는 698달러가 남았다. 698달러! 물가 인상을 감안하면 실제 가치는 500달러 수준이다. 차라리 부엌에 둔 저금통에 투자하는 편이 나았다. 100만 달러를 그 계좌에 투자했더라면, 40만 달러도 넘게 손실을 봤을 것이다. 이게 바로 서행차선식의 부자가 되는 방법이다. 수백만 명의 사람들이 '매수 후 보유' 전략을 맹목적으로 따른다. 그 전략은 수십 년의 시간을 잡아먹을 뿐만 아니라 위험에 취약하고 실제 부로 이어지지도 않는다.

시간은 서행차선 편이 아니다

복리와 직업이 부자가 되는 데 도움이 되지 않는 이유는 동일하다. 통제력을 빼앗아 가는 대신 당신의 시간을 게걸스럽게 먹어 치운다는 점이다. 서행차선에서 부의 방정식을 이루는 두 가지 변수는 모두 시간에 매여 있다. 하나는 직업과 맞바꿔지는 시간이고, 또 다른 하나는 시장에 대한 투자와 맞바꿔지는 시간이다. 이 방정식에서 시간은 부를 얻는 중요한 요소지만 동시에 하루 24시간, 평생 50년이라는 한계로부터 자유롭지 못하다. 평생 살 수 없는 한 시간과 부의 관계는 견고하지 못하다. 시간을 팔아 버리는 것은 곧 부를 팔아 버리는 것과 같기 때문이다.

매일같이 사람들은 시간이 자산이 아니라 빚으로 전락하는 장소에서 얼마 되지 않는 돈을 벌기 위해 소중한 시간을 희생하고 있다. 시간을 훔쳐 갈 뿐만 아니라 자유롭게 쓰지 못하게 만든다면 빚이나 다름없다.

서행차선은 이룰 수 없는 희망이다

서행차선은 당신의 통제력을 약화시킨다. 당신이 이 책을 읽고 있는 이유 역시 당신의 최종 목적지에 회사나 주식 시장의 손을 빌리지 않고 직접 도달하고 싶어서일 것이다. 부자가 되고 싶다면 재무 계획의 변수를 직접 통제하고 조종해야만 한다. 직접 통제하지 못하는 재무 계획은 이룰 수 없는 희망에 불과하다. 해고되지 않으면 좋겠다! 주식이 오르면 좋겠다! 승진하면 좋겠다! 근무시간이 줄지 않으면 좋겠다! 회사가

망하지 않으면 좋겠다! 좋겠다, 좋겠다, 좋겠다! 미안하지만 희망 사항은 계획이 될 수 없다.

서행차선 계획은 시간의 통제를 벗어나지 못하는 수학적 감옥에 갇혀 있다. 단기간에 많은 돈을 벌기 위해서는 시간의 흐름과 떼려야 뗄 수 없는 서행차선 공식을 버려야만 한다. 부는 시간을 부채가 아니라 자산으로 활용할 때 모인다!

SUMMARY

- 서행차선 계획에 따르면 통제 불가능한 제한적 영향력밖에 발휘할 수 없으므로 결코 부자가 될 수 없다.
- 서행차선 부의 방정식의 첫 번째 변수는 직업이다. 직업은 다른 말로 시간당 사용되는 당신의 가치 즉, 내재가치로 표현할 수 있다.
- 내재가치는 당신의 시간이 시장에서 얼마의 가치를 갖느냐를 의미하며, 시간 또는 연 단위로 측정된다.
- 서행차선에서 내재가치(시간 단위와 관계없이)는 일정한 한계치 내에 존재할 수밖에 없다. 하루는 24시간(시급 노동자의 경우 해당)을 넘을 수 없고 평균 기대 수명은 74세(연봉 노동자의 경우 해당)이기 때문이다.
- 서행차선의 주요 수입원(직업)과 마찬가지로 부의 증식 방법(복리) 역시 시간의 지배를 받는다.
- 직업과 마찬가지로 복리는 수학적으로 사실상 가치 없고 통제 불가능한 전략이다. 매년 바람직한 수익률을 내 달라고 시장(또는 경제)에 애원할 수는 없는 노릇이기 때문이다.
- 시간의 흐름을 기본으로 하는 공식에 매인다면 돈은 모이지 않는다.

- 시간은 인생의 원동력이 되어야지 돈과 맞바꿔져서는 안 된다.
- 부 자체가 시간으로 이루어진 것이므로 부를 얻기 위해 시간을 소모품으로 사용해서는 안 된다.
- 인생이 유한하다는 사실 때문에 시간은 부의 창출 요소가 될 수 없다.
- 부의 공식을 이루는 변수를 통제할 수 없다면 재무 계획 전체를 통제할 수 없다.

학위보다 빚더미를
먼저 안겨 주는 교육

내 배움에 방해가 된 유일한 한 가지는 내가 받은 교육이다.
– 알버트 아인슈타인(Albert Einstein)

통제 불가능한 제한적 영향력에 맞서는 방법 : 교육

서행차선 여행자들 중 돈을 많이 벌고자 하는 사람이라면 아마도 학교로 돌아가 MBA나 자격증을 딸 것이다. "MBA 졸업장이 있으면 연봉이 15% 높아진다"거나 "자격증이 있으면 초봉이 12만 달러"라고 주장하면서.

예를 들어 당신이 돋보이는 이력을 하나 추가하려고 MBA에 등록했다고 치자. MBA 학비는 800시간에 4만 4,000달러다. 당신은 자기의 내재가치가 오를 것을 기대하므로 시간과 금전적인 비용을 감당할 만하다고 여긴다. 학위를 딴 후 당신은 자신의 가치가 회사에서나 시장에서 높아졌으리라 생각한다. 하지만 시간당 급여만 약간 높아질 뿐, 시간을 팔아 돈을 번다는 사실에는 변화가 없다. 여전히 부의 방정식은 당신의 통제와 조정 범위 밖에 있다.

의식적으로든지 무의식적으로든지, 서행차선을 달리는 사람들은 자신의 내재가치를 끌어올림으로써 돈을 벌 수 있다고 믿는다. 내재가치를 증가시키는 수단으로 가장 많이 사용되는 것이 대학 교육이다.

그런데 내재가치를 끌어올리기 위한 수단으로 사용되는 정규 교육은 시간 및 비용 면에서 지나치게 출혈이 크다. MBA 과정을 갓 졸업한 후에 고졸이어도 할 법한 일을 하면서 학자금 대출을 갚아 나가느라 고생하는 사람들 이야기를 거의 매주 접하곤 한다. 빚 때문에 직업에 매이게 된다면 그 빚은 해롭다. '고학력'이라는 타이틀에 얽매이면 자유를 빼앗길 위험이 있다.

교육을 받느라 빚더미에 깔리고 남은 일생 동안 직업에 얽매이게 된다면, 좋은 교육이라고 할 수 있겠는가? MBA 졸업장이 연봉을 15% 올려 주는 대신 15년에 걸쳐 갚아야 하는 빚을 남긴다면, 좋은 투자라고 볼 수 있겠는가?

부자가 되려면 비싼 대학 학위가 필요하다는 말은 넘어가기 쉬운 미신이다. 그런데 학위는 추월차선의 전제 조건이 아니다. 추월차선을 탄 부자들 중에는 고등학교나 대학교를 마치지 못한 사람도 있다. 빌 게이츠(Bill Gates), 스티븐 스필버그(Steven Spielberg), 리차드 브랜슨(Richard Branson), 마이클 델(Michael Dell), 펠릭스 데니스(Felix Dennis), 데이비드 게펜(David Geffen), 존 폴 디조리아(John Paul DeJoria)는 모두 추월차선의 목표를 좇기 위해 학교를 중퇴했다. 이들이 '배우지 못한' 부자들이라고 누가 감히 말할 수 있겠는가?

서행차선의 함정

비싼 대학교 학비를 감수하는 것은 서행차선의 함정에 빠질 수 있는 위험한 게임이다. 여기서 함정이란 순응하는 태도와 교육의 노예 상태다.

일반적으로 대학 교육은 전반적인 지식으로 시작해서 매우 세분화된 기술적 지식으로 나아간다. 예를 들어 나는 재무를 전공하면서 재무적 의사결정에 도움이 되는 복잡한 수학적 공식들을 배웠다. 이런 공식들은 '임대 혹은 구매' 결정이나 '투자 대비 수익률' 계산 등 다양한 경우에 적용되었다. 하지만 이런 지식들은 특정 영역에서 필요로 하는 도구이므로 오히려 미래에 선택 가능한 직업을 제한할 수 있다. 재무 분야의 학위를 가진 대학원 졸업자들이 기대할 수 있는 경력은 금융 부문 즉, 보험회사나 회계법인 또는 투자 회사에 한정될 것이다.

대학 교육 역시 전공 교육으로 얻은 전문지식의 범주 내로 내 선택의 폭을 제한하는 의도치 않은 결과를 가져왔다. 내 전공 영역에서 직업을 찾을 기회가 없었다면 내가 받은 교육의 가치는 평가 절하되었을 것이다. 그 기회가 나의 교육수준(MBA)보다 낮은 수준(학사 학위 정도)의 지원자를 대상으로 했다면 나는 필요 이상의 자격을 가진 지원자이므로 채용되지 않았을 것이다. 내가 지닌 능력이 기술 혁명 때문에 실질적으로 쓸모없는 것이 되어 버렸다면 내가 받은 교육의 가치는 사회에 나오는 동시에 곤두박질쳤을 것이다.

교육의 두 번째 함정은 '교육의 노예(교육 때문에 자유를 빼앗긴 상태)'가 될 수 있다는 것이다. 인도를 걷는 사람들이 '라이프스타일의 노예'가 되는 것과 마찬가지로 서행차선을 달리는 사람들은 '교육의 노예'가 되어 직업에 매인다. 교육비 때문에 일을 그만둘 수 없는가? 고급 학위를 따는 데는 필수적으로 돈이 많이 든다. 칼리지 보드(The College Board)에 따르면 대학 학위를 따기까지 평균 6만 달러가 든다고 한다. 사회적 위신을 생각해서 사립학교를 선택한다면, 그 금액은 페라리 한 대 가격에 맞먹는다. 이렇게 진 빚 때문에 젊은 시절의 꿈이 빚더미 속에 파묻혀 버리고 영원히 서행차선을 떠나지 못하게 된다. 더 심한 경우, 인도로 내려가야 할 수도 있다.

사람들이 부자가 될 수 없는 이유로 가장 자주 내세우는 핑계는 '시간이 없다'일 것이다. 시간이 없는 이유? 직업이 있기 때문이다. 직업이 있는 이유? 필요하기 때문이다. 필요한 이유? 당장 나갈 돈이 있기 때문이다. 나갈 돈이 있는 이유? 빚이 있기 때문이다. 빚이 있는 이유? 그렇다, 6년 동안 학교를 다니면서 엄청난 학자금 대출을 받았기 때문이다.

빚을 내가며 학위를 땄다면 그 빚은 인생에 기생하면서 당신을 직업의 노예로 만들어 버리고 당신의 자유를 빼앗을 것이다. 연봉이 오를 수는 있지만 빚을 갚기 위해 하기 싫어도 일을 해야만 할 것이다.

SUMMARY

- 서행차선을 달리는 사람들은 학력으로 자신의 내재가치를 끌어올리고자 한다.
- 생계를 위해 돈을 버는 데 쓰는 시간은 저당 잡힌 시간이라고 부른다. 자유로운 시간의 반대 개념이다.
- 기생적인 부채는 시간을 저당 잡히게 하고 억지로 일하게 만든다.

자가당착에 빠진
서행차선의 구루들

과거에는 바보들이 돈을 뜯기곤 했다. 하지만 이제는 모든 사람들이 그러고 있다.
— 아들라이 스티븐슨(Adlai Stevenson)

날 따라 하지 말고, 내가 시키는 대로 하세요

누군가가 당신에게 돈 버는 방법을 알려 주겠다고 큰소리쳐서 솔깃했는데, 알고 보니 정작 본인은 그 방법으로 부자가 되지 않았다는 사실을 깨달을 때 이론과 실제의 괴리를 느끼게 된다. 다른 말로 하자면 그들은 자기가 실천하지도 않을 조언을 당신에게 하고 있다는 뜻이다. 이들은 당신에게 부의 방정식(서행차선)을 가르치면서 자기 자신은 다른 방법(추월차선)으로 돈을 벌어들인다.

나는 이들의 투자 자문을 믿고 따라 하는 사람들을 보면 안쓰럽다. 경제방송에 나와서 오늘의 관심주나 대박 투자 상품에 대해 떠드는 소위 전문가의 말에 넘어가 퇴직금을 날려 버리는 바보들을 보면 화가 나서

참을 수 없다. 도대체 왜 그런 행동을 하는 걸까? 자기의 재무 계획을 어떻게 그렇게 책임감 없이 망쳐 버릴 수 있을까?

이런 인물은 당신의 주변 인물, 혹은 삼촌이 될 수도 있다. 삼촌은 당신이 아는 어른들 중 가장 똑똑하고 모르는 것이 없는 사람, 심지어 말 머리성운의 암흑 물질을 이루고 있는 분자 구조까지 설명할 수 있는 사람이다. 삼촌은 주식 정보, 최신 대박 투자 종목, 유행하는 투자 방식 등을 줄줄 꿰고 있다. 그러나 잊지 말아야 할 것 하나, 삼촌은 빠듯한 수입으로 입에 풀칠하기 바쁘다.

남들에게 투자에 대한 조언이란 조언은 다하면서 정작 자신은 찢어지게 가난한 사람은 생각보다 많다. 이들은 건강하고 보기 좋은 몸에 대해 가르치는 비만 환자, 걸어 다니는 위선자다. 이들의 이야기는 조언이 아니라 재미있는 이야기로 받아들여야 마땅하다. 진정한 조언은 미식축구로 치자면 중도에 퇴장당하는 선수가 아니라 터치다운마다 점수를 내는 선수로부터 들어야 한다. 쿼터백에 대한 조언은 내가 아니라 페이튼 매닝(Peyton Manning)에게 들어야 하는 것처럼 말이다.

이론과 실제가 일치하는가?

부자가 되는 게임에서 점수를 얼마나 땄느냐는 돈을 얼마나 벌었느냐에 따라 결정된다. 누군가 자기가 '점수를 얼마나 땄는지' 이야기하려 든다면, 그럴듯한 거짓말이 아니라 진짜 부자가 되는 데 활용한 전략에 대해 말하고 있는지 확인해야 한다. 유감이지만 정말로 유용한 부자가 되는 비법을 듣기란 거의 불가능하다. 대부분의 구루들이 말하는 이론은 실제와 다르기 때문이다. 물론 개중에 드물게 자기만의 전략을 활용해 부자가 된 사람도 있다. 하지만 사실은 이론과 현실의 차이를 교묘하게 숨긴 채 실제로는 추월차선 전략으로 돈을 벌었을 가능성이 높다.

당신은 이제껏 그들의 말을 믿고 그들이 안내하는 부자가 되는 길을 따라왔을 것이다. 그리고 그들은 절대 끝까지 가 본 적도 없는 강을 눈을 가린 채 뗏목에 의지하여 타고 내려오고 있었을 것이다. 이들이 말하는 부자 되는 방법 이면에 가려진 진짜 이야기를 해 주는 사람은 아무도 없었겠지만, 지금부터 내가 그 이야기를 해 주려 한다.

서행차선 전략은 텔레비전이나 라디오, 그리고 책을 통해 재정적 조언을 퍼붓는 베스트셀러 작가들 덕분에 대중에게 널리 알려졌다. 이들이 말하는 전략은 실체가 없는 그림자에 지나지 않는다. 이들이 정말 자기가 설교하는 방식 그대로 실천하여 부자가 되었을 거라고 생각하는가? 이들이 가면 뒤에 숨기고 있는 진짜 이야기는 아마 다음과 같을 것이다.

첫 번째, '수지'의 이야기. 수지는 뮤추얼 펀드와 정액 분할 투자, 그리고 퇴직연금제도의 중요성을 늘 강조한다. 그녀는 라디오와 텔레비전, 그리고 여섯 권에 달하는 저서를 통해 쉽게 만날 수 있다. 그녀의 손길은 어디에나 뻗쳐 있다. 그녀는 서행차선 전략 하면 떠오를 만한 대표적인 인물이자, 수백만 서행차선 신봉자를 낳은 인물이다. 문제는 무엇일까? 스스로에게 이렇게 질문해 보라. 수지는 자신이 조언하는 것처럼 지방채나 정액 분할 투자, 또는 퇴직연금제도 투자 전략을 이용해서 돈을 벌었을까? 아마도 그녀가 돈을 벌어들인 방법은 그녀가 가르치는 방법과 다를 것이며, 이론과 실제의 괴리에서 그녀의 위선적인 태도를 발견할 수 있다.

2007년에 보도된 한 기사에서 수지는 재산의 대부분(약 250만 달러)을 채권, 특히 지방채에 투자해서 벌었다고 말했다. 게다가 재산의 4%만을 주식에 투자했는데, 그 이유는 "그 정도 돈은 잃어도 크게 신경 쓰지 않을 수 있기 때문"이라고 말했다.

그런데 당신도 이 방법을 따라 하면 부자가 될 수 있을까? 수지는 애초에 250만 달러라는 종자돈을 어떻게 마련했을까? 주식 시장과 뮤추얼 펀드, 개인 퇴직연금, 채권이나 국채의 중요성을 사람들에게 일깨워 주면서 벌었을까? 아니면 추월차선 지도를 따라 우선 소득을 폭발적으로 늘린 후에 앞서 말한 재테크 방법에 투자했을까? 그녀는 돈이 없어서 벼랑 끝에 몰린 사람들에게 가진 돈을 주식 시장에 투자하여 돈을 벌라고 조언한다. 알아 두어야 할 것이 있다. 부자들은 시장을 이용해서 부를 유지하지, 부를 만들어 내지 않는다.

다음은 데이비드다. 데이비드가 쓴 책은 한 장 한 장 넘길 때마다 서행차선식의 조언이 쏟아져 나온다. 복리 이자표, 월급의 10% 저축, 비싼 커피 그만 마시기 등등. 여기서 또 다시 이론과 현실의 괴리를 떠올리게 된다. 데이비드는 이런 조언 덕분에 부자가 되었을까? 아니면 책을 11권이나 내고 지겹도록 서행차선 전략을 되풀이해 팔아서 돈을 벌었을까?

마지막으로 로버트. 로버트는 하와이 출신이며 두 명의 아버지를 두고 있다. '부자 아빠 가난한 아빠'. '아빠가 둘인 로버트'는 자산의 진정한 의미에 대해 역설하고 현명한 투자자라면 부동산에 투자한다고 말한다. 한 번은 로버트가 공영방송에 출연해서 자신의 람보르기니를 자랑한 적이 있다. 그 모습을 보고 나는 아이러니함과 표리부동함을 느껐다. 로버트의 람보르기니는 자기가 가르치는 전략의 결실일까? 그럴지도 모른다.

　로버트의 인생은 추월차선식 성공의 예다. 로버트는 수백만 달러에 달하는 재산을 모았다. 하지만 궁금증이 생긴다. 무엇이 먼저였을까? 베스트셀러 책일까 아니면 람보르기니일까? 로버트의 성공 이면에는 이론과 실제의 괴리가 숨어 있을까? 그의 람보르기니는 자기가 가르친 대로 부동산에 투자한 돈으로 산 것일까? 로버트는 책과 게임, 그리고 세미나를 통해 믿을 수 없을 만큼 많은 돈을 벌었다. 당신이 누군가가 설계한 부의 방정식이 옳다고 믿고 따르는 와중에 그 설계자는 정작 다른 방정식을 따르고 있지는 않을까?

　내가 다른 사람들과 다른 이유는 이것이다. 이 책에 담긴 추월차선 개념 덕분에 나는 재정적으로 독립할 수 있었다. 나는 이미 재정적 자유를 얻었다. 멋진 집과 스포츠 카, 그리고 높은 등급의 신용카드까지. 나는 자유를 얻기 위해 이 책을 팔 필요가 없다. 또 하나, 이 책은 내가 조언하는 바로 그 부의 공식에 따라 쓰였으므로 내게 더 많은 돈을 벌어다 줄 힘을 지녔다. 다시 말해, 나의 '조언'은 나의 '방법'과 일치한다.

SUMMARY

- 조언은 자기가 지지하는 방식대로 실천해서 실제로 성공을 거둔 사람에게 들어라.
- 다수의 투자 구루들은 이론과 실제의 괴리로부터 자유롭지 못하다. 이들이 남에게 가르치는 부의 방정식과 스스로 부자가 된 방법은 서로 다르다. 이들은 자기가 가르치는 방법으로 부자가 되지 않았다.

서행차선을 벗어나는
비밀의 출구

나는 아무것도 시도하지 않은 것을 후회하느니 실패를 후회하는 삶을 살겠다.
– 엠제이 드마코(MJ Demarco)

저항은 무의미하다

서행차선을 달리던 사람들은 계획이 생각처럼 되지 않는다 싶으면 과한 노력을 들이기 시작한다. 서행차선에서 속도를 내기 위해 노력한다는 것은 차가 낼 수 있는 속력의 최대치까지 가속 페달을 밟는다는 뜻이다. 사실 문제는 가속 페달이 아니라 길 자체에 있는데도 말이다. 그럼에도 불구하고 서행차선을 밟는 사람들은 서행차선 공식의 변수를 조정함으로써 공식 자체가 지닌 결함을 보완할 수 있으리라 생각한다.

- 근무 시간을 늘려서 내재가치 상승시키기 (돈을 더 벌어야 해!)
- 이직 또는 부업으로 내재가치 상승시키기 (돈을 더 많이 받아야 해!)

- 학위를 따서 내재가치 상승시키기 (더 나은 직업을 가져야 해!)
- 더 높은 수익률을 내는 상품에 투자해서 복리 올려 받기 (투자 수익률을 늘려야 해!)
- 투자 기간을 늘려서 복리 올려 받기 (시간이 더 필요해!)
- 투자 자금을 늘려서 복리 올려 받기 (더 많이 저축해야 해!)

위의 여섯 가지 대처방안 모두 서행차선 부의 방정식이 지닌 결점을 보완하려는 안타까운 시도일 뿐이다.

당신은 서행차선 수학 공식의 한계를 극복할 수 없다. 최대 시속 10마일의 속력을 낼 수 있는 자동차는 가속 페달을 아무리 힘껏 밟아도 시속 10마일 이상 달릴 수 없다. 시속 10마일로 국도를 횡단하려면 40년은 걸릴 것이다.

서행차선의 공식에 쓰이는 숫자 자체가 평범하기 때문에 그 결과 역시 평범할 수밖에 없다.

서행차선의 변수를 통제하거나 영향력을 발휘하기란 불가능하므로 서행차선은 위험 부담이 큰 전략이다. 서행차선을 달리는 사람들이 조정할 수 있는 몇 안 되는 변수는 라이프스타일이다. 하지만 바로 그 이유로 서행차선의 삶은 빈곤할 수밖에 없다. 작은 것에 만족하고 살아야 하기 때문이다.

부의 실패 : 잘못된 방정식, 잘못된 변수

어떤 시점에 다다르면 서행차선을 달리는 사람들은 더 높은 수익률을 내라고 주식 시장을 다그칠 수 없다는 사실을 깨닫는다. 200% 임금 인상도 마찬가지다. 자신의 내재가치를 높이기 위해 학위를 딸 돈도 없다. 이직을 해도 월급이 크게 오를 것 같지 않다. 그러면 결국 서행차선 부의 방정식의 노예가 되어 통제 가능한 변수 즉, 개인 순소득을 늘리는 데 몰두한다. 개인 순소득은 지출을 줄임으로써 증가시킬 수 있다.

$$개인\ 순소득 = 내재가치 - 개인\ 지출$$

이는 서행차선 구루들이 장려하는 전략이다. 지시사항은 명확하다. 부채를 줄여라. 새 차를 팔고 중고차로 바꿔라. 보험 세금공제를 챙겨라. 신용카드를 없애고 현금으로 계산하라. 10달러짜리 스타벅스 커피를 끊어라. 점심은 도시락으로 해결하라. 알뜰 쿠폰을 챙겨라. 이런저런 지출을 줄이다 보면 언젠가 부자가 될 것이다! 웃기는 소리다!

이런 성가신 전략들은 모두 서행차선에서 오도 가도 못하는 처지가 된 사람들이 만들어 낸 것이다. 이런 라이프스타일의 다운그레이드 전략은 서행차선이라는 잘못된 부의 방정식과 결혼한 사람들의 최후의 저항 방법이다.

그러나 틀렸다. 지출을 줄인다고 해서 부자가 되는 것이 아니라, 소득을 늘리고 지출을 통제해야 부자가 될 수 있다. 예를 들어 내가 매달 10만 달러씩 번다면 나는 빠르게 돈을 모으게 될 것이다. 지출하는 금액 역시 계속해서 일정하게 유지될 것이기 때문이다. 내 수입이 기하급수적으로 는다면 지출 역시 무시하지 못할 수준으로 점차 늘어날 것이다. 하지만 소득이 100% 증가하더라도 지출은 겨우 10%가량 증가할 것이다. 나는 구두쇠처럼 아껴서 부자가 된 게 아니라 소득을 늘리고 지출을 통제해서 부자가 되었다.

그러면 서행차선식으로 지출 줄이기에 목을 매면 어떤 일이 생길까? 인생은 할 수 없는 일들로 가득 채워진다. 여행도 갈 수 없고, 아이들에게 괜찮은 신발 한 켤레도 사 줄 수 없고, 꿈에 그리던 차를 살 수도 없고, 유료 영화 채널을 볼 수도 없다. 오랜 금언처럼 '내일의 영광을 위해 오늘을 희생한다'는 미명 아래, 평범한 인생에 안주하게 될 것이다.

서행차선을 벗어나는 방법 : '비밀의 출구'

만약 당신이 '비밀의 출구' 즉, 서행차선의 통제 불가능한 제한적 영향력이라는 한계를 벗어날 수 있는 '탈옥' 카드를 발견할 수 있다면 서행차선을 벗어날 수 있다. 비밀의 출구란 무엇일까?

첫째, 명성이다. 명성을 얻으면 내재가치의 수학적 한계를 깨뜨릴 수 있다. 서행차선을 벗어난 사람들은 대부분 유명인으로서 문화계 곳곳에 얼굴을 알린 경우가 많다. 이들은 운동선수, 가수, 뮤지션, 배우 또는 연예인이다. 서행차선이 지닌 약점을 극복하고 싶다면 유명해지면 된다. 왜냐고? 명성이나 악명 모두 내재가치를 높이는 요인이기 때문이다. 사람들은 당신과 당신이 제공하는 가치를 매우 높은 가격에 사려 할 것이다.

20세의 농구선수가 3,000만 달러에 이르는 몸값을 받고 계약했다면, 또는 여배우가 1,500만 달러의 개런티를 받고 영화 출연을 계약했다면, 또는 주근깨투성이 아일랜드 출신 웨이터가 〈아메리칸 아이돌〉에서 최종 우승했다면, 이들의 내재가치는 폭발적으로 증가하므로 서행차선식 인생의 한계에 더 이상 구애받지 않게 된다. 내재가치에 대한 수요가 폭증하기 때문에 이들이 지닌 영향력은 더 이상 제한적이지 않다.

불행하게도 부자가 되고자 하는 사람들 대부분은 추월차선을 통해서가 아니라 서행차선에 저항하는 방식으로 그 길을 찾으려 한다. 운이 따른다면 명성을 얻는 것은 직접적인 방법 중 하나다. 〈아메리칸 아이돌〉 오디션 참가자들이 운동장을 가득 메우는 이유가 무엇이겠는가? 명성을 얻으면 내재가치가 폭발적으로 증가하기 때문이다.

서행차선의 한계를 극복하는 또 다른 방법은 스스로를 없어서는 안될 존재로 부각시켜 가치를 끌어올리는 것이다. 수백 명의 군중이 당신을 원하게 만들면, 수백만 달러를 벌게 될 것이다. 르브론 제임스(Lebron James) 같은 프로 농구선수는 남들에게 없는 특별한 재능을 가졌기 때문에 수백만 달러를 번다. 유명한 배우나 연예인들도 수백만 명의 팬이 그들을 보고 싶어 하기 때문에 수백만 달러를 번다. 특별한 재능은 특별한 수입을 부른다.

열심히 일해서 경영자 되기

그 다음으로 자주 사용되는 '비밀의 출구'는 회사의 경영진이 되는 것이다. 한 회사의 CEO가 스톡옵션을 팔아 2,000만 달러를 손에 쥐었다면, 그는 막 서행차선을 벗어난 셈이다. 자산 가치로 순위를 다투는 대기업의 고액 연봉 CEO들에 대해서 들은 적이 있을 것이다. 그들이 몇 살인지 유심히 보았는가? 기업 설립자나 소유주를 제외하면 대부분은 50~60대다. 분명 기업 경영자가 되는 길은 하루아침에 이루어지지 않는다. 말단 직원에서 CEO가 되기까지는 평균 40년이 걸린다. 게다가 그 길은 결코 쉽지 않을 것이다. 일찍 시작해서 늦게 끝나는 여정이 될 것이다.

복권도 매회 당첨자를 낸다. 서행차선 전략으로 살아남고 성공한 사람들도 결국엔 큰돈을 모으긴 하지만, 싸구려 샴페인을 터트리며 자축하기엔 아직 이르다. 서행차선 부자와 추월차선 부자의 차이는 자동차로 치면 뷰익과 페라리의 차이와 같다. 그 차이를 이해하게 된다면, 쏟아져 들어오는 재정적 조언의 가치를 정확히 판단해서 서행차선과 추월차선 박스에 나눠 담을 수 있게 될 것이다.

백만장자들은 돈이 많다! 정말로?

'백만장자'라는 단어를 다시 생각해 보자. 이 단어를 들으면 어떤 생각이 드는가? 부와 마찬가지로 사치스런 라이프스타일을 상상하게 될 것이다. 모터보트, 헬리콥터, 대저택, 값비싼 보석 등. 수십 년간 '백만장자'라는 단어는 '부자'를 묘사하는 대표적인 단어로 사용돼 왔다.

하지만 이런 물질적 풍요의 이미지는 서행차선 부자가 아니라 추월차선 부자의 라이프스타일로부터 나온 것이다. 명성이나 임원 승진으로 부자가 된 경우를 제외하면 서행차선 부자들의 삶은 전혀 다르다. 이들은 평범한 중산층 거주 지역에 집이 있고, 적당한 수준의 차를 타며, 너무 자주 휴가를 떠나지도 않고, 외식 비용을 절약하고, 알뜰 쿠폰을 모으며, 퇴직연금에 최대로 투자한다. 대부분 좋아하지 않는 일을 하느라 한 주의 5일을 일하고 수입의 10%를 부지런히 저축한다. 어떤 사람들은 작은 사업체나 프랜차이즈, 또는 가게를 운영하기도 한다. 유명한 베스트셀러 도서들은 이들을 '이웃집 백만장자'라고 부른다.

유감이지만 오늘날에는 '백만장자(순자산이 100만 달러인 사람)'라고 하면 상위 중산층을 이른다. 백만장자가 결코 부자는 아니다. 과거의 100만 달러는 현재의 500만 달러에 해당한다. 맥 빠지는 일이다.

이 숨겨진 진실이 복권 당첨자들이 당첨된 지 몇 년 만에 파산하는 이유를 설명해 준다. 당첨자들은 몇 백만 달러로는 유지하지도 못할 사치스러운 라이프스타일을 상상하고 그렇게 살고자 한다! 100만 달러에 당첨이 되었다면(세금을 떼고 나면 60만 달러만 남을 것이다) 기존의 라이프스타일을 고수해야 한다. 텔레비전에서 본 백만장자의 라이프스타일을 따라 하려 든다면 기껏 받은 당첨금은 눈 깜짝할 새 사라지고 말 것이다.

백만장자는 중산층이다. '백만장자'에 걸맞은 라이프스타일을 원한다면 100만 달러보다 훨씬 더 큰 재산을 모아야 할 것이다. 100만 달러로는 부자와 유명인사의 라이프스타일을 누릴 수 없다. 적어도 1,000만 달러는 필요하다. 그러니 방송에서 '백만장자'라는 단어를 운운하면, 그 단어의 정확한 의미를 먼저 이해하라. 서행차선의 중산층 부자를 의미하는지, 추월차선의 진짜 부자를 의미하는지.

서행차선 부자와 추월차선 부자의 12가지 차이

1. 서행차선 부자가 재산을 모으는 데는 30년 이상 걸린다. 추월차선 부자는 10년이 걸리지 않는다.
2. 서행차선 부자는 중산층 주택에 산다. 추월차선 부자는 호화로운 저택에 산다.
3. 서행차선 부자는 MBA를 딴다. 추월차선 부자는 MBA를 딴 사람을 고용한다.

4. 서행차선 부자의 재산은 시장의 영향을 받는다. 추월차선 부자는 재산을 통제하고 재산 가치를 변동시키는 영향력을 조정한다.

5. 서행차선 부자는 값비싼 외제 차를 살 수 없다. 추월차선 부자는 원하는 차는 무엇이든 살 수 있다.

6. 서행차선 부자는 일하는 데 시간을 쓴다. 추월차선 부자는 시간이 자기를 위해 일하게 만든다.

7. 서행차선 부자는 고용된다. 추월차선 부자는 고용한다.

8. 서행차선 부자는 퇴직연금에 가입한다. 추월차선 부자는 퇴직연금을 제공한다.

9. 서행차선 부자는 부자가 되기 위해 뮤추얼 펀드와 주식 시장에 투자한다. 추월차선 부자는 재산을 유지하기 위해 그 둘을 이용한다.

10. 서행차선 부자는 남들이 자신의 소득을 통제하게 놔둔다. 추월차선 부자는 자신의 소득을 스스로 통제한다.

11. 서행차선 부자는 돈에 인색하다. 추월차선 부자는 시간에 인색하다.

12. 서행차선 부자는 자기 집을 파는 것으로 여긴다. 추월차선 부자는 자기 집을 사는 곳으로 여긴다.

SUMMARY

- 서행차선에는 일곱 가지 위험요소가 존재하며, 이 중 다섯 가지는 통제 불가능하다.
- '라이프스타일'의 위험은 서행차선에서 통제할 수 있는 위험요소 중 하나다.

- 서행차선의 공식에 쓰이는 숫자 자체가 평범하기 때문에 그 결과 역시 평범할 수밖에 없다.
- 서행차선을 달리는 사람들은 통제 가능한 변수 중 하나인 '지출'을 줄이려 노력한다.
- 단순한 지출 삭감이 아니라, 소득의 기하급수적인 증가와 지출 관리가 부자를 만든다.
- 명성을 얻거나 회사의 경영진이 됨으로써 자신의 내재가치를 끌어올리면 서행차선 부의 방정식으로부터 벗어날 수 있다.
- 유명해지거나 회사의 경영진으로 올라서지 않고 서행차선으로 성공한 사람들의 삶은 중간에 그친다. 중산층, 그리고 중년.
- 서행차선 부자들은 중산층을 벗어나지 못한다.
- 과거의 백만장자는 오늘날 '5백만장자'에 해당된다.
- 아무리 돈이 많아도 제대로 쓰는 방법을 모른다면 부자로 살 수 없다.
- 복권 당첨자들은 몇 백만 달러의 돈이 그리 오래가지 못한다는 사실을 모른 채 백만장자의 라이프스타일을 좇기 때문에 결국 파산한다.

부자를 만드는 지도 : 추월차선

빠르게 부자 되는
사고방식은 따로 있다

사람들이 제대로 알고 했더라면 더 잘했을 것이다.
- 짐 론(Jim Rohn)

세 번째 문은 무엇인가?

인도인가 아니면 서행차선인가? 오늘의 희생인가 아니면 내일의 희생인가? 당신은 아무런 재무 계획 없이 인도를 걸으면서 오늘을 즐겨도 내일 아무 영향이 없을 거라고 스스로를 안심시킬 수도 있고, 아니면 서행차선을 달리면서 내일의 영광이라는 환상을 좇아 오늘을 희생시킬 수도 있다.

잠깐만 기다려라! 당신이 선택할 수 있는 다른 길도 있다. 그 길은 당신을 40년 정도 더 빠르게 부자로 만들어 줄 수 있는 대안적인 재정 지도를 따라가면 만날 수 있다. 하지만 '빠르다'는 단어는 상대적이다. 당신이 현재 18세라면 25세에 엄청난 부자가 될 수 있다. 현재 30세라면

36세에 은퇴할 수도 있다. 48세에 파산했다면 54세에 은퇴할 수도 있다. 이 모든 일이 가능할까? 위험하지는 않을까? 다음의 세 가지 복권 중 하나를 선택하라면 무엇을 선택하겠는가?

인도 복권 : 1등 상금 1,000만 달러, 즉시 지급
당첨 확률 : 600만분의 1 (0.0000016%)

서행차선 복권 : 1등 상금 50만 달러, 40년 만에 지급
당첨 확률 : 6분의 1 (16%)

추월차선 복권 : 1등 상금 1,000만 달러, 6년 만에 지급
당첨 확률 : 7분의 1 (14%)

무엇을 골랐는가? 추월차선 복권이길 바란다. 왜냐하면 추월차선 복권의 상금은 서행차선 복권의 리스크에 비하면 훨씬 크기 때문이다. 인도 복권에 대해서는 생각할 필요도 없다. 인도나 서행차선 또는 추월차선 중 어떤 재정적 지도를 선택하느냐는 세 가지의 복권 중 어떤 것을 선택하느냐와 같은 의미다. 이 각각의 지도와 부의 방정식을 이해하고 나면 당신의 나침반이 되어 줄 지도를 선택할 수 있을 것이다.

추월차선이란 무엇인가?

추월차선은 통제 가능한 무제한적 영향력으로 대표되는 사업 및 라이프스타일 전략이다. 추월차선 전략으로 빠르게 돈을 벌고 특별한 라

이프스타일을 즐기기 위해서는 다음의 네 가지 요소에 집중해야 한다.

통제 가능한 무제한적 영향력 : 서행차선이 영향력을 발휘할 수 없는 통제 불가능한 변수들로 정의되는 반면, 추월차선은 정 반대 조건 즉, 최대치의 통제력과 영향력을 발휘한다.

사업 : 서행차선의 직업과 마찬가지로 추월차선의 중심이 되는 것은 당신 소유의 사업이나 자영업, 기업이다.

라이프스타일 : 추월차선은 복합적인 신념과 프로세스, 그리고 행동으로 이루어진 라이프스타일의 선택이다.

빠른 부 형성 : 추월차선은 '중산층'의 한계를 뛰어넘고 빠르게 큰돈을 버는 과정이다.

다음은 인터넷에 올라온 실제 사연을 바탕으로 한 추월차선의 대표적 사례다.

저는 회사를 설립한 지 4년 만에 320만 달러에 팔았습니다[**빠른 부 형성**]. 빠르게 돈을 벌고 서류상에 존재하던 돈을 실제로 만질 수 있게 되어서 기쁩니다. 그 결정으로 제 인생은 완전히 바뀌었습니다.

이제 저는 원하는 일은 무엇이든 하는 데다가 조금도 지루할 새가 없습니다. 세상은 제 놀이터입니다. 저는 여행도 하고 새로운 언어를 두 가지 배우고 있습니다. 집을 세 채 소유하고 있습니다. 원하면 언제든 스포츠 경기를 봅니다. 영화는 한 주에 3~4편, 책은 1~2권 봅니다. 대부분의 시간은 가족과 함께 보내며 눈앞에서 제 두 딸이 성장하는 과정을 지켜봅니다. 저와 제 가족은 호주 및 카리브 해 지역을 포함하여 세계 곳곳에서 살아 보았습니다.

돌이켜 생각해 보면 쉬운 과정은 아니었습니다. 저는 4년 동안 하루 12~16시간씩, 일주일에 6일씩 일했으며 일요일에도 몇 시간씩은 일에 매달렸습니다. 저와 제 직원들은 멋진 서비스를 만들고 거기에 매달렸죠[**통제 가능한 무제한적 영향력을 이용한 사업**]. 녹록치 않았던 시간들을 기억합니다. 저는 제가 가진 돈을 탈탈 털어 회사에 투자했습니다. 회사 계좌에 50달러도 채 남아 있지 않았던 적도 다섯 번은 됩니다. 사업 초창기에는 가족만 제외하고 제가 가진 많은 것을 희생했습니다. 케이블 TV도 해지했고. 그 밖에 제가 즐기던 많은 것들을 잠시 내려놓았습니다. 저는 평생 직업인으로서 사는 인생 이상의 꿈과 목표에 완전히 집중하고 있었으니까요[**라이프스타일**].

이제 저는 여러 신생 기업에 투자하고 있으며 제가 이제껏 상상해 보지도 못한 영향력을 갖고 있습니다. 제 인생에 후회는 없습니다. 제 인생은 그 자체로 너무나 멋져서 어느 하나라도 바꾸고 싶은 생각이 없습니다. 사업을 시작하기로 결심하지 않았더라면 지금의 제 모습은 어떻게 변했을지 모르겠습니다.

이 이야기는 전형적인 추월차선 성공 스토리다. 사업을 시작하고, 라이프스타일이 사업에 박차를 가하고, 그 결과 놀랄 만한 부와 자유를 얻게 되는 삶. 하지만 누구나 이런 인생을 누리는 것은 아니다. 당신은 어떤가?

추월차선 여행자의 사고방식

인도 및 서행차선 지도와 마찬가지로, 추월차선 지도에는 추월차선 여행자의 행동을 결정짓는 다음과 같은 사고방식 및 특징이 포함되어 있다.

부채에 대한 인식 : 빚으로 나만의 시스템을 설계하고 키울 수 있다면 빚은 유용해.

시간에 대한 인식 : 시간은 돈보다 훨씬 더 중요한 자산이야.

교육에 대한 인식 : 배움을 멈추는 즉시 성장도 멈추지. 여정을 무사히 마치려면 지식과 의식을 계속해서 확장시켜야만 해.

돈에 대한 인식 : 돈은 어디에나 있고, 충분히 있지. 나로 인해 감명 받은 사람의 수가 곧 내가 벌어들이는 돈이야. 돈은 내가 만들어 낸 가치를 반영해.

주요 수입원 : 나는 내 사업 시스템과 투자를 통해 수입을 얻지.

부를 늘리는 주요 전략 : 나는 무에서 유를 창조해. 나는 자산을 창조하고 시장에서 가치 있는 것으로 키워 내지. 아니면 기존 자산에 부가가치를 더하거나.

부에 대한 인식 : 부는 사업 시스템 설계를 통해 얻은 현금 흐름과 자산 평가의 결과야.

부의 방정식 : 부 = 순이익 + 자산의 가치

전략 : 더 많은 사람을 도울수록 시간과 돈, 그리고 개인적 성취 면에서 더 많은 것을 얻지.

목적지 : 사업과 투자로부터 평생 수동적 소득 거두기.

책임감과 통제력 : 인생은 내가 만들어 가는 것. 재정적 계획은 완전히 내 책임하에 있으며 상황에 대한 대처 방법 역시 내가 선택하지.

삶에 대한 인식 : 내 꿈은 아무리 튀는 것이더라도 추구할 가치가 있어. 그리고 꿈을 실현하기 위해서 돈이 필요하다는 사실도 알고 있지.

이런 사고방식이 모여 추월차선 여행자의 라이프스타일을 이룬다. 추월차선은 행동을 이끌어 낸다.

추월차선의 지도는 부를 가리킨다

추월차선 지도는 부를 가리킨다. 왜냐하면 이 지도는 통제 가능하고 무제한적인 영향력을 바탕으로 설계되었으며, 시간의 한계로부터 자유롭기 때문이다. 지도를 제대로 사용한다면 '이익'이나 '자산 가치', 또는 이 둘 모두가 증가하는 방향으로 빠르게 부를 향해 다가갈 수 있다. 이 빠른 부의 증식 과정에서 시간은 중요치 않거나 프로세스에 유리한 쪽으로 사용된다. 추월차선은 짧은 기간 안에 몇 백만에서 몇 십억 달러에 이르는 부를 만들어 낸다. 사실이다. '빠르게 부자 되기' 방법은 존재한다.

'빠르게 부자 되기'에 숨겨진 그림자

'빠르게 부자 되기'는 너무 자주 남용되는 바람에 신빙성을 잃어버렸고, 우리는 그 자체를 믿지 않는다. 산타클로스나 유니콘은 존재하지 않는다고 생각하듯이, 우리는 '빠르게 부자를 만들어 준다는 소리는 순 사기'라고 생각한다. 그런 생각을 탓하지는 않지만, 정말 그 방법은 존재하지 않을까?

'부자를 만들어 준다는 속임수'는 '빠르게 부자 되기'가 아니라 그 쌍둥이 격인 '쉽게 부자 되기'로부터 나온다는 차이가 있다. '쉽게 부자 되기'에 속아 넘어갔다가 실패를 맛본 사람들은 애먼 '빠르게 부자 되기'가 불가능하다고 탓한다. '쉽게 부자 되기'는 사람들의 이목을 끌거나 한밤중의 텔레비전 광고에 나와 설쳐 대며 사람들을 속이고 사람들의 헛된 욕망이 만들어 낸 신기루로 유혹한다. "이 비디오를 보거나 주식 투자 소프트웨어를 사기만 하면 단 10일 만에 당신은 부자가 될 수 있습니다!" 틀렸다! 그건 '빠르게 부자 되기'가 아니라 '쉽게 부자 되기'다. 결국 당신의 지갑만 더 가볍게 만들 뿐이다.

추월차선의 성공 스토리는 '빠르게 부자 되기'의 실현 방법이다. "그런 방법은 존재하지 않아"라는 주장은 몰라서 하는 소리다. 서행차선의 실패자들이 진실을 가리게 두어서는 안 된다. 수긍하지 말라. "그런 일은 다른 사람들 이야기일 뿐이야"라고 믿어 버리지 말라. 많은 사람들이 '빠르게 부자 되기'가 가능하다고 믿었기에 부자가 되었다.

추월차선 성공담

무인도에 사는 사람이 아니라면 추월차선 인생 이야기는 익히 들어 보았을 것이다. 사업을 하며 빠르게 부자 되기 사건을 겪은 사람이라면 누구나 추월차선을 타고 있는 것이다. 다음은 신문기사에서 뽑아 온 추월차선 성공담들이다.

- 새로운 기계를 발명하고 유통업체 15군데에 팔아 수백만 달러를 번 발명가
- 휴대전화 어플리케이션을 만들어 5만 건의 판매를 올린 남자
- 배고픔을 달래려고 에너지바를 만들었다가 1억 9,200만 달러에 회사 매각을 제안 받은 남자
- 블로그를 개설한 지 3년 만에 한 대형 제약회사에 400만 달러를 받고 판 남자
- 대걸레를 개발해서 홈쇼핑을 통해 50만 자루를 판 여자
- 한 달에 7만 달러의 수익을 내는 웹사이트를 개설해 수백만 달러를 받고 판 10대
- 생산 공정 특허를 받아 포춘 500대 기업에 라이선스를 팔고 1,400만 달러를 번 남자

- 응원하는 야구팀 소식을 빠르게 들으려고 웹사이트를 만들었다가 55억 달러에 회사를 매각한 남자
- 소프트웨어 회사를 설립했다가 지구상 가장 큰 부자가 된 남자
- 노화방지 요법을 연구해서 제약회사에 7억 달러를 받고 판 의사
- 10대 마법사에 대한 소설을 써 수십억 달러를 벌어들인 작가
- 체형 보정 속옷 2,000만 벌을 제조 및 판매한 여자
- 인터넷 광고를 게시해 주고 한 달에 15만 달러를 버는 마케터
- 기존 제품을 리메이크한 '최신의, 향상된' 버전을 팔아 400만 달러를 벌어들이는 인포머셜 마케터
- 수분 공급을 위해 에너지 드링크를 만들었다가 회사를 5억 3,000만 달러에 매각한 남자

숨겨진 추월차선의 '빠르게 부자 되기' 사례는 찾으려고만 하면 얼마든지 더 찾아볼 수 있다.

추월차선 : 부의 산업 혁명

산업혁명은 사람들이 기계를 이용해 생산의 효율 및 속도를 이용하는 방법을 터득한 역사적인 사건이었다. 육체노동은 시스템 즉, 부분으로 나누어 작업한 후 하나의 생산품으로 합치는 조직화된 작업으로 대체되었다. 사람의 손으로 처리하던 힘들고 오래 걸리는 작업들은 자동화되었고, 그 결과 노동자들이 더 이상 생산 과정에 필요치 않게 되었다. 이 시기는 '빠르게 부자 되기'의 시대적 버전이라고 볼 수 있다. 과거 생산에 몇 달씩 걸리던 제품들도 이제 며칠 만에 제작이 가능해

졌기 때문이다.

추월차선 지도를 이용해서 재정적 자유를 찾는 과정 역시 부의 산업 혁명이라고 부를 만하다. 기존의 부자 되는 길은 시간 및 내재가치와의 싸움에 비할 수 있다. 즉, 빠르게 부자가 되는 길은 부의 과정을 산업화하는 동시에 시스템화한 것으로 볼 수 있다. 기존의 길(서행차선)과 지름길(추월차선) 간의 차이점은 다음의 이집트 우화를 통해 잘 이해할 수 있다.

추월차선식 부에 대한 우화

위대한 이집트 파라오가 젊은 조카 추마와 아주르를 불러 신성한 임무를 맡겼다. 조국을 위해 기념비적 피라미드를 2개 지어 바치라는 것이었다. 각자의 피라미드가 완성되는 대로 파라오는 그 즉시 왕자의 지위를 주고, 수많은 재물과 함께 은퇴할 수 있도록 해 주며, 여생을 사치스럽고 호화롭게 살도록 해 주겠다고 약속했다. 덧붙여 반드시 피라미드를 혼자서 건설해야 한다는 조건을 달았다.

동갑내기인 추마와 아주르는 그 엄청난 일을 다 마치려면 몇 년이 걸리리라는 사실을 알았다. 그럼에도 불구하고 파라오의 지시를 받은 사실에 영광스러워 하며 도전을 받아들였다. 그들은 파라오의 집무실을 나와 장기간 피라미드 건축 작업에 돌입했다.

아주르는 즉시 일을 시작했다. 크고 무거운 돌들을 끌어다가 천천히 사각 대형을 만들기 시작했다. 몇 달이 지나자 아주르의 피라미드는 토대를 갖추었다. 마을 사람들은 아주르의 건축물 곁에 모여들어 그의 솜씨를 칭찬했다. 돌은 너무 무거워서 움직이기 어려웠지만 1년에 걸친 고된 노동 끝에 아주르는 완벽한 사각 대형을 거의 완성할 수 있었다.

하지만 추마의 피라미드가 서야 할 자리는 계속 공터 그대로 남아 있었다. 옮겨진 돌이나 다져진 기초도 보이지 않았고 날리는 먼지조차 없었다. 그 곳은 파라오가 지시를 내렸던 1년 전과 다를 바 없이 황량했다.

혼란스러워진 아주르는 추마의 집에 찾아갔다. 그는 헛간에서 무언가 열심히 만들고 있었다. 아주르가 끼어들었다. "추마, 도대체 뭘 하고 있는 거야? 만들어야 할 피라미드는 만들지도 않고 여기 갇혀서 이상한 기계나 만지작거리면서 시간을 보내고 있다니!"

추마는 미소를 띠며 말했다. "난 지금 피라미드를 만드는 중이야. 날 그냥 놔둬."

아주르는 코웃음을 쳤다. "그래, 그러시겠지. 1년 동안 돌 하나 쌓지 않은 주제에!"

추마는 아주르의 비난에도 꿈쩍하지 않은 채 맞받아쳤다. "아주르, 너는 부자가 되겠다는 욕심 때문에 눈이 멀어서 멀리 내다보지 못하고 있어. 너는 네 피라미드나 신경 써. 나는 내 피라미드에 신경 쓸 테니."

아주르는 헛간을 나오며 빈정거렸다. "바보 같은 놈! 네가 명령을 어긴 걸 알면 파라오가 널 교수대에 매달지도 몰라."

또다시 한 해가 지나자 아주르는 피라미드의 기초를 마무리하고 다음 층을 쌓기 시작했다. 그러나 한 가지 문제가 생겨 일을 진행하기가 어려웠다. 돌이 너무 무거워서 피라미드의 두 번째 층까지 끌어올릴 수가 없었던 것이다. 신체적 한계를 느낀 아주르는 자신의 약점을 깨달았다. 더 무거운 돌을 옮기려면 더 강한 힘이 필요했다. 그래서 아주르는 이집트에서 가장 힘이 센 베누를 찾아가 조언을 구했다. 베누는 돈을 받고 아주르가 크고 강한 근육을 키울 수 있도록 도와주었다. 힘이 세진 아주르는 무거운 돌도 더 쉽게 높은 층으로 옮길 수 있을 거라 기대했다.

그러는 사이에도 추마의 피라미드 부지는 여전히 비어 있었다. 아주르는 추마가 파라오의 명령을 마음대로 어기는 것을 보니 아무래도 죽기로 작정했나 보다고 생각했다. 아주르는 추마와 추마의 피라미드에 대해서는 잊어버리기로 했다.

또 한 해가 가고 아주르의 피라미드 건축 속도는 더욱더 느려져 도무지 진척될 기미가 보이지 않았다. 돌 하나를 옮기는 데 한 달이 걸릴 때도 있었다. 더 높은 층으로 돌을 옮기려면 엄청난 힘이 필요했으므로 아주르는 대부분의 시간을 베누와 함께 운동하며 힘을 기르는 데 썼다. 게다가 아주르는 가진 돈의 대부분을 체력 단련에 필요한 자문료를 내고 건강식품을 구하는 데 쓰고 있었다. 아주르는 지금의 건설 속도로 미루어 보면 피라미드가 다 지어지려면 30년은 걸리겠다고 예상했다. 그러나 아주르는 당황은커녕 이렇게 외쳤다. "앞으로 3년 후면 추마는 내 피라미드를 따라잡으려야 따라잡을 수 없을걸. 아직 돌 하나도 쌓지 못하는 바보 같으니!"

그러던 어느 날, 아주르가 무거운 돌을 피라미드 위로 끌어올리고 있는데 광장 쪽에서 갑자기 소란스러운 소리가 들려왔다. 아주르가 만들고 있는 피라미드를 구경하던 마을 사람들도 웬 소동인지 알아보려고 몰려갔다. 아주르 역시 궁금증이 생겨 잠시 일을 멈추고 그들을 따라갔다.

추마는 지지대, 바퀴, 지렛대, 밧줄 등이 복잡하게 얽힌 25피트(약 8미터)에 달하는 거대한 기계를 천천히 옮기고 있었다. 추마가 떠들썩한 군중을 뚫고 마을을 가로지를 때 아주르는 두려움을 느꼈다. 오래 지나지 않아 아주르가 느낀 두려움은 현실이 되었다.

겨우 몇 분 안에 추마가 만든 희한한 기계는 무거운 돌을 번쩍 들어 올려 피라미드의 기초를 쌓기 시작했다. 기계는 큰 힘을 들이지 않고 돌을 하나씩 하나씩 가볍게 옮겼다. 믿을 수 없게, 기계는 추마의 조작 외에는 다른 어떤 노력도 필요로 하지 않았다. 밧줄과 기어 장치에 연결된 바퀴를 돌리기만 하면 무거운 돌들을 마술처럼 빠르게 옮길 수 있었다.

아주르의 피라미드는 기초를 쌓는 데 1년이 꼬박 걸렸는데, 추마의 피라미드는 일주일이 걸렸다. 아주르를 애먹였던 두 번째 층은 더욱 충격적이었다. 추마가 만든 기계는 두 번째 층 전체를 아주르보다 30배 빠른 속도로 쌓아 올렸다. 아주르가 2개월에 한 일을 추마의 기계는 이틀 만에 해냈다. 40일이 지나자 추마와 추마의 기계는 아주르가 3년간 해 놓은 고된 작업을 고스란히 따라잡았다.

아주르는 그대로 무너져 버렸다. 아주르가 무거운 돌을 옮기느라 몇 년을 보낸 반면 추마는 그 일을 대신해 줄 기계를 발명한 것이다.

대단한 기계를 발명했다고 인정하는 대신 아주르는 이렇게 맹세했다. "더 강해져야 해! 더 무거운 돌을 옮겨야 해!" 추마가 기계를 이용해서 작업을 이어가는 동안 아주르는 고된 노동을 계속해 나갔다.

8년이 지나 추마는 26세의 나이에 피라미드를 완성했다. 시스템을 만드는 데 3년이 걸렸고, 시스템을 사용해 효과를 거두는 데 5년이 걸렸다. 위대한 파라오는 기뻐하며 약속을 지켰다. 파라오는 추마에게 왕자의 지위와 함께 엄청난 재물을 내렸다. 추마는 평생 더 이상 일할 필요가 없었다.

한편 아주르는 기존의 방식을 벗어나지 못한 채 계속해서 작업에 매달렸다. 돌을 옮기는 데 시간을 허비하고, 힘을 기르기 위해 돈을 쓰고, 또 돌을 옮기고, 힘을 기르고. 슬프게도 아주르는 자기 방식에 문제가 있음을 받아들이지 못하고 같은 과정을 감내했다. 감당이 불가능한 수준에 이를 때까지 무거운 돌을 옮기고, 힘을 키워서 더 무거운 돌을 옮겼다.

생각 없이 행동부터 한 일의 방식 때문에 아주르의 인생은 고통스러워졌다. 아주르는 결국 파라오에게 약속한 피라미드를 완성하지 못했다. 이유는 간단하다. 자기 대신 일할 시스템을 고안하는 데 집중해야 할 시간마저 자기 자신에게만 집중했기 때문이다. 아주르는 피라미드의 열두 번째 층을 쌓다가 심장마비로 죽었다. 두 층만 더 쌓으면 완성이었다. 아주르는 파라오가 약속한 재물을 손에 쥐어 보지도 못했다.

한편 추마는 호화로운 왕관을 쓴 채 남들보다 40년 일찍 은퇴한 후 인생을 즐겼다. 자유 시간을 마음껏 누릴 수 있었던 추마는 이집트의 가장 위대한 학자이자 발명가가 되었다. 그는 죽어서 결국 자기가 지은 피라미드 안에 파라오와 함께 묻혔다.

서행차선에서는 당신이 직접 돌을 들어 올린다면, 추월차선에서는 당신 대신 돌을 들어 올릴 시스템을 구축한다.

서행차선 지도를 따라가려면 부로 향하는 길고 지루한 길을 견뎌야만 한다. 그 길에서 겪는 괴로움은 과정 그 자체로부터 온다. 반면 추월차선 지도에서 부를 향하는 길은 당신이 창조해 낸 사업 시스템 안에 존재한다. 그 길에서 겪는 괴로움이란 시스템 자체를 창조하고 운영하는 데서 온다.

SUMMARY
- 추월차선 전략의 리스크는 서행차선과 크게 다르지 않지만 보상은 훨씬 크다.
- 추월차선은 통제 가능한 무제한적 영향력에 기초를 둔 재정 전략이다.
- 추월차선의 목적지는 부다.
- 추월차선 지도를 따라가면 '빠르게 부자 되기'가 가능하다. 하지만 '쉽게 부자 되기'와 헷갈려서는 안 된다.

직장 같은 사업은 No!
사업은 시스템으로 굴려라

자기밖에 생각하지 않는 사람은 큰일을 할 수 없다.
– 벤자민 프랭클린(Benjamin Franklin)

팀과 전술 바꾸기

당신은 태어나면서 자연스럽게 소비자 팀에 합류하여, 바비 인형부터 스타워즈 캐릭터 인형까지 다양한 물건에 대한 욕구를 갖도록 훈련받아 왔다. 그 결과 상품을 원하고 필요로 해서 살 뿐만 아니라 가장 싸게 살 수 있는 방법을 찾는 데 익숙하다.

서행차선과 인도는 직업이 소비 행위를 위해 존재한다는 점이 같다. 당신은 소비재 회사의 브랜드 매니저가 될 수도 있고, 보험 설계사가 될 수도 있고, 어떤 회사의 회계 담당자가 될 수도 있다. 그런데 이 모든 직업은 상품과 서비스를 소비자에게 도달하게 하는 데 초점이 맞춰져 있다.

이런 '소비자' 중심적 직업은 마치 중력이 끌어당기듯이 추월차선과는 반대되는 사고방식으로 당신을 끌어당긴다.

추월차선 지도의 비밀 풀기

추월차선 지도의 비밀을 푸는 것은 비밀의 열쇠를 쥐고 있는 이기는 팀에 가담하기만 하면 되는 일이다. 이기는 팀은 생산자 팀이라고 불린다. 이들은 인생의 중심을 소비가 아닌 생산에 둔다. 사고방식을 다수(소비자)의 것에서 소수(생산자)의 것으로 전환한다면, 어렵지 않게 다른 팀으로 이적할 수 있다. 그렇다, 먼저 생산자가 되고 그 다음으로 소비자가 되어야 한다.

실생활에 응용하자면 텔레비전을 통해 제품을 사는 대신 팔아야 한다. 금을 캐려고 땅을 파는 대신 삽을 팔아야 한다. 수업을 듣는 대신 수업을 제공해야 한다. 돈을 빌리는 대신 빌려 주어야 한다. 직업을 갖는 대신 고용해야 한다. 집을 담보로 잡히는 대신 잡아야 한다. 소비로부터 달아나서 생산자로서 인생을 살아가야 한다.

쉬운 일이 아니라는 건 나도 안다. 하지만 일단 세상을 생산자의 관점에서 바라보기 시작하면, 세상에 대한 인식이 라디오 주파수의 지지 직거리는 잡음에서 깨끗한 스테레오 사운드로 바뀌는 것처럼 선명해진다. 확실한 기회가 보이고 아이디어가 떠오르며 방법이 드러난다. 소수만이 누리는 이 상태는 당신이 부자가 될 수 있는 기질을 강화시키는 데 큰 도움이 된다. 기억하라. 소수만이 부자가 되고, 당신은 이 소수 안에 들어가야 한다. 그러기 위해서는 생산자의 사고방식을 먼저 지녀야 한다.

생산자로 거듭나기

소비를 부추기는 광고 문구를 보면 생산자의 시각에서 생각해 보라. 이 회사는 어떻게 돈을 벌까? 이 문구를 만든 목적이 뭘까? 이 제품이나 서비스를 제공하기까지 어떤 과정을 거칠까? 이 회사는 수익이 날까? 수익 모델은 뭘까? 이 제품은 해외에서 생산했을까 국내에서 생산했을까?

나는 심야의 텔레비전 홈쇼핑 방송을 보고 물건을 산 적이 한 번도 없다. 나는 그 물건을 파는 사람들과 같은 팀 소속이기 때문이다. 한 명의 생산자로서 홈쇼핑 광고를 보면, 소비자(다수)에게 물건을 파는 생산자(소수) 구도가 보인다. "지금 바로 전화하세요"나 "잠깐만요, 이게 다가 아닙니다!"나 "무료로 더 드립니다" 등은 생산자의 무기고에 들어 있는 마케팅 무기다.

생산자가 할 일은 소비자들이 사도록 유도하는 것이다. 소비자는 생산자를 필요로 하기 때문이다. 그들은 누군가가 자기 욕구를 채워 주길 기다리는 다수의 사람들이다.

생산자가 되라 : 시스템으로 사업을 굴려라

부자처럼 소비하려면 우선 부자처럼 생산해야 한다. 하지만 많은 사람들이 이 과정을 거꾸로 밟는다. 즉 소비를 우선시하면서 생산은 하지 않는다. 생산자는 부자가 되고 소비자는 가난해진다. 팀을 이적해 우선 생산자가 되고 다음으로 소비자가 되어라. 부가 당신에게 저절로 끌려오게 하라.

생산자 편에 서려면 사업가이자 혁신가가 되어야 한다. 예지자인 동시에 창조자가 되어야 한다. 사업을 시작하고 세상에 가치 있는 무언가를 제공해야 한다. 서행차선의 중심에 직업이 있다면 추월차선의 중심에는 사업이 있다. 맞다, 자영업 말이다. 하지만 소규모 자영업자 대부분은 추월차선으로부터 몇 광년쯤 떨어진 곳에서 서행차선과 씨름하고 있다. 어떤 사업은 사실상 직업과 다를 바 없기 때문이다!

사업은 추월차선 부의 방정식(부=수익+자산 가치)의 핵심이다. 왜냐하면 사업을 통해 무제한적이고 통제 가능한 부의 변수를 활용할 수 있기 때문이다. 반면 서행차선의 변수는 제한적이고 통제 불가능하다. 앞서 이야기했던 것처럼, 추월차선은 통제 불가능한 제한적 영향력을 통제 가능한 무한한 영향력으로 대체한 것이다.

서행차선이 채워 놓은 시간이라는 수갑으로부터 자유로워지면 당신은 무제한적인 변수를 활용하는 시스템을 통해 수입을 얻고 빠르게 부자가 될 수 있다. 부의 세계에 존재하는 변수들은 통제 및 활용이 가능하다. 다음 장에서 추월차선으로 재정적 자유를 얻고 다른 어떤 뮤추얼 펀드에 투자할 때보다 빠르게 부자가 될 수 있는 이유에 대해 이야기하겠다.

SUMMARY

- 추월차선에는 생산자만 존재한다.
- 소비자가 가난한 다수라면 생산자는 부유한 소수다.
- 생산자로 성공하면 원하는 것은 무엇이든 소비할 수 있다.
- 추월차선을 달리는 사람들은 생산자이자 기업가, 혁신가, 예지자, 그리고 창조자다.

- 사업 자체가 추월차선은 아니다. 어떤 사업은 정체를 숨기고 있는 직업에 지나지 않는다.
- 추월차선 부의 방정식은 시간에 매여 있지 않으며, 방정식을 이루는 변수들은 무제한적이며 통제 가능하다.

초고속으로 돈을 벌고
불리는 방법

위험을 무릅쓰고 멀리 나아가고자 하는 사람만이 자신이 도달할 수 있는 가장 먼 지점을 발견한다.
— T. S. 엘리엇(T. S. Eliot)

중요한 질문 : "어떻게 해서 부자가 되셨어요?"

보통 사람들의 집값보다 비싼 차를 끌고 거리로 나가면 모르는 사람이 다가와 이렇게 묻곤 한다. "직업이 뭐예요?" 이 순화된 질문 뒤에는 사실 진짜 중요한 궁금증이 숨어 있다. "어떻게 해서 그렇게 부자가 되셨어요?" 사람들은 내가 부자가 된 방법을 듣고 자기도 같은 방법으로 부자가 될 수 있을지 가능성을 측정해 보고 싶어 한다. 내가 맞춰 보라고 하면 나오는 대답은 늘 똑같다. 운동선수 아니면 배우. 아니면 돈 많은 부모를 둔 부잣집 아들이나 복권 당첨자. 이런 추측을 통해 부자가 되려면 유명하거나 유산을 물려받거나 운이 좋아야 한다고 생각하는 사람들의 인식을 읽을 수 있다. 나도 오래 전 람보르기니를 탄 낯선 남자를 만나기 전까지 똑같은 생각을 했었다.

추월차선 부의 방정식

당신이 30세에 수백만 달러의 재산을 가졌는데, 유명하거나 돈 많은 부모를 두지 않았다면 당신은 평범함이라는 사회 구조에 혼란을 주는 존재다. 그건 불가능하다. 그런데 정말로 그럴까?

$$부 = 순이익 + 자산 가치$$

이 방정식 이면에는 추월차선의 진정한 힘과 빠르게 부자 되는 방법이 숨겨져 있다. 이 공식의 변수들은 통제 가능하며 제한이 없다. 부의 방정식의 변수를 통제할 수 있다면 부자가 될 수 있다. 그 변수는 다음과 같다.

$$순이익 = 판매 개수 \times 단위당 이익$$

그리고

$$자산 가치 = 순이익 \times 산업승수$$

사업가들은 [판매 개수]×[단위당 이익]이 순이익을 결정한다는 공식을 이용한다. 내가 경영했던 인터넷 회사를 예로 들자면, 내 단위당 이익은 한 건의 광고 클릭당 대략 4달러였다. 보통 내 웹사이트 방문자 수는 하루에 1만 2,000명이었다. 이는 '판매 개수' 변수의 최대치가 하루에 1만 2,000임을 뜻한다. 나는 하루에 1만 2,000명에게 '팔' 기회가 있었다.

이 변수를 서행차선에서 일한 시간이라는 개념과 비교해 보자. 내가 사용한 부의 방정식에서 부의 한계치는 '판매 개수'에 따라 정해지며, 최대 1만 2,000에 이른다. 물론 방문자 전원이 광고를 클릭하는 경우는 없으므로 판매 개수가 1만 2,000이 될 가능성은 없다. 서행차선에서도 마찬가지로 하루에는 24시간밖에 없으므로 최대 한계치를 24로 잡기는 어렵다. 현실적인 최대 한계치는 하루에 8~12시간이 될 것이다.

그러면 1만 2,000 대 24라고 볼 수 있다. 게임이 되지 않는다. 통제 가능한 무제한적 변수들이 당신을 부자로 만들어 줄 것이다. 그러면 나는 이 변수를 어떻게 통제했을까? 이 변수는 어째서 무제한적일까? 간단하다. 내 웹사이트의 방문자들이 광고를 클릭하는 비율은 12%였다. 나는 이익을 늘리고 싶다고 상사의 사무실에 찾아가 임금 인상을 요구할 필요가 없었다. 대신 내게는 활용할 수 있는 여러 가지 무기가 있었다.

1. 광고 클릭 비율을 올려서 판매 개수 늘리기

광고 클릭 비율을 12%에서 13%로 1%만 올려도 하루에 480달러를 더 벌 수 있었다. 한 달로 치면 1만 4,400달러에 이른다. 웹사이트를 개편해서 비율을 15%까지 올리는 데 성공하면 한 달 수입을 4만 3,000달러 넘게 늘릴 수 있다.

2. 웹사이트 방문자 수를 늘려서 판매 개수 늘리기

이익을 늘리려면 방문자 수를 늘리는 방법도 있다. 웹사이트 방문자

수를 1만 2,000에서 1만 5,000으로 늘리고 클릭 비율은 그대로 12%로 유지한다면, 수익은 하루에 1,440달러, 한 달이면 4만 3,200달러 증가한다. 그럴 리 없다고? 실제로 그랬다! 어떤 날에는 하루 방문자가 2만 명을 넘기도 했으니 말이다.

3. 단위당 이익 늘리기

웹사이트가 제공하는 서비스의 부족한 부분을 찾아 개선하고 질을 향상시킴으로써 서비스 가격과 단위당 이익을 늘릴 수 있다. 단위당 이익을 4달러에서 4달러 50센트로 늘리면 수입을 하루에 8,000달러에서 1만 800달러로 늘릴 수 있다. 한 달로 치면 수입이 8만 4,000달러 느는 셈이다! 입이 떡 벌어지지 않는가?

통제력을 갖는다는 건 멋지지 않은가? 이상은 내가 돈을 벌기 위해 선택할 수 있는 방법들이었다. 나는 '단위당 이익'과 '판매 개수'라는 두 가지 변수를 합리적으로 통제할 수 있었다.

다음으로 내가 사용한 부의 변수가 사실상 무제한적으로 늘어날 수 있다는 사실에 주목해야 한다. 위의 각 방법은 사업의 작은 부분만을 통제했을 경우에 기대되는 결과이며, 실제로 방문자 수의 최대치는 하루에 1만 2,000명이 아니라 5만~10만 명에 육박했다. 단위당 이익 역시 조정 가능했다. 가격을 올리거나 새로운 서비스를 도입하는 실험을 해 볼 수도 있었다.

한 번은 비용을 전혀 들이지 않고 새로운 서비스를 도입한 후, 그 프로그램에 대한 대략적인 설명을 광고주들에게 이메일로 보낸 적이 있다. 몇 분 만에 나는 매년 지속적으로 수천 달러의 수입을 더 올릴 수 있게 되었다. 내가 그 일에 투자한 시간은 거의 없었지만 결과는 계속해서 축적되었다.

최고 한계 속도 = 최고 기대 수입

위의 예시는 어째서 나는 돈을 벌고 다른 사람들은 그러지 못하는지 그 이유를 잘 드러낸다. 나는 무제한적이고 통제 가능한 부의 방정식을 사용하여 나를 둘러싼 세계를 변화시켰다. 내가 전략의 일부분만 수정하고 증가시켜도 수입은 폭발적으로 증가한다. 변수를 단 1%만 증가시켜도 수천 달러 또는 새로운 람보르기니 한 대가 생길 수 있다. 당신의 부의 변수를 큰 폭으로 증가시킬 수 있다면 기대 수입 역시 크게 증가시킬 수 있다.

유감스럽게도 열의에 찬 자영업자 중 상당수는 느리고 답답한 속도밖에 내지 못하는 사업 기회에 기대고 있다. 예를 들어 핫도그 카트를 끌고 길거리에 나가 핫도그를 판다고 치자. 핫도그를 만들어 내는 속도를 급속도로 증가시킬 방법은 없다. 당신이 도달할 수 있는 목표는 낮은 한계치에 가로막혀 있으므로 당신의 부의 변수는 제한적이다. 하루에 몇 개의 핫도그를 팔 수 있을까? 40개? 100개? 집으로 달려가 아내에게 "여보! 나 오늘 핫도그 2만 개 팔았어!"라고 자랑할 수 있을까? 그런 일은 절대 없을 것이다! 다시 말하지만, 핫도그의 사례 역시 내재가치가 지닌 24시간이라는 장벽과 일맥상통한다. 부의 방정식에 작은 수만 대입할 수 있다면 평범함이라는 답이 나올 뿐이다.

추월차선 부의 방정식을 이용하려면 최고 한계 속도를 얼마든지 늘릴 수 있는 추월차선 사업에 뛰어들어야 한다. 제한된 숫자는 부를 제한한다!

부자는 자산을 만들어 내고 주무른다(자산 가치)

해리슨 그룹(HarrisonGroupInc.com)이 3,000명의 '5백만장자(순자산 가치가 500만 달러에 달하는 부자)'를 대상으로 진행한 조사 결과, 이들 중 대부분은 일정 기간을 두고 목돈을 벌어들여 지금의 재산을 이루었다고 한다. 여기서 반복해서 언급할 가치가 있는 단어는 목돈이다. 이들은 '40년 동안 월급의 10%를 저축'하지 않았다. '목돈'은 '자산 가치'의 다른 표현이다. 게다가 이들 중 80%는 자영업을 시작했거나 작은 회사를 폭발적으로 성장시켰다. 폭발적인 성장 역시 자산 가치의 또 다른 표현이다. 이들 중 누구도 편하고 안정적인 직장을 다니지 않았다. 놀랍다고? 그럴 것 없다.

부자들의 주요 부 증식 방법의 핵심은 다음과 같다. 값어치 있고 통제 가능한 자산. 추월차선 부의 방정식의 두 번째 항은 '자산 가치'가 차지한다. 자산 가치는 당신 소유의 자산 중 시장 가치를 지닌 것을 의미한다.

서행차선과 추월차선을 달리는 사람들이 '자산'을 바라보는 시선은 상극이다. 서행차선과 인도 위의 사람들은 시간이 흐를수록 가치가 감소하는 자산을 사거나 판다. 자동차, 보트, 전자제품, 명품 옷, IT 기기, 귀금속 등이 해당된다. 이 모든 자산은 신용카드 대금이 빠져나가는 바로 그 순간부터 가치를 잃는다.

이와 대조적으로 추월차선을 달리는 사람들은 가치가 증가하는 자산을 사거나 판다. 사업체, 브랜드, 현금성 자산, 지적 재산, 라이선스, 발명품, 특허 그리고 부동산이 이에 해당된다. 추월차선 부의 방정식과 깊은 관련이 있는 '자산 가치'의 힘은 거의 무제한 수준으로 변수를 늘리는 능력에 달려 있다.

자산 가치로 부 증식하기

부자들은 자산 가치를 배가하고, 가치가 오른 자산을 시장에 파는 방식으로 부를 증식한다.

24세의 실라 힌튼은 바이러스 등 컴퓨터 오류를 해결하는 이동 기술자가 되기 위해 회사를 그만두었다. 처음에는 그녀가 사는 도시 내에서 사업을 운영했지만, 규모가 커지면서 더 많은 기술자를 고용하게 되었다. 그리고 곧 사업이 폭발적으로 성장하고 수요가 많아져 다른 도시로까지 진출했다. 몇 년 안에 실라는 27개 주에 지사를 둔 사업체의 경영자가 되었다. 그녀는 기술자에서 시스템 운영자가 되었으며, 그녀의 회사는 290만 달러라는 놀라운 수익을 냈다. 그렇게 회사가 수익을 내는 모습을 지켜본 후에(그리고 그중 대부분은 저축한 후에) 그녀는 회사를 큰 규모의 컴퓨터 생산업체에 2,400만 달러를 받고 매각했다. 그녀는 빈손으로 시작하여 남들이 알아주는 자산을 키워 냈다. 자산은 바로 그녀가 만든 시스템이다. 그리고 이제 3,000만 달러의 자산가가 된 실라는 더 이상 일하지 않는다.

위의 이야기는 '자산 가치'를 이루는 두 개의 변수를 잘 설명해 준다.

$$\text{자산 가치} = (\text{순이익}) \times (\text{산업승수})$$

지속적으로 수익을 내는 자산을 보유하고 있다면, 현재 시장 조건에 의해 좌우되는 산업승수가 그 자산의 가치를 결정한다고 볼 수 있다. 당신의 자산을 사고자 하는 사람이나 기업체는 그 자산의 가치를 자산의 순이익과 산업승수의 곱으로 계산하여 가격을 지불할 것이다.

예를 들어 당신이 소유한 제조 회사의 순이익이 10만 달러고 해당 산업의 평균 승수가 6이라면, 당신의 자산 가치는 60만 달러다. 산업승수는 경제 상황 및 산업 부문의 기복에 따라 큰 폭으로 변동 가능하다.

'승수' 개념에 대해서는 많이 들어 보았을 것이다. 공개 시장에서 거래되는 주식의 경우 각 회사의 주식 가치를 계산하는 승수는 주가수익률 즉, PE(price-to-earnings ratio)다. 한 회사의 주식이 주가수익률의 10배 가격에 거래된다면, 투자자는 그 회사를 10배 가격에 사고자 할 것이다. 주가수익률은 규모가 작은 유한회사든 규모가 큰 공개기업이든 관계없이 중요하다. 당신 회사의 가치는 해당 산업 내에서 주관적으로 평가되는 주가수익률에 따라 평가된다.

예를 들어, 내가 운영했던 인터넷 회사의 경우 산업승수는 2에서 6 사이다. 임의로 4라고 치자. 그러면 내가 순이익을 증가시킬 때마다 내 사업체의 가치는 최소 4배 즉, 400% 증가한다. 400%다! 오늘날 금융 시장에 나와 있는 어떤 상품에 투자해서 400% 이익을 볼 수 있겠는가? 400% 이익을 볼 수 있는 뮤추얼 펀드가 있는가? 오늘날이 아니라 미래에도 존재하겠는가? 그야말로 당신은 놀랄 만큼 큰돈을 벌어들이는 도구를 손에 쥔 셈이 된다.

부 증식 비율

당신이 한 다국적 기업에서 3년째 일하고 있는 엔지니어라고 가정해 보자. 당신은 이제까지 수입의 10%를 꼬박꼬박 뮤추얼 펀드에 투자해 매년 평균 8%의 수익을 보았다. 그럴 경우 당신의 부 증식 비율은 8%다.

이번에는 직장을 그만두고 3년간 경험을 쌓은 뒤 의료 기기를 제조하는 회사를 설립하려 한다고 가정해 보자. 당신은 시장(잠재적 구매자 수) 규모가 1,600만 대쯤 될 것이라 예상한다. 의료 기기 제조 산업의 평균 산업승수는 17이 넘는다. 부 증식 비율 범위 내에서 당신은 17배, 즉 1,700%까지 부를 늘릴 수 있다는 뜻이다. 즉, 당신의 부 증식 비율은 1,700%다.

이 예시를 조금 더 발전시켜 보자. 사업을 시작한 후 6년이 지나, 당신은 회사의 순수입이 연간 120만 달러에 이르는 지점까지 회사를 성장시켰다. 즉 당신은 이제 한 달에 10만 달러(순이익)를 벌고 당신의 회사(자산)는 약 1,840만 달러에 이르는 가치를 지닌다는 뜻이다(120만 달러×17.32). 당신은 계속해서 사업을 키우고(자산 가치를 통한 부의 증대) 현금 유입을 늘리거나(소득 증대), 아니면 현금화를 시도할 수도 있다(자산 매각).

서행차선과 추월차선에서 선택할 수 있는 부 증식 방법을 비교해 보자. 만약 엔지니어 신분으로 남는다면 다음의 부 증식 방법을 선택할 수 있다.

1. 내재 가치를 높이고 상사가 월급을 올려 주길 희망한다.

2. 회사가 당신을 자르지 않길, 그래서 월급을 계속 받을 수 있길 희망한다.
3. 월급의 10%를 뮤추얼 펀드에 넣고 앞으로 40년간 8%의 수익률이 나길 희망한다.

반면 의료 기기 회사를 설립한다면 다음의 부 증식 방법이 있다.

1. 당신이 판매할 수 있는 의료 기기 수 즉, 1,600만이라는 수치 외에는 거의 제한 조건이 없는 기대 수입을 증가시켜 순이익을 늘린다.
2. 1,700%라는 산업승수를 활용해서 자산 가치를 늘린다.
3. 자산 가치를 현금화하여 서류상의 돈을 진짜 돈으로 바꾼다.

이제 왜 똑같은 30세라도 누구는 5,000만 달러를 벌고 누구는 1만 3,000달러를 버는지 이해가 가는가? 추월차선 세계에서는 1,700%와 수백만이라는 숫자로 게임을 하지만 서행차선의 세계에서는 8%와 40이라는 숫자로 게임을 한다. 추월차선 여행자들은 통제하고 서행차선 여행자들은 희망한다.

부의 양면 공격

순이익을 성급하게 좇으면 돈을 버는 과정에서 양면 공격을 당할 수 있다. 자산 가치는 순이익에 달려 있으므로, 순이익을 증대시키면 동시에 자산 가치도 평균 산업승수를 곱한 만큼 증가한다. 물론 그 반대도 가능하다. 당신의 회사가 경영 부진으로 순이익의 감소를 보기 시작했다면, 자산 가치 역시 함께 감소할 것이다. 내가 회사를 다시 사들였을 때 지불한 금액은 25만 달러였다. 그 후 몇 년 동안 나는 자산을 경영해서 가치를 증가시켜 놓았다.

1. 나는 고객층을 30% 늘렸다.
2. 나는 지출을 줄여 수익률을 향상시켰다.
3. 나는 운영을 간소화하여 노력 없이 얻을 수 있는 수동적 소득을 창출했다.
4. 나는 '순이익'을 증가시켰다.

이 과정을 통해 순이익은 폭발적으로 증가했으며, 그 결과 자산 가치도 함께 증가했다. 이에 따라 수백만 달러의 이익을 얻게 되자 나는 회사를 내놓고 수백만 달러에 달하는 매각 제안을 받았다. 나는 자산을 25만 달러에 사들여 부의 변수를 조작한 후, 수백만 달러에 다시 팔았다. 나는 내 재무 계획이 나를 통제하게 두지 않고, 내가 계획을 통제했다.

이렇게 추월차선에서 부 증식 방법은 가치 있는 자산을 만들거나 사들여서, 가치를 증대시키거나 변수를 조작한 후, 다시 되파는 일을 바탕으로 해야 한다. 아니면 대신 서행차선식 대안을 선택할 수도 있다. 한 달에 200달러씩 뮤추얼 펀드에 갖다 버린 후에 한 달에 8%씩 수익이 나고 40년간 회사에서 잘리지 않길 기도하는 것이다.

현금화 가능한 자산 만들기

추월차선의 철수 전략은 현금화라고 할 수 있다. 현금화란 당신이 지닌 값어치 있는 자산을 시장에 파는 과정으로 초고속으로 부를 증식하는 방법의 하나다.

존 트윗넛츠는 소셜 네트워킹 사이트를 하나 개설했다. 그 사이트는 곧 입소문을 타서 수백만 명이 서비스를 이용하기 시작했으며 존에게는 매각 제안과 벤처 캐피탈 투자 제안이 몰려왔다. 수익도 이익도 없었지만 존은 시장에서 가치를 인정받는 자산을 만들어 낸 것이다. 존은 내로라하는 검색 엔진 서비스 업체로부터 6억 4,000만 달러에 회사를 매각하라는 제안을 받았다. 존은 자기 사업이 수익을 내기 시작하면 그보다 더 가치 있는 회사가 되리라 생각해서 제안을 거절했다. 그 생각은 사실이지만, 도박이기도 했다. 18개월 후 존의 네트워킹 서비스는 일시적인 유행에 지나지 않았음이 드러났다. 더 이상 존의 회사에 투자하겠다거나 회사를 사겠다는 사람은 나타나지 않았다. 존은 6억 4,000만 달러에 회사를 매각해야 했다는 사실을 너무 늦게 깨달았다. 결국 존은 회사를 사모투자전문 회사에 250만 달러를 받고 '헐값'에 팔았다. 시기를 잘못 읽은 탓에 존은 6억 달러를 벌 기회를 날렸다.

사업체나 부동산, 또는 그 밖의 값어치 있는 자산 가치는 주관적 분석과 시장 데이터를 기초로 평가된다. 무일푼에서 시작하여 일궈 낸 당신 회사의 서류상 평가 가치가 6,000만 달러에 이르는데 당신 통장 잔고는 1만 달러밖에 남지 않았다면, 당신은 진정한 부자인가? 아닐 것이다. 자산이 현금화되지 않는 한 서류상 부자들은 페라리도 멋진 저택도

구입할 수 없다. 돈만이 할 수 있다. 그리고 돈을 벌려면 수익을 증대시키고 모아야 한다. 아니면 출구 즉, 현금화를 선택해야 한다.

추월차선을 달리는 사람들은 시장에서 팔리고 수익을 남길 만한 현금화가 가능한 자산을 만들어 냄으로써 부를 증식한다.

SUMMARY

• 추월차선 부의 방정식의 핵심은 최고 한계 속도 즉, 제품의 판매 가능 수를 거의 무제한으로 잡는 것이다. 그러면 수익 역시 무제한에 가깝게 커질 수 있다. 최대 한계치는 당신의 제품이나 서비스가 판매될 시장에 의해 결정된다.

• 한계 속도가 높을수록 기대 수입도 높아진다.

• 부자들이 사용하는 주요 부 증식 촉진제는 소유한 자산의 가치다. 자산은 스스로 창조하거나 설립하거나 구매함으로써 소유할 수 있다.

• 자산 가치를 통해 부를 창출할 경우, 자산이 속해 있는 산업의 평균 산업승수에 따라 부를 큰 폭으로 증가시킬 수 있다. 순이익이 늘어날 때마다 자산 가치는 순이익에 산업승수를 곱한 만큼 증가한다.

• 당신의 사업체가 속한 산업에 따라 평균 산업승수가 결정되고, 그 수치가 곧 당신의 부 증식 비율이 된다. 승수가 3이라면, 부 증식 비율은 300%다.

• 현금화는 자산의 평가 금액('서류상' 순자산)을 돈('진짜' 순자산)으로 전환시키는 일이다. 이를 통해 수동적 소득을 발생시키는 시스템을 갖출 수 있다.

추월차선 진입을 예고하는
다섯 가지 사업 씨앗

시간은 인생의 동전이다. 다른 동전은 없다. 그리고 당신만이 그 동전을 어디에 쓸지
정할 수 있다. 다른 이들이 당신 대신 이 동전을 쓰지 않도록 조심하라.
– 칼 샌드버그(Carl Sandburg)

부의 산업화 : 시간으로부터 자유로워져라

당신의 부가 통제 불가능하거나 선천적으로 제한될 수밖에 없는 요
인을 바탕으로 하고 있다면 빠르게 부자가 될 수 없다. 당신은 시간에
부의 통제권을 빼앗긴다. 당신은 상사에게 부의 통제권을 빼앗긴다. 그
리고 당신은 주식 시장에 통제권을 빼앗긴다. 이 세 가지 요인에 통제
권을 빼앗기는 일은 사회적으로 당연한 듯 여겨진다. 나는 내 시간을
돈과 교환하는 대신(즉 육체노동을 하는 대신), 시간을 사업 시스템과 교환
했다. 그러니까 부의 생산 과정을 산업화한 것이다.

그러자 시간은 나를 거스르지 않고 나를 위해 일하기 시작했다. 내 사
업 시스템은 시간의 흐름에 따라 돈을 벌어다 주었고, 나는 여전히 내

시간을 전혀 들일 필요가 없었다. 이 시스템이야말로 돈이 열리는 나무였다. 그 나무는 내가 무슨 일을 하든지 신경 쓰지 않았다. 내가 텔레비전 토크쇼를 보든 자메이카에서 제트 스키를 타든 시스템은 굴러갔다. 나를 위해 힘든 일을 대신 하는 살아 숨 쉬는 존재나 다름없었다. 내 시스템은 나의 대리인이었고 나 대신 자기 시간을 썼다. 시간이 나를 소유하는 게 아니라 내가 시간을 소유했다.

수동적 소득 : 은퇴를 위한 성배

부자가 되고 싶어 하는 사람들 사이에서 유행하는 단어 중 하나는 '수동적 소득(passive income)' 즉, 일하지 않으면서 벌어들이는 소득이다. 수동적 소득은 서행차선식 돈 벌기 공식으로부터 성공적으로 벗어났음을 의미한다. 수동적 소득은 20세든 80세든 관계없이 벌어들일 수 있다는 점에서 매력적이다. 한 달 소득이 세금이나 품위유지비 등을 모두 포함한 지출보다 많다면, 은퇴만이 남았다!

추월차선 지도의 목적은 두 가지다. 하나는 당신의 지출과 라이프스타일 유지에 필요한 비용을 초과하는 수동적 소득을 창출하는 것이고, 또 하나는 나이에 관계없이 재정적 자유를 갖는 것이다.

시간으로부터 자유로워지면 돈이 열리는 나무를 키울 수 있다

나는 어머니 덕분에 '그것'의 존재를 믿게 되었다. 어머니는 "우리 돈으로는 저거 못 사 줘. 돈이 나무에서 열리기라도 하는 줄 아니?"라고 말씀하시곤 했다. 하지만 어머니가 틀렸다. 돈이 열리는 나무를 갖고 있기만 한다면, 돈은 나무에서 열린다. 그리고 그 씨앗을 어디에서 어떻게 얻을 수 있는지만 알면 당신도 한 그루 키울 수 있다. 돈이 열리는 나무는 스스로의 힘으로 살아남는 사업 시스템이다. 정기적인 관리와 영양 공급을 필요로 하지만 당신 대신 시간과 돈을 맞바꾸는 거래를 계속 한다.

돈이 열리는 나무는 사업 시스템이며, 추월차선 지도로 치면 시내 중심가에 해당한다. 돈 나무는 당신이 '공식적으로' 은퇴하기 전에 수동적 소득을 얻게 만들어 준다. 그러니까 실제로 은퇴하지 않고도 은퇴 후의 삶과 재정적 자유를 누릴 수 있다는 것이다.

돈이 열리는 나무의 씨앗 : 추월차선 사업

모든 사업이 추월차선을 탈 수는 없고, 사업 중 다수는 돈이 열리는 나무가 될 수 없다. 사업가가 되고자 하는 사람들 중 상당수가 "스스로 사장이 되라" 또는 "사랑하는 일을 하라!" 같은 유혹에 이끌려 길을 헤맨다. 그리고 직업에 인생을 저당 잡혀 사업의 노예로 전락하고 만다.

질리언의 꿈은 사장이 되는 것이다. 월스트리트에서 13년간 일한 후 그녀는 재정 자문가 일을 그만두고 유명한 프랜차이즈 제과점을 열기로 결심했다. 창업비용을 대기 위해 그녀는 퇴직연금계좌에 넣어 둔 돈의 반을 찾았다. 3개월 후 그녀는 모든 준비를 끝냈고 사장이 되겠다는 꿈은 거의 이루어진 듯했다. 하지만 질리언은 곧 자기가 꿈꾸던 인생이 악몽으로 변해가는 것을 느꼈다. 그녀는 일주일 내내 출근하고, 하루 종일 일하며, 프랜차이즈 회사와 씨름하느라 2년을 보냈다. 가게의 이윤은 프랜차이즈 수수료를 내고 나면 많이 남지도 않아서 그녀 대신 가게를 운영할 직원을 쓸 수도 없었다. 그녀는 시간을 돈과 맞바꿔야만 하는 덫에 걸린 기분이었다. 사업으로 1년에 9만 달러를 벌기는 했지만, 고된 노동의 달콤한 결실을 즐길 시간이 없었다. 그녀는 6만 달러를 주고 매장 관리 직원을 고용해서 자유 시간을 벌 수도 있었다. 하지만 1년에 남는 3만 달러로는 생활하기 어렵다는 사실을 잘 알고 있었으므로 이러지도 저러지도 못하는 사이에 가게 수익은 계속해서 줄어만 갔다. 4년이 지나자 질리언은 가게를 팔고 다시 안정적인 직장을 찾을 수밖에 없었다.

너무 많은 사람들이 돈 나무가 자랄 수 없는 황량한 땅에서 사업을 시작한다. 결국 뼈만 앙상한 서행차선 나무가 자라면서 그들의 시간과 돈을 빨아들인다.

다섯 가지 추월차선 사업 씨앗

돈이 열리는 나무가 될 수 있는 사업 씨앗은 다섯 가지가 있다. 이 다섯 가지 씨앗으로 반드시 성공할 수 있는 것은 아니며 씨앗을 서로 이종 교배할 필요가 있다. 각각의 시스템은 소극성의 정도에 따라 점수가 매겨져 있다. 점수(Passivity Grade)가 높을수록 수동적 소득을 얻을 가능성이 높아지지만, 그것이 반드시 높은 소득을 의미하지는 않는다.

1. 임대 시스템
2. 컴퓨터 · 소프트웨어 시스템
3. 콘텐츠 시스템
4. 유통 시스템
5. 인적 자원 시스템

씨앗 1. 임대 시스템 : 소극성 성적 A

부동산은 대표적인 '임대 시스템'이다. 부동산을 이용한 돈 나무는 추월차선 또는 부의 기본 단계다. 오래된 방법이긴 하지만 여전히 부자가 되는 확실한 길이다. 예를 들어 내가 주택 한 채를 소유하고 있는데 세를 내주었다고 하자. 이 경우 나의 시간은 소득으로부터 분리되어 있으므로 나는 자유롭게 인생을 즐기다가 한 달에 한 번 우편함을 열어 수표를 챙기기만 하면 된다. 부동산은 스스로의 시스템에 의해 유지된다는 점에서 부의 기본이자 완벽한 예시다. 부동산을 통해 벌어들이는 소득의 95%는 소극적이다. 세입자는 집주인의 소유물을 사용하는 대가로 머무는 시간만큼 돈을 지불한다. 단독 주택에서 아파트 건물 또는 거대한 상업용 빌딩에 이르기까지 부동산은 돈이 열리는 나무를 심기 위해 기본적으로 선택 가능한 방법이다. 게다가 부동산은 가치가 상승하거나 상승시킬 수 있는 자산이다. 값어치 있는 자산(자산 가치)은 추월차선 부의 방정식의 토대가 된다.

부동산은 별로라고? 문제없다. 임대 시스템은 부동산 외에도 다양한 방식으로 운용 가능하다. 장비나 차량 임대 또는 로열티나 라이선스 등도 매달 반복적으로 수입을 거둘 수 있는 '임대 시스템'의 일종이다. 예를 들어 당신이 어떤 곡의 저작권을 갖고 있다면 그 곡을 사용하려는 회사는 당신에게 로열티를 지불해야 한다. 곡은 수십 년 전에 녹음되었을 수도 있지만, 시간이 지난 지금까지도 로열티 수입을 만들어 낸다.

마찬가지로 당신이 새로 개발한 생산 공정으로 특허를 취득했다면, 다른 회사에 라이선스를 주고 라이선스 수수료를 받을 수 있다. 특허 기술의 개발 및 등록은 이미 수년 전에 마쳤더라도 그로 인한 소득은 당신의 시간과 무관하게 계속해서 발생한다. 사진사들도 자기 사진의 사용권을 주는 대신 라이선스 수익을 올린다. 만화가들도 책이나 신문의 일러스트를 그려 주고 라이선스 수익을 올린다. 임대 시스템은 소극성 정도가 높고 시간에 구애받지 않는다는 점에서 매우 효과적인 돈 나무다.

씨앗 2. 컴퓨터 · 소프트웨어 시스템 : 소극성 성적 A⁻

내가 선호하는 시스템은 인터넷을 포함한 컴퓨터 · 소프트웨어 시스템이다. 인터넷으로 수백만 달러를 벌 수 있는 방법이 많이 존재한다는 사실은 새삼 놀랍지도 않다. 한 통계자료에 따르면 인터넷 덕분에, 지난 5년 동안 백만장자가 된 사람이 지난 50년 동안 백만장자가 된 사람 수의 총합보다 더 많다고 한다. 인터넷과 컴퓨터 시스템이 이렇게 강력한 힘을 갖는 이유는 무엇일까?

컴퓨터는 놀라운 발명품이자 돈이 열리는 나무로 자라기 좋은 튼튼한 씨앗이다. 인터넷은 하루 24시간, 일주일에 7일을 일하면서도 근무 환경에 대해 이러쿵저러쿵 불평하지 않는다. 월급이 짜다고 불평하지도 않는다. 동료 존이 게으르다거나 밥은 만날 똑같은 셔츠만 입고 온다는 둥 불평하지 않는다. 컴퓨터는 지각도 하지 않고, 월급을 올려달라고 하지도 않고, 사장인 당신이 벤츠 S클래스를 새로 뽑든 말든 신경 쓰지도 않는다. 컴퓨터는 프로그래밍된 대로 일할 뿐이고 그게 전부다.

인터넷이 부동산에 비해 차별화되는 점이 있다면 결과에 대한 영향력을 크게 발휘할 수 있다는 점이다. 웹사이트를 하나 가지고 있다면 수백만 사용자들에게 혜택을 줄 수 있지만, 엘름 가에 방 세 개짜리 집을 한 채 가지고 있다면 소수의 사람들에게만 혜택을 줄 수 있다. 이 차이 때문에 인터넷은 현존하는 사업 아이템 중 최고로 꼽힌다.

더욱이 컴퓨터 시스템은 인터넷에만 국한되지도 않는다. 소프트웨어나 어플리케이션이 될 수도 있다. 지구상에서 가장 부유한 사람들 중 몇 명, 그러니까 마이크로소프트의 빌 게이츠(Bill Gates)나 오라클의 래리 엘리슨(Larry Ellison) 같은 사람들은 소프트웨어로 어마어마한 돈을 벌었다. 소프트웨어는 쉽게 복제가 가능하므로 이윤을 남기기 좋다. 일단 코드를 짜기만 하면, 제품을 한 개든 1만 개든 쉽게 판매할 수 있다. 사무실 건물도 복제할 수 있는가? 물론 불가능하다.

평범한 사람들도 소프트웨어로 부자가 될 수 있다. 페이스북이나 아이폰 어플리케이션 개발자들은 빠르게 돈을 번다. 아이폰 개발자 니콜라스는 아이폰 게임 하나로 한 달에 60만 달러를 긁어모았다. 전화 인터뷰에서 니콜라스는 그해 말까지 백만장자의 반열에 올라서게 되더라도 별로 놀랍지 않을 것 같다고 말했다. 대단한 일이다. 한때 안정적인 직장에서 퇴직연금계좌에 몇 백 달러씩 부으며 서행차선의 인생을 살아가던 그가 갑자기 추월차선 한가운데를 내달리고 있다니. 물론 니콜라스가 추월차선을 쉽게 탄 것은 아니다. 선마이크로시스템(Sun Microsystems)의 엔지니어로 있던 니콜라스는 하루 8시간 근무를 마치고 나서, 한 손에는 한 살배기 아들을 안고 한 손으로 코드를 짜며 어플리케이션을 완성했다. 아이폰 어플리케이션 코드를 짜는 방법은 어떻게 배웠을까? 그는 책을 살 여유가 없어서 인터넷을 뒤져 가며 배웠다고 한다. 사건 뒤에 숨겨진 과정이란 이런 것이다.

소프트웨어는 적절한 유통 과정을 거치면 수백만 명에게 복제해서 판매할 수 있다. 그 과정에는 큰 노력이 필요하지 않으므로 소극성 정도를 크게 해치지도 않는다.

씨앗 3. 콘텐츠 시스템 : 소극성 성적 B⁺

콘텐츠 시스템은 정보를 활용하는 시스템이다. 정보는 인터넷이나 물리적 유통 시스템 등 다양한 여타 시스템을 통해 퍼져 나갈 수 있다. 이 책도 콘텐츠 시스템의 하나로, 인터넷이나 서적 유통 채널을 통해 책에 담긴 정보를 퍼트릴 수 있다.

과거 부에 대한 사고방식에 따르면, 콘텐츠를 이용해 부자가 되기란 신문업계의 거물이거나 잡지사 편집자, 또는 유명한 작가인 경우나 가능했다. 언론을 장악하고 콘텐츠를 유통시킬 힘이 있어야 했다. 정보란 소프트웨어와 마찬가지로 복제가 쉽다. 나는 이 책을 1,000만 부 찍어낼 수 있지만, 1,000만 대의 집을 소유할 수는 없다. 그리고 싶은 생각도 없다. 소프트웨어 시장과 마찬가지로 지구상에서 가장 부유한 사람들 중 몇 명은 성공한 작가들이다.

해리포터 시리즈의 작가 J.K. 롤링(J.K. Rowling)은 짧은 기간 안에 32세의 이혼녀 영어 교사에서 4억 달러의 자산을 가진 미디어 거물이 되었다. 그녀의 책은 35개의 언어로 번역되었고 3,000만 부가 넘게 팔렸다. 그녀에게는 아마도 "저는 혼자서 아이를 키우느라 책을 쓸 시간이 없어요" 같은 변명은 통하지 않을 것이다. 롤링은 자기 인생에서 가장 행복한 순간은 수백만 달러를 벌었을 때가 아니라 하루 종일 방해받지 않고 글을 쓸 수 있었을 때라고 말한다.

마찬가지로 댄 브라운(Dan Brown)이 쓴 『다빈치 코드(DaVinci Code)』는

51개 언어로 번역되어 8,000만 부 넘게 팔렸다. 이 점을 명심하라. 당신이 무엇이든 8,000만 개를 팔 수 있다면 엄청난 부자가 될 수 있을 것이다.

콘텐츠 유통의 최신 트렌드는 컴퓨터 시스템과 관련되어 있다. 블로그, 소셜 네트워크, 전자책, 그리고 온라인 잡지 등은 컴퓨터 시스템과 콘텐츠 유통이 혼합된 형태로 제공되고 있다. 이 새로운 조합은 기존의 사업 모델을 강력하게 몰아내고 시장을 차지하는 중이다.

콘텐츠 역시도 시간으로부터 자유롭다. 이 책 한 권을 쓰는 데 몇 년이 걸렸을 수는 있지만, 그렇게 쓰인 책은 또다시 몇 년을 혼자 힘으로 살아남을 것이다. 누군가 이 책을 지금으로부터 5년 후에 산다면, 내가 수년 전에 투자한 시간 덕분에 내게 작게나마 이익이 돌아온다. 콘텐츠는 여러 번에 걸쳐 판매할 수 있는 자산이다. 그리고 판매가 이루어질 때마다 투자시간 대비 소득이 늘어나므로 효율성은 계속해서 증가한다.

씨앗 4. 유통 시스템 : 소극성 성적 B

유통 시스템은 제품을 다수의 소비자에게 전달하기 위해 고안된 모든 구조 및 조직을 의미한다. 유통 시스템은 콘텐츠나 컴퓨터 시스템 같은 다른 씨앗들과 결합할 수 있다.

당신이 새로운 제품을 개발 및 생산해서 홈쇼핑에서 팔기로 했다면, 유통 시스템을 이용하는 것이다. 제품을 새벽 2시 인포머셜을 통해 팔기로 했다면, 마찬가지로 유통 시스템을 이용하는 것이다. 제품을 네 군데의 도매 유통 업체에 팔고, 그들이 월마트 같은 소매업체에 또다시 그 제품을 판매한다면, 이 역시 유통 시스템을 이용하는 것이다.

제품을 개발할 경우, 개발 그 자체는 과정의 절반에 지나지 않는다. 나머지 절반은 유통에 달려 있다. 아무리 훌륭한 제품이라도 적절한 유통 과정을 거치지 않으면 빛을 보지 못한다. 그 제품은 기존 시장에 존재하던 것일 수도 있고, 당신이 새로 만들어 낸 것일 수도 있다.

아마존닷컴(Amazon.com)은 내가 활용하는 유통 시스템 중 하나다. 이 책은 아마존을 통해 수백만 명에게 팔릴 수 있다. 하지만 단순히 아마존이라는 공간의 한 구석을 차지하고 있는 것으로는 잠재력을 발휘할 수 없다. 1,000마력을 내는 차가 차고에 잠들어 있는 것이나 마찬가지다. 엔진에 불을 붙여 유통 시스템의 힘을 이용하는 것이 내가 해야 할 일이다. 그러기 위한 도구는 언제나 준비되어 있다.

아이폰 개발자는 아이폰의 '앱 스토어'를 활용해서 소프트웨어를 판매한다. 앱 스토어가 바로 그의 유통처다. 유통이 되지 않는다면 소프트웨어는 팔리지 않는다.

유통은 제품을 군중에게 전달하는 방법이다. 유통은 구조에 대한 통제력이 무엇보다도 중요하다. 당신이 네트워크 마케팅 회사를 설립해 새로 나온 비타민 제품을 판매하고자 한다면, 당신은 수백만 달러를 벌 수 있는 강력한 유통 네트워크를 만들어 낼 수 있다. 하지만 만약 당신이 네트워크 마케팅 회사의 힘을 빌린다면, 당신은 유통 과정에서 도움을 받을 뿐이다.

또 다른 강력한 유통 시스템 형태는 프랜차이즈나 체인점 운영이다. 가게 콘셉트가 성공적으로 자리 잡고 시스템을 갖추게 되면, 그 콘셉트를 복제해 다른 사람들에게 판매할 수 있다. 요령 있는 추월차선 기업가들은 그 지역에서는 알아주지만 규모를 더 늘릴 만큼 영향력이 크지 않은 사업을 프랜차이즈나 체인점으로 확대시켜 큰 규모의 사업으로 발전시킨다. 이 과정을 어디서 들어 본 것 같은가? 바로 이 방법으로 스타벅스는 세계에서 가장 큰 커피 체인을 이루었다.

어떤 식당은 체인점과 프랜차이즈를 혼합하여 활용하기도 한다. 데어리 퀸(Dairy Queen)과 맥도날드(McDonalds)는 체인점과 프랜차이즈를 둘 다 거느리고 있다. 당신의 사업 운영 규모에 한계가 있다면, 체인점이나 프랜차이즈에 먹혀 버릴 수도 있다. 오직 한 자리, 하나의 부스에서 핫도그를 판다면 사업 규모나 이익을 늘릴 방법이 없다. 하지만 만약 500군데의 장소에서 500개의 부스를 500명의 주인에게 대여해 주고 핫도그를 판매한다면, 이야기는 달라진다. 추월차선 부의 방정식에는 그런 위력이 있다.

씨앗 5. 인적 자원 시스템 : 소극성 성적 C

아마존닷컴은 컴퓨터 시스템으로 근간을 이루고 인적 자원 시스템으로 운영되는 유통 시스템이다. 인적 자원 시스템은 운영하기에 가장 비용이 많이 들고 복잡하다. 왜냐하면 인간이란 예측이 불가능하고 비싼 자원인 데다가 통제가 어렵기 때문이다. 직원 의존도가 높은 회사의 사장을 붙잡고 물어보라. 직원들의 만족도를 높이기가 얼마나 어려운지 말이다.

나는 내 회사를 경영하면서 직원 관리 문제에 부딪혔다. 나는 당시 회사가 보유한 인터넷 기술이 진부해지는 모습을 지켜보느냐 아니면 두 명의 직원을 더 채용해 회사를 한 단계 더 키우느냐 선택의 기로에 서 있었다. 당시 사업의 80%는 이미 소극화시킨 상태였으나, 직원을 추가로 고용하면 내 사업의 소극성이 줄어들리라는 사실을 알았다. 직원들은 관리를 필요로 하기 때문이다. 일정 규모가 넘어가면 관리자조차 관리자를 필요로 한다.

다른 길을 선택한다면 나는 회사를 자동 조종 장치에 맡긴 채 천천히 가치가 하락하는 모습을 지켜보며(인터넷 회사는 지속적인 개발이 필수다) 기다리다가 '초기화' 단계(추마가 피라미드를 짓기 전 준비 단계)로 돌아가거나, 아니면 회사를 팔아야 했다. 결국 나는 회사를 팔기로 했다. 당시 인적 자원의 추가는 소극성을 증가시키는 게 아니라 감소시킬 수 있었다. 직원을 더 고용하면 더 많은 돈을 벌 수 있었지만, 나는 그것 때문에 내 자유를 포기하고 싶은 생각은 없었다.

회사를 매각한 지 1년 후, 나는 공항 근처에서 주차장을 운영하는 사업에 대해 검토해 보았다. 피닉스 공항에서 출발하는 지역 주민들이 자기 차를 공항 근처에 위치한 주차장에 대리 주차를 맡기고, 주차장에서 제공하는 차량을 탄 채 공항으로 이동하는 것이다. 크게 보자면 이것 또한 임대 시스템에 속했다. 사람들은 자기 차를 주차해 주는 데 대한 보답으로 돈을 내고 나는 한 대를 주차할 때마다 수수료를 벌 수 있었다. 이 사업은 인터넷과 비슷한 데가 있었다. 하루 24시간, 일주일에 7일간 운영 가능했으며 적은 시간을 들이고도 소득을 올릴 수 있었다. 큰 소극성이 예상되는 좋은 사업 아이디어였다. 나는 공항 근처에 팔려고 내놓은 부지를 발견했고 조건은 완벽했다. 나는 사업을 구체화시킬 방법을 찾아 수치를 내고 예상해 보고 시나리오를 짜기 시작했다.

계산 결과 중요한 사실을 발견할 수 있었다. 그 사업의 비즈니스 모델은 분명 '임대 시스템'이었지만 운영 자체는 '인적 자원 시스템'으로 돌아간다는 점이었다. 이 사업을 성공시키려면 적어도 20명의 직원이 필요했다. 바로 이 사실 때문에 나는 진행을 중단했다. 예측 불가능하고 관리가 어려운 인적 자원 시스템 때문에 내 사업의 소극성이 위험해지는 상황을 원치 않았다.

그러면 인적 자원 시스템은 소극성을 떨어뜨리기만 할까? 때에 따라 다르다. 우선, 지금 현재 사업의 소극성 수준이 어느 정도인지 파악해야 한다. 만약 커피숍을 하나 운영하면서 매주 80시간씩 일한다면, 소극성은 제로다. 매장 관리인을 고용 즉, 인적 자원 시스템을 도입함으로써 약 40%까지 소극성 수준을 올릴 수 있을 것이다.

인적 자원 시스템은 소극성을 늘릴 수도 줄일 수도 있다. 좋은 직원은 돈이 열리는 나무에 이로운 영향을 미치지만 나쁜 직원은 나무의 열매를 따 먹는 존재이므로 가지치기를 해야 한다. 그렇다고 지레 겁먹어서는 안 된다. 수백만, 아니 수십억 달러를 벌어들이려면 인적 자원 시스템은 반드시 필요하게 될 것이다. 당신 혼자서 모든 일을 해낼 수는 없기 때문이다.

SUMMARY

- "시간으로 돈을 번다"는 서행차선식 거래로부터 자유로워지려면 스스로 생산자, 특히 사업체의 주인이 되어야 한다.
- 사업 시스템은 당신 대신 시간을 돈으로 바꿔 주므로, "시간으로 돈을 번다"는 고정관념으로부터 자유로워질 수 있다.
- 수동적 소득이 세금이나 품위유지비 등을 포함한 지출보다 많다면, 은퇴만이 남았다. 은퇴는 연령에 관계없이 할 수 있다.

- 돈이 열리는 나무의 열매는 수동적 소득이다.
- 추월차선의 목적은 당신의 시간과 관계없이 스스로 살아남는 사업 시스템을 창조하는 것이다.
- 돈이 열리는 나무의 씨앗 다섯 가지는 임대 시스템, 컴퓨터·소프트웨어 시스템, 콘텐츠 시스템, 유통 시스템, 그리고 인적 자원 시스템이다.
- 임대 시스템의 종류로는 부동산, 라이선스, 특허 등이 있다.
- 컴퓨터 시스템의 종류에는 인터넷과 소프트웨어 사업 등이 있다.
- 콘텐츠 시스템의 종류에는 책, 블로그, 잡지 등이 있다.
- 유통 시스템의 종류에는 프랜차이즈, 체인점, 네트워크 및 텔레비전 마케팅 등이 있다.
- 인적 자원 시스템은 소극성을 더하거나 뺄 수 있다.
- 인적 자원 시스템은 관리 및 운영 비용이 가장 많이 든다.

부자가
복리를 활용하는 방식

부자는 가난한 자를 주관하고 빚진 자는 채주의 종이 되느니라.
– 잠언 22장 7절

부자들은 어떻게 돈을 불릴까

나는 몇 년간 리무진 기사로 일하면서 손님들로부터 많은 이야기를 들었다. 그중 개리라는 이름의 20대 손님이 기억난다. 개리는 한 달에도 여러 번 우리 리무진을 빌려 타고 파티에 가거나 근교로 나가 놀곤 했다. 희한하게도 그는 리무진을 금요일이나 토요일에만 빌린 게 아니라 주중에도 빌렸다. 그의 삶은 매일매일이 주말이었다. 개리가 리무진을 부르는 날이면 나는 오늘 밤도 벌이가 좋겠거니 생각했다. 그는 늘 팁을 후하게 주곤 했기 때문이다.

부자가 되고 싶은 가난뱅이였던 나는 궁금증을 참지 못했다. 나는 우리 회사 사장에게 "개리는 어떤 사람이죠?"라고 물어보았다. 사장은 개리가 자기 회사를 수백만 달러에 매각하고 현재 반쯤 은퇴한 상황이라고 대답했다. 우와! 나보다 나이가 많을 것 같지도 않은 사람이 벌써 은퇴해서 떵떵거리며 살고 있다니! 나는 그 후에도 몇 번인가 그 남자의 기사 역할을 하며 부자가 되기 위한 귀띔이라도 얻을 수 있을까 하여 대화를 엿들었다. 그리고 마침내 들을 수 있었다. 개리는 잔뜩 취해서 지인에게 이렇게 말했다. "채권에 투자한 덕에 평생 일할 필요가 없게 됐어." 부의 비밀을 밝혀낼 또 다른 퍼즐 조각이 맞춰졌다.

소극적 수입을 얻는 현존하는 최고의 방법

이전 장에서 나는 현존하는 최고의 돈 나무 씨앗에 대해 이야기하지 않았다. 왜냐하면 그 씨앗은 사업 아이템이 아니라 여러분이 이미 가지고 있는 것이기 때문이다. 파산했든지 아니면 미래가 보이지 않는 일을 하고 있든지 여러분은 이미 최고의 돈 나무로 자라날 씨앗을 쥐고 있다.

그게 뭘까? 맞춰 보라. 부동산? 인터넷 사업? 네트워크 마케팅 회사? 발명품 특허? 아니, 모두 아니다. 절대로 아니다. 최고의 돈 나무는 당신 지갑 속에 있다. 맞다, 답은 돈이다. 돈은 돈 나무 씨앗의 왕중왕이다.

돈을 많이 가지고 있으면 소비자에서 생산자로 팀을 갈아탈 수 있는 가능성이 높아진다. 돈을 빌리는 사람에서 빌려 주는 사람이 될 수 있으며, 피고용인에서 고용인이 될 수 있고, 고객에서 사장이 될 수 있다. 다른 말로 표현하자면 사람들은 당신의 돈을 이자 또는 소유의 형태로 사용하기 위해 돈을 지불한다.

예를 들어, 돈을 빌리는 대신 지불하는 수수료 이자를 두고 생각해 보

자. 누군가가 당신의 집을 담보로 돈을 빌려 주고, 당신은 그에 대한 대가로 이자를 지불한다. 이자는 상대방이 얻는 수익 또는 소득이 된다.

채권자가 되는 과정은 복잡해 보이지만 실제로는 그렇지 않다. 당신은 언제든지 은행으로부터 양도성 예금증서를 사서 채권자가 될 수 있다. 그리고 언제든지 직접 또는 뮤추얼 펀드를 통해 간접적으로 지방채를 사서 채권자가 될 수 있다. 은행에 돈을 예금하면 채권자가 될 수 있다. 채권자가 되면 대출을 관리할 필요 없이 그저 가만히 앉아서 들어오는 돈을 받기만 하면 된다. 굉장히 쉽고 굉장히 소극적인 방법이다. 리무진 손님이었던 개리가 바로 평생 일할 필요 없이 돈을 벌던 채권자였다.

저축하는 사람이 채권자이자 사장 그리고 생산자가 된다

한 번은 『부자아빠 가난한 아빠』의 저자 로버트 기요사키가 라디오 광고에서 이렇게 말하는 것을 들었다. "저축하면 지는 거다!" 나는 내 귀를 의심했다. 저축하면 지는 거라고? 그럼 이기는 사람은 누군데? 리스크 높은 부동산 사업에 수백만 달러를 대출받아 투자하는 사람들? 저축하면 지는 게 아니라 이기는 거다. 최종적으로는 채권자가 될 수 있기 때문이다. 그리고 회사를 경영할 수 있기 때문이다. 그리고 생산자가 되고 자산을 마련할 수 있기 때문이다.

지갑을 열고 지폐를 보라. 1달러. 지폐 한 장으로 살 수 있는 것은 많지 않지만 이 한 장은 평생에 걸친 수동적 소득을 얻는 기반이 될 수 있다. 평생 말이다. 5센트짜리 동전으로 살 수 있는 것은 거의 없지만, 돈의 소극성을 향해 다가가는 열쇠가 될 수 있다.

나는 한 가지 단순한 사실 덕분에 30대에 은퇴했다. 그건 바로 내가 채권자라는 사실이다. 빌려 줄 돈이 많으면 매달 수동적 소득이 수중에 들어오므로 자유롭게 살 수 있다. 수중에 있는 1,000만 달러를 5%의 이자율에 빌려 준다면 매달 4만 1,666달러의 소득을 얻을 수 있다. 8% 이자를 받는다면 매달 6만 6,666달러의 완전한 소득을 얻는다. 6만 달러가 넘는 금액이다! 원금에는 손을 댈 필요도 없다. 이 소득 사이클을 몇 년간 유지하면서도 원금 1,000만 달러는 그대로 남아 있는 것이다!

금리 인상으로 인해 물가가 오른다 해도, 내 소득에 내재된 인플레이션 방어(Inflation Protection) 효과 덕분에 내게는 영향을 미치지 않는다. 물가가 오르면 금리도 함께 오르기 때문이다.

그러면 나는 이 모든 것을 어떻게 실현했을까? 나는 내 인터넷 사업(돈 나무 씨앗)을 수동적 소득의 원천으로 삼아, 대출업에 자금을 댔다. 인터넷 사업의 소극성이 85%였던 데 비해(나는 한 주에 몇 시간만 일하면 되었다) 대출업의 소극성은 99.5%에 달했다.

나는 내 시간을 돈과 맞바꾸는 대신, 시간을 투자하여 소극성 및 시스템을 통한 수익 두 가지를 동시에 얻을 수 있는 자율적 시스템을 구축했다. 이로 인해 단기적으로도 장기적으로도 수동적 소득을 얻을 수 있는 방법을 마련할 수 있었다.

자유를 위해 싸울 군대를 모집하라

여러분이 저축한 1달러 1달러가 곧 당신의 자유를 위해 싸워 줄 군대의 병사다. 당신의 돈이 당신을 위해 싸움으로써 당신의 시간은 자유로워지고 '시간과 돈을 맞바꾸는' 방정식을 깰 수 있다.

돈은 당신의 군대다. 더 많이 가질수록 더 많은 자유를 위해 싸울 수 있다. 서행차선을 달리는 사람들은 부의 방정식을 이루는 소득 변수가 아니라 지출 변수에 집중하느라 시간을 낭비한다. 소득은 자유를 위해 싸울 군대를 키우는 핵심이다. 세차나 시키려는 목적으로 군대를 모집하는 것은 아니지 않은가.

그리고 내가 말하는 돈은 달러뿐만 아니라 모든 종류의 국제적 달러 표시 자산에 해당된다. 이 책을 쓰고 있는 지금 내 소득의 상당 부분이 통화 강세 및 더 나은 수익률을 보이는 외국의 비달러 자산으로부터 나오고 있다. 추월차선 여행자들이여, 부디 세계로 눈을 돌려라.

당신에게 1달러는 어떤 의미인가? 금요일 밤 클럽의 여흥을 북돋는 수단인가? 아니면 돈 나무의 씨앗인가? 자유를 위해 싸우는 병사인가? 당신이 돈을 위해 싸우는 대신 돈이 당신을 위해 싸우도록 만들어라.

추월차선 여행자가 복리를 활용하는 방식

서행차선에 대해 이야기하면서 '복리'는 시간으로부터 자유롭지 못한 개념이기 때문에 부 증식 방법으로 쓸모없다고 지적한 바 있다. 하지만 나는 동시에 복리가 목돈에 적용될 경우 강력한 수동적 소득의 수입원이 될 수 있다고도 주장한 바 있다. 모순이라고? 교육과 마찬가지로, 추월차선과 서행차선의 사람들은 복리를 서로 다르게 활용한다. 서행차선 사람들(중산층)은 부자가 되기 위해 복리를 활용하는 반면, 추월차선 사람들(부자)은 소득 창출 및 자산 유동성을 위해 복리를 활용한다. 전자는 5달러로 시작하는 반면 후자는 500만 달러로 시작한다.

나는 복리로 생활비를 댄다. 복리는 내 유용한 도구이자 수동적 소득의 원천이다. 하지만 내 부는 복리에 완전히 의존하지는 않는다. 이 사실은 매우 중요하다. 추월차선 사람들은 부의 창출을 위해 복리를 활용하지 않는다. 왜냐하면 복리는 추월차선 부의 방정식에 포함되어 있지 않기 때문이다. 부 창출이라는 중책은 추월차선 사업의 몫이다.

돈 많은 정치인이나 공인이 자신의 재산을 공개할 때, 공통점에 유의하라. 그들의 부의 원천은 사업으로부터 나온다. 반면 현금 보유액은 지방채, 국채 또는 고유동성 안전 자산과 같은 고정 수익 증권에 따라 결정된다. 부자들은 돈을 벌기 위해 시장을 활용하지 않는다. 대신 사업 자산을 활용하여 기존에 지니고 있던 부를 증대시킨다. 뮤추얼 펀드에 투자해서 수백만 달러를 버는 25세 부자는 현실 속에 존재하지 않는다는 사실을 기억하라. 진짜 백만장자는 펀드를 운영하는 사람 즉, 생산자다.

복리라는 이름의 해일

해일과 마찬가지로 복리의 위력은 육지에 가까이 다가오기 전까지 눈에 보이지 않는다. 해일이 육지로 다가옴에 따라 그 위력은 믿을 수 없을 정도로 강력해진다. 대부분의 서행차선 사람들은 이 복리의 파도를 바다로부터 수만 마일 떨어진 곳에서부터 타기 시작한다. 그리고 아무 성과도 얻지 못한다. 목적 없이 떠다니다가 어디에도 도달하지 못하는 것이다. 5,000달러에 10% 이자가 붙어 봤자 백만장자가 되지 못한다. 한 달에 200달러씩 저축하여 3%씩 이자를 받아 봤자 빠르게 부자가 될 수는 없다. 간단히 말하자면 바다로부터 수마일 떨어진 곳에서는 파도를 탈 수 없다.

50~60세, 30년 건너뛰고 여기서부터 시작할 수 있는가?

추월차선을 달리는 사람들은 육지 가까이에서 발휘되는 파도의 위력을 발견하고 해안가에서 파도를 탈 방법을 찾는다. 해안가에서는 파도를 더 잘 탈 수 있다. 복리의 위력을 이용하려면 목돈을 가지고 해안가에서 시작하라. 1,000만 달러에 10% 이자가 붙으면 1년에 100만 달러, 한 달에 8만 3,333달러다. 복리를 바다로부터 수백 마일 떨어져서가 아니라 파도가 최고조에 오르는 지점에서 활용하라.

요지는 부자들은 복리를 부 창출을 위해 사용하는 게 아니라 소득과 유동성을 위해 사용한다는 점이다. 1,000만 달러를 5%의 이자가 붙는 비과세 수익 상품에 투자하면 갑자기 1년에 50만 달러의 수동적 소득이 발생한다. 복리는 파도가 해안가에 부딪힐 때 강력해지듯이 목돈에 접붙임될 때 강력한 위력을 발휘한다. 이 지점에서 돈은 완전한 수동적 소득으로 변모한다. 종자돈인 1,000만 달러를 벌기 위해서는 지출을 줄이거나, 주식에 투자하거나, 월급을 모으는 방법이 아니라 추월차선 사업—순이익과 자산 가치의 합—을 기반으로 해야 한다.

SUMMARY

• 저축한 1달러가 곧 돈 나무의 씨앗이 된다.
• 5%의 이자율이라도 1,000만 달러에 붙으면 한 달에 수동적 소득 4만 달러를 발생시킨다.
• 저축은 수동적 소득을 발생시키는 최고의 방법이다.
• 추월차선 여행자들(부자들)은 부자가 되기 위해서가 아니라 소득을 얻고 유동성을 유지하기 위해 복리와 시장을 이용한다.

- 저축은 자유를 위해 투쟁할 군대를 모으는 방법이다.

- 부자들은 복리를 목돈에 적용함으로써 효과를 최고조로 높여 활용한다.

- 추월차선 사람들은 궁극적으로 채권자의 위치에 선다.

돈이 저절로 따라오는
영향력의 법칙

성공한 사람보다는 가치 있는 사람이 되라.

– 알버트 아인슈타인(Albert Einstein)

영향력의 법칙 : 추월차선의 기본

영향력의 법칙에 따르면, 당신이 통제하는 범위 안에서 더 많은 인생에 영향을 미칠수록 당신은 더 부자가 된다. 간단히 말하자면 이렇다. 수백만 명에게 영향을 미치면 수백만 달러를 번다.

당신은 얼마나 많은 사람의 마음을 움직여 보았는가? 당신의 일, 당신의 자산, 당신의 작품으로 이득을 본 사람은 누구인가? 당신은 그동안 어떤 문제를 해결해 왔는가? 당신은 사회적으로 어떤 가치를 갖고 있는가? 당신이 가진(또는 갖지 못한) 돈의 양이 곧 당신 스스로가 증명한 가치의 양이다.

영향력은 규모나 중요도, 또는 둘 다에 해당된다

영향력의 법칙을 활용하려면 당신의 사업은 규모나 중요도, 또는 두 가지 모두에 영향을 미칠 수 있어야 한다. 추월차선 부의 방정식에서 '규모'와 '중요도'는 '순이익' 변수에 포함된다.

$$순이익 = 판매 개수(규모) \times 단위당 이익(중요도)$$

규모의 개념은 부의 방정식에서 이익 변수를 구성하는 요소 중 판매 개수에 해당한다. 만약 자루당 75센트 이익이 남는 펜을 2,000만 자루 판다면 1,500만 달러의 이익이 남는다. 이것은 중요도가 작되 규모가 크게 영향을 미친 예다.

이와 반대로 중요도의 개념을 사용하여 소수의 사람들에게 큰 영향을 줄 수도 있다. 중요도는 추월차선 부의 방정식에서 단위당 이익에 해당된다. 가격은 언제나 중요도를 반영한다. 당신이 5,000만 달러짜리 물건을 판매한다면 중요도가 더 중시되는 사업을 하고 있다고 볼 수 있다. 예를 들어 당신이 총 400가구로 이루어진 아파트 단지를 소유하고 있고 각 가구당 100달러의 이익을 본다면, 한 달에 4만 달러를 벌어들일 것이다. 당신은 총 400가정에 집을 공급하고 있으므로 당신은 규모가 아닌 중요도에 영향력을 발휘하고 있는 것이다. 주거지는 중요도가 높다. 중요도가 중시되는 활동은 규모가 작아도 높은 이익을 낼 잠재력이 있다. 중요도는 늘 물건의 가격에 반영된다. '높은 가치 = 높은 가격 = 높은 중요도'라는 공식이 성립된다.

규모와 중요도를 결합할 수 있다면 수백만이 아니라 수십억 달러도 어렵지 않게 벌 수 있다. 도널드 트럼프는 중요도와 규모 면에서 모두 영향력을 미칠 수 있었기에 엄청난 부자가 된 사람이다.

규모는 백만장자를 낳는다. 중요도도 백만장자를 낳는다. 규모와 중요도가 함께 충족되면 억만장자가 탄생한다.

돈을 따라가라!

자수성가한 억만장자라면 누구든지 직접적으로든 간접적으로든 규모 및 중요도 면에서 많은 사람들의 인생에 영향을 미쳤음을 증명해 보일 수 있다. 워터게이트 사건 당시 내부 고발자가 우드워드(Bob Woodward)와 번스타인(Carl Bernstein)에게 했던 말처럼, "돈을 따라가라!" 그러면 단 하나의 진정한 부의 법칙, 영향력의 법칙을 발견할 것이다. 왜냐고? 영향력은 수학에 근거하고 있고, 그렇기 때문에 어떤 지도에서든 적용 가능한 법칙이기 때문이다.

서행차선 위의 사람이라면 영향력의 법칙을 사용하여 서행차선으로부터 벗어날 수 있다. 이 법칙 덕분에 당신의 내재가치가 폭증하고 그 결과 운동선수나 배우, 또는 연예인과 마찬가지로 사회에서 당신의 가치를 인정받게 될 것이다. 물론 여전히 시간과 돈을 맞바꾸는 서행차선 인생을 지속할 수도 있지만 내재가치는 결코 예전과 같지 않은 수준일 것이다.

예를 들어 지난 10년간 빌 클린턴(Bill Clinton)은 대중 연설 수수료로 5,000만 달러 이상을 벌어들였다. 연설이란 정확히 연설한 시간만큼을 돈과 맞바꾸는 거래임을 감안하면, 클린턴의 내재가치는 엄청나다고 볼 수 있다. 아마도 시간당 10만 달러 이상일 것이다. 이런 높은 수수료의 기저에는 영향력의 법칙이 작용한다. 클린턴은 수백만 명에게 연설하고 수백만 달러를 받는다.

작곡가는 수백만 곡을 팔아 수백만 달러를 번다. 복권 당첨자는 수백만 명이 복권을 샀기 때문에 수백만 달러를 번다. 스타 운동선수의 매니저는 그의 고객이 수백만 관중을 즐겁게 했기 때문에 수백만 달러를 번다. 부자의 돈의 출처를 따라가면 늘 수백만의 어떤 것이 존재한다는 사실을 발견할 것이다.

규모 및 중요도 면에서 직접적으로든 간접적으로든 영향력을 발휘할 수 있어야 돈이 따라온다. 직접적으로나 간접적으로 더 많은 사람들의 인생에 영향을 미칠수록 더 많은 부가 따라올 것이다.

큰돈은 큰 숫자를 따라온다

운동선수는 영향력의 완벽한 예다. 프로 야구선수라면 엄청난 내재가치에 근거하여 보상을 받을 것이다. 2009년에 알렉스 로드리게스(Alex Rodriguez)는 2억 4,000만 달러짜리 연봉 계약서에 사인했다. 이런 엄청난 금액을 어떻게 설명할 수 있을까? 간단하다. 영향력의 법칙이 모든 부를 설명해 준다. 알렉스 로드리게스 선수는 야구 경기를 함으로써 수백만 관중을 즐겁게 한다. 그는 규모를 활용하는 것이다. 이는 다른 어떤 프로 운동선수의 경우에도 마찬가지다. 그들은 수백만 관중을 즐겁게 하는 대신 수백만 달러를 번다. 수백만 명을 웃기는 코미디언은 수백만 달러를 번다. 수백만 고객에게 서비스를 제공하는 기업을 운영하는 사장은 수백만 달러를 번다.

다시 한 번 말하지만 이 사례들은 영향력의 법칙을 활용하여 내재가치가 상승했을 때 어떤 위력을 발휘하는지 잘 보여 준다. 내재가치를 이용하여 부자가 되고 싶다면 영향력의 법칙을 사용해야 한다. 수백만 명에게 영향을 미칠 수 있는 위치에 올라라. 운동선수나 연예인, 아니면 회사 중역처럼 다른 사람으로 대체 불가능한 존재가 되라.

운동선수처럼 수백만 명에게 어필할 방법을 모르겠다고? 그러면 영향력을 지닌 출처를 찾아가 그 출처를 위해 일하라. 예를 들어 유명 운동선수의 매니저라면 간접적인 방식으로 영향력의 법칙에 닿아 있기 때문에 그들이 관리하는 운동선수만큼이나 많은 돈을 번다. 주로 부자들의 자산을 거래하는 부동산 중개인도 마찬가지로 영향력의 법칙을 직접 발휘하는 사람들과 간접적으로 연결되어 있기에 많은 돈을 번다. 이 법칙은 어떤 지도를 사용하든지 관계없이 큰 숫자가 지닌 수학적 위력에 따라온다. 적은 횟수로 강력한 영향력을 발휘하거나 작은 영향력을 수백만 번 발휘하도록 하라.

큰 숫자의 출처에 더 가까이 갈수록 부자가 될 확률은 더 높아진다. 수백만 명에게 봉사하는 것이 수백만 달러를 버는 길이다. 크게 벌기 위해 크게 생각하라.

SUMMARY

- 영향력의 법칙에 따르면 규모 및 중요도 면에서 더 많은 사람에게 영향을 미칠수록 더 많은 돈을 벌 수 있다.
- 규모는 추월차선 부의 방정식에서 순이익을 구성하는 변수 중 '판매 개수'를 의미하며, 중요도는 '단위당 이익'을 의미한다.
- 영향력의 법칙은 절대적이며 어느 지도든지 적용 가능하다.

- 자수성가한 부자의 역사를 되짚어 보면 영향력의 법칙을 발견할 수 있다.

- 영향력의 법칙이 갖는 절대성은 직접적 접근 및 통제(당신이 운동선수인 경우) 또는 간접적 접근(당신이 운동선수의 매니저인 경우) 모두에서 발견된다.

- 수백만 달러를 벌려면 규모가 크거나 중요도가 높은 방식으로 수백만 명에게 영향을 미쳐야 한다.

지금 당신 인생의
운전대를 잡아라

당신을 소유하고 있는 것은
누구인가

사건과 상황의 발단은 우리 스스로에게 있다. 그것은 우리가 뿌린 씨앗으로부터 자라
나기 때문이다.

— 헨리 데이비드 소로(Henry David Thoreau)

스스로에게 먼저 투자하려면, 스스로를 소유해야만 한다

스스로를 소유하지 못한다면 스스로에게 먼저 투자할 수 없다. 직업
을 갖고 있다는 것은 당신이 다른 누군가의 소유라는 뜻이다. 그리고
다른 누군가가 당신을 소유하고 있다면, 당신은 스스로 번 돈을 가장
나중에 가져갈 수밖에 없다.

당신 스스로를 통제하기 위한 첫 번째 단계는 스스로를 소유함으로
써 본인이 가장 먼저, 정부가 가장 나중에 소득을 가져가도록 하는 것
이다. 그러기 위해서는 당신의 통제하에 있는 회사로 당신의 사업을 보
호해야 한다.

회사는 추월차선의 기틀을 마련해 준다. '스스로에게 먼저 투자'할 수

있는 세금 혜택을 제공하기 때문이다. 회사를 소유하고 있다면 순이익은 지출로 인해 줄어들 것이다. 남은 이익에는 세금이 붙고, 그 세금은 국가로 간다. 게다가 회사는 소유주와 별개로 존재하며 시간을 빼앗아 가지 않는다. 다시 말해, 회사란 사업 시스템으로서 존재하며 당신의 대리 역할을 맡는다.

회사를 경영하면 분기별로 한 번씩 정부에 예납 세금(estimated taxes)을 납부해야 한다. 1년에 총 4번이다. 직원을 고용하면, 급여를 지급할 때마다 세금을 납부해야 한다. 정부에서 1년에 4번 세금을 받아 가는 반면 나는 1년에 365번 먼저 회사 수익을 받아 간다. 이 정도면 단지 '스스로에게 먼저 투자'하는 것뿐 아니라 부자가 되기에도 좋은 구조라고 생각하지 않는가?

추월차선 사업에 가장 좋은 사업 구조는 다음과 같다.

- 주식회사
- 소규모회사
- 유한책임회사

구조별로 장단점이 있지만, 공통적으로 법적 책임의 제한과 세금 효율이라는 두 가지 이점을 공유한다.

주식회사

주식회사는 오랜 기간에 걸쳐 지속 가능하고, 쉽게 인계 가능한 사업 구조다. 회사 수익은 법인세율에 따라 세금이 매겨지며, 순수익은 주주들에게 배당된다.

어떤 주식회사 소유주들은 이 구조를 '소득 분할' 전략에 사용한다. 이 전략은 사업 소득을 소유주와 사업체 중 어느 한쪽으로 몰아 큰돈을 받는 대신, 둘로 나누어 각각의 소득에 적용되는 과세 등급을 효율적으로 낮추는 전략이다. 조세 전략이나 법인 형성 등에 대해서는 이 책의 범위를 벗어나므로 자세히 다루지 않겠지만, 추월차선 요소인 통제력을 얻는 데 유용한 방법이긴 하다.

주식회사와 주식회사의 소유주는 이중 과세(회사가 벌어들인 소득과 주주에게 돌아가는 배당금에 각각 세금을 물림) 대상이 된다는 단점이 있긴 하지만, 회사 규모가 크고 '자산 증대' 전략을 활용하고자 할 경우 주식회사 형태가 유리하다. 다시 말해, 회사의 '순이익'보다는 '자산 증대'에 집중하여 회사를 성장시킬 목적이라면 주식회사 형태가 적합하다. 시장에서 공개적으로 거래되는 대부분의 회사는 주주들에게 배당금을 지급하지 않는 주식회사들이다. 이러한 회사들은 수익과 자산 가치 증대에 집중한다.

소규모회사

소규모회사는 과세 대상인 독립적 기업체가 아니기 때문에 세금을 내지 않는다는 점만 제외하면 주식회사와 유사하다. 세금은 회사 단위가 아니라 소유주 개인의 소득세로 부과된다. 소규모회사는 개인 소유 기업과 달리 이익에 높은 세금이 부과되지 않는다는 점에서도 절세 효과가 있다. 하지만 주주 수에 제한이 없는 주식회사와 달리 소규모회사의 주주는 100명을 넘을 수 없으며 주주의 자격에도 제한이 있다.

유한책임회사

유한책임회사는 파트너십과 개인기업의 장점을 가진 기업 형태다. 유한책임회사의 이익은 주주들에게 바로 돌아가며, 주주가 개인 세금으로 소득을 신고하게 된다. 유한책임회사는 소규모회사와 마찬가지로 이득이 바로 주주들에게 돌아가며, 회사는 과세의 대상이 아니다. 유한책임회사 또는 소규모회사는 합명회사를 대신하기에 바람직한 형태지만 법적 책임을 면제받을 수는 없다.

소규모로 창업을 할 때는 유한책임회사나 소규모회사 형태로 시작할 것을 권한다. 개인기업의 경우 소유주가 부담하는 법적 책임에 한계가 없으므로 피하는 것이 좋다.

기업 형태 선택하기

기업 형태 선택은 사업 목표 및 비전과 밀접한 연관이 있다. 결정을 도와줄 몇 가지 일반적인 확인사항은 다음과 같다.

- 출구 전략은 무엇인가? 주식 상장인가? 개인 투자자 매각인가?
- 성장 전략은 무엇인가?
- 최악의 경우 어느 정도까지 법적 책임을 물어야 하는가?
- 사업 자금은 현재 조달할 것인가, 아니면 미래에 조달할 것인가?
- 직원을 채용할 것인가?
- 새로운 동업자를 맞을 것인가?
- 빠른 시일 내에 수익을 낼 것인가, 아니면 조금 기다릴 것인가?

SUMMARY

• 직장인이라면 '스스로에게 먼저 투자하기'는 근본적으로 불가능하다.

• 부를 향해 나아갈 당신을 소유하려면 사업이라는 행위로부터 당신을 분리시켜 줄 수 있는 회사를 차려라. 당신의 회사는 곧 당신의 대리인이 될 것이다.

• 추월차선 사업용으로 바람직한 기업 구조는 주식회사, 소규모회사 그리고 유한책임회사가 있다.

23

수백 가지 선택의 결과가
지금의 당신이다

당신의 인생은 당신이 의식적으로나 무의식적으로 선택한 결과다. 선택의 과정을 통제할 수 있다면 인생의 모든 면면을 통제할 수 있다. 그리고 스스로를 책임지는 데서 오는 자유를 만끽할 수 있다.

— 로버트 베넷(Robert F. Bennett)

가난의 주요 원인

가난이 질병이라면, 병의 원인이 무엇일까? 물론 돈의 부족일 것이다. 그런데 이것은 원인일까, 기저에 존재하는 문제 때문에 드러난 증상일까? 교육의 부족? 기회, 바람직한 역할 모델, 또는 의지의 부족 때문은 아닐까? 아니다. 이것들은 모두 증상이다. 가난의 근원을 추적해보면 모두 한 가지에서 시작되었음을 알 수 있다. 바로 선택이다. 잘못된 선택은 가난의 주요 원인이다.

문제의 핵심

자동차의 연료 탱크가 샌다면 어떻게 고치겠는가? 증상만을 치유하는 사람이라면 기름의 양을 유지하기 위해 자주 주유소를 찾아갈 것이다. 문제를 치유하는 사람이라면 연료 탱크에 생긴 구멍을 막을 것이다. 전자는 증상(연료 탱크가 샌다)을 해결한 반면, 후자는 문제(연료 탱크에 구멍이 생겼다)를 해결한다. 기름을 더 넣으면 증상은 없어지겠지만 문제가 해결되지는 않는다. 기름 넣기를 멈추면 문제는 여전히 그대로다.

이 비유를 성공과 선택의 문제에 적용시키면 어떨까? 단순하다. 당신이 현재 있어야 할 자리에 있지 않다면, 문제는 당신이 한 선택에 있다. 당신이 처한 상황은 그런 선택으로 인해 발생한 증상이다. 당신이 내린 선택들이 모여서 과정이 되고, 과정이 라이프스타일을 만든다. 라이프스타일을 결정하는 선택들이 모여서 당신을 부자로 만들 것이다.

부자를 선택하겠는가, 가난뱅이를 선택하겠는가

부를 생각하는 것과 선택하는 것 사이에는 큰 차이가 있다. 당신은 인도, 서행차선 또는 추월차선 중 하나를 선택할 수 있다. 당신은 보다 원대한 목표를 갖고 인생을 살기로 선택할 수도 있고, 아니면 인생이 가는 대로 내버려 두기로 선택할 수도 있다. 당신은 부자가 되게 해 준다는 이런저런 이론들을 믿기로 선택할 수도 있고, 아니면 믿지 않기로 선택할 수도 있다. 어찌됐든 공통분모는 바로 당신이다.

당신의 운전대(선택)는 당신의 인생에서 가장 강력한 통제력을 발휘한다. 내가 서행차선을 부정적으로 보는 이유가 무엇이겠는가? 바로 선택권을 남, 그러니까 회사, 상사, 주식시장, 경제, 그 밖의 모든 형태의 타인에게 넘겨줘 버리기 때문이다.

가난해지기로 결정하는 사람은 없다. 단지 잘못된 결정이 모여 가난이라는 퍼즐을 천천히 맞춰 나갈 뿐이다.

나비효과

당신의 미래를 영원히 바꿔 버릴 만한 선택을 지금 즉시 내릴 수 있겠는가? 가능하다. 그리고 그 선택이 부와 가난을 결정지을 수도 있다.

당신이 초기 조건에서 벗어나는 선택을 하게 되면 그 선택은 오랜 시간에 걸쳐 심오한 영향을 끼친다. 골프채로 골프공을 맞추는 것과 비슷하다고 생각해 보라. 골프채의 클럽페이스가 공을 정면으로 치면, 공은 직선으로 날아가 홀을 향한다. 하지만 클럽페이스의 각도가 1도쯤 어긋나 있으면 골프공은 코스를 벗어난 곳으로 날아간다. 충격이 발생하는 순간에 틀어진 각도 자체는 미미하지만 공이 날아가면서 그 각도는 점점 커져서 돌이킬 수 없이 어긋나 버린다. 잘못 내린 결정 하나로 당장은 궤도에서 1도 정도 어긋날지 모르지만, 몇 년 후에는 어마어마한 결과를 낳을 수도 있다.

선택은 이처럼 시간의 흐름에 따라 그 차이가 크게 벌어지는 특성이 있는데, 이를 '영향 격차(Impact Differential)'라고 한다. 그 차이는 긍정적일 수도 부정적일 수도 있다. 예를 들어 내가 시카고에서 피닉스로 이사하기로 결정함에 따라 '영향 격차'는 시간이 갈수록 급격히 커졌다. 그 선택이 없었더라면 내 인생은 완전히 달라졌을 것이다. 나는 또한 리무진 운전사라는 직업을 가졌었는데, 그로 인해 사업성 있는 니즈를 파악하는 눈을 키울 수 있었다. 두 번째 선택 역시 강력한 마력을 지녔고 내 인생에 긍정적인 '영향 격차'를 발생시켰다.

애쉬튼 커쳐(Ashton Kutcher)가 출연한 2003년작 영화 〈나비효과(The Butterfly Effect)〉는 선택의 마력을 완벽하게 설명한 훌륭한 영화다. 주인공은 어린 시절 반역적인 선택에 휘말리게 되는데, 그런 선택들이 시간이 흐름에 따라 인생에 어떤 식으로 영향을 미치는지 잘 보여 준다. 그것이 바로 영향 격차다!

매일같이 내리는 결정이 시간이 지나면서 파문처럼 번지게 될 것임을 기억하라.

마력의 약화

당신의 선택은 미래에 중대한 영향을 미친다. 그리고 젊으면 젊을수록 선택의 마력은 더 크다. 안타깝게도 선택의 마력은 나이가 들수록 약해진다.

이 개념이 헷갈린다면 지구를 향해 날아와 충돌할 위험이 있는 소행성을 떠올려 보라. 소행성이 수백만 마일 밖에 있을 때는(즉, 젊은 시절에 선택을 내리는 경우에는) 소행성의 궤도를 1도만 수정해도 충돌을 막을 수 있다. 이것이 바로 선택이 지닌 마력의 위력이다. 반면 나이 든 사람들의 경우 소행성은 지구에 너무나 가까워져서(그리고 죽음에 가까워져서) 우리가 내리는 결정의 힘은 약해진 상태다. 1도만 변화시켜서는 효과가 없다. 과거와 같은 수준으로 결정의 힘을 발휘하려면 궤도를 적어도 10도는 수정해야 한다.

당신이 25세 이하라면 선택의 마력은 최고치에 오른 상태이며, 굉장한 화력을 내뿜을 것이다. 내가 20년보다 전에 했던 단순한 선택이 아직까지도 영향을 미치고 있다. 자동차로 치면 엄청난 토크를 내는 셈이다! 과거에 한 선택들을 돌이켜 보면 결정은 순간이었지만 일생을 초월하여 영향을 미치고 있을 것이다. 특히 젊은 시절에 한 결정인 경우 더욱 그렇다.

당신의 인생에서 내린 결정은 수백만 개의 가지를 뻗은 늙은 떡갈나무와 같다. 각각의 가지들은 당신이 내린 선택의 영향을 상징한다. 나무 밑동에서 가까운 굵은 가지는 인생 초반에 내린 결정을 의미한다. 나무 꼭대기로 올라가면서 가늘어지는 가지는 인생 후반에 가까워 내린 결정을 의미한다.

젊어서 내린 결정은 가장 강력한 힘을 발휘하며 나무의 몸통 부분을 장식한다. 가지들은 시간이 지나 위쪽을 향해 뻗어 나갈수록 더 가늘어지고 약해진다. 가지는 나무가 자라나는 방향을 바꿀 힘이 없다. 나무의 몸통이 이미 세월과 경험 그리고 반복적인 습관으로 이미 두꺼워져 버렸기 때문이다.

SUMMARY

- 가난의 주요 원인은 어리석은 선택에 있다.
- 당신 인생의 운전대는 곧 당신이 한 선택이다.
- 당신은 정확히 당신이 있기로 결정한 그 자리에 와 있다.
- 성공은 과정을 이루는 수백 가지 선택의 결과다.
- 선택은 인생에서 가장 강력한 통제력을 발휘한다.
- 반역적인 선택은 인생에 영원히 부정적인 영향을 미친다.
- 선택은 큰 마력을 지녔으며, 미래로 향하는 궤도와 같다.
- 젊을 때 하는 선택일수록 큰 위력을 가지며, 젊을수록 더 큰 마력을

지닌다.

- 시간이 흐를수록 과거의 선택으로 인한 영향으로부터 벗어나기 어려워
  짐에 따라 마력도 감소한다.

올바른 선택을 위한
가중평균 의사결정 매트릭스

현재의 우리를 이해하기 전까지, 미래의 우리를 향해 나아갈 수 없다.
– 샬럿 길먼(Charlotte Gilman)

자동차 앞 유리부터 깨끗이 닦아라

하루는 내 람보르기니에 기름을 넣고 있는데, 한 10대가 사진을 좀 찍어도 되겠냐며 부탁해 왔다. 나는 "그럼요, 그러세요!"라고 대답해 주었다. 그 학생은 차를 보고 흥분하여 떠들어 대더니 이렇게 말했다. "찍을 수 있을 때 많이 찍어 둬야겠어요. 전 이런 차 절대 못 살 테니까요."

이 학생이 내린 결론의 문제점이 보이는가? 이 학생은 자기가 절대 람보르기니를 살 수 없으리라고 믿는 쪽을 선택했다. 그는 앞 유리창 너머를 보지 못하고 있었다.

그가 세상을 지각하기로 선택한 방식은 순수해 보이지만 사실 심각한 배반의 위력을 감추고 있다. 이 10대 소년의 지각 선택은 부를 향하지 않았기 때문에 소년을 영원히 평범한 삶으로 이끌 것이다. 소년의 인생이라는 재판에 참석한 배심원단은 이미 마음의 결정을 마치고 이렇게 평결을 내린 셈이다. "네 인생에 이런 값비싼 차는 영원히 없을 것이다." 결국 소년의 선택이 사고방식에 반영될 것이다. 소년은 세상의 풍파로부터 보호하려고 스스로 세워 놓은 앞 유리창 때문에 제한된 시야로 살아가는 것이 얼마나 인생을 쇠약하게 만드는지 이해하지 못하고 있었다.

지각 선택

앞에서 우리는 선택과 선택이 우리 인생에 미치는 영향에 대해 이야기했다. 지금까지 이야기한 선택은 모두 행동 선택에 대한 내용이었다. 즉, 결과를 발생시키는 물리적 행동 말이다. 하지만 좀 더 심층적으로 살펴본다면 이런 행동을 발생시키는 원인이 무엇일까? 행동하고 선택하도록 동기를 부여하는 원인이 무엇일까? 선택에는 두 가지 종류가 있다.

1. 지각 선택
2. 행동 선택

지각 선택은 행동 선택의 추진력으로 작용한다. 당신이 지각하고 믿는 특정한 생각이 있다면, 바로 그 믿음에 일치하는 방식으로 행동하게 될 것이다. 주유소에서 만났던 10대 소년과 나의 차이는, 나는 람보르기니를 처음으로 직접 보았을 때 "나도 언젠가는 꼭 한 대 갖고 말거야!"라고 생각했다는 점이다. 나의 지각 선택은 강력했고 후에 행동 선택에 반영됨으로써 더욱 명백히 실체를 드러냈다.

이처럼 당신은 사건을 당신만의 준거 틀 내에서 이해하고 선택하게 된다. 당신의 생각이 당신을 둘러싼 사건들을 분류하고 꼬리표를 붙인다. 예를 들어 '개'라는 단어를 들으면 누군가는 검은 색 래브라도를 떠올리고 누군가는 푸들을 떠올릴 것이다. 해변의 저택을 보면 당신은 '운이 좋았나?'라고 생각하는가, 아니면 '나라고 저런 집에 못 살 이유가 있을까?'라고 생각하는가? 더 나은 선택을 위한 첫 번째 관문은 올바른 지각 선택을 하는 것이다. 행동은 지각으로부터 나오기 때문이다.

회사에서 해고되었다면, 그 일을 부정적으로도 긍정적으로도 받아들일 수 있다. 과속 딱지를 떼었다면, 화를 낼 수도 고마워할 수도 있다. 지각 선택은 바로 당신의 머릿속에서 나와서 당신의 행동 선택을 유도한다.

앞 유리창 청소는 소리 내서 말하는 것부터 시작된다

당신이 지닌 사고방식은 당신이 하는 말과 생각을 통해 드러난다. 다음 추월차선 포럼 홈페이지에 올라온 글을 예로 들어 보겠다.

지난 주 금요일에 약혼했습니다! 한동안 이 문제로 고민했지만 결혼을 한 번 더 해 보기로 결심했어요. 제 약혼녀는 멋진 여자고 최고의 대접을 받을 가치가 있어요. 제가 그녀를 최고로 사랑해 줄 수 있을 거라고 생각합니다.

이 글을 읽으면 성공이 보장되었다고 느끼는가? 아니면 실패가 예상

되는가? 물론 이 남자의 결혼 생활이 행복하길 바라지만, '해 보기로'나 '생각합니다'처럼 자신감을 상실한 힘없는 단어가 보인다. 이런 종류의 언어는 문제가 있음을 의미한다. 반면 읽는 사람에게 확신을 주는 언어는 어떨까?

지난 주 금요일에 약혼했습니다! 한동안 이 문제로 고민했지만 이번이 제 마지막 결혼이 되게 하겠다고 결심했어요. 제 약혼녀는 멋진 여자고 최고의 대접을 받을 가치가 있어요. 제가 그녀를 최고로 사랑해 줄 겁니다.

차이를 보라. 전자는 얄팍하고 후자는 견고하다. 둘 다 같은 내용을 담은 듯 보이지만 하나는 실패를 하나는 성공을 암시한다. 당신이 사용하는 언어에는 영향력이 있다. 만약 뇌수술을 앞둔 의사가 수술 전에 "제 생각에 제가 수술을 할 수 있을 것 같고요, 성공하기 위해 노력하겠습니다"라고 말한다면 아마도 당신은 죽음의 공포에 떨게 될 것이다.

당신의 지각이 반영된 언어 및 생각을 고치는 일은 자동차 앞 유리를 깨끗이 닦고 시야 너머의 세상을 보는 일과 비슷하다. 지각 선택을 어떻게 다스리는가? 어떤 언어를 사용하는가? "나는 절대로……, 나는 못해, ……라면 좋을 텐데" 아니면 더 나은 언어를 사용하는가? "가능해, 극복할 수 있어, 나는 ……를 할 거야, 나는 할 수 있어."

당신의 세계가 '절대로'나 '할 수 없어'와 같은 단어로 뒤덮여 있다면 어떻겠는가? 당신은 절대로 할 수 없다! 한 달에 100만 달러를 버는 일이 가능하겠는가? 물론이다. 그렇게 하고 있는 사람에게 물어보라. 그 사람의 앞 유리창이 당신의 것과 다른 이유는 무엇이겠는가? 바람직한 지각 선택은 바람직한 행동 선택을 낳는다. 지각을 바꾸면 미래의 행동이 바뀐다.

이 책의 목적은 당신의 부와 돈에 대한 지각을 변화시키는 것이다. 은퇴는 나이에 상관없이 가능하다는 사실을 믿어라. 부자가 되기 위해 나이를 많이 먹을 필요는 없다는 사실을 믿어라. 직장에 다니는 것이 사업을 하는 것만큼이나 위험하다는 사실을 믿어라. 주식 시장은 부자가 되기 위해 믿을 만한 방법이 아니라는 사실을 믿어라. 오늘부터 단지 몇 년 안에 은퇴할 수 있다는 사실을 믿어라.

그러면 오래된 믿음 위에 새로운 믿음을 덧씌우는 방법은 무엇일까? 새로운 믿음에 부합하는 정보, 수단, 사람들을 찾아라. 내 경우에는 빠르게 부를 얻고 '빠르게 부자 되기'가 신화가 아니라는 사실을 깨달은 사람들에 대한 이야기를 모았다. 나는 뮤추얼 펀드에 투자해서 부자가 된 19세짜리 부자 따위는 찾아다니지 않았다. 대신 24세짜리 백만장자 발명가, 사업가, 작가, 그리고 웹사이트 개설자를 찾았다.

특별한 결과를 원한다면 특별한 생각을 해야 한다. 하지만 '특별함'은 사회의 굴레를 벗어나지 못하는 생각과 믿음을 가진 채로는 발견할 수 없다.

운전자를 위한 조언 : 나은 선택과 나은 인생

부를 향한 여정을 계속해 나가면서, 스스로에게 물어라. 나는 지금 지각 선택을 옳게 하고 있는 걸까? 옳은 행동을 선택하고 있는 걸까? 내 선택이 내 꿈을 배반하거나 더 나은 인생을 볼 수 없도록 내 시야를 가리고 있지는 않은가? 나는 희생자가 되기로 선택했나, 아니면 승리자가 되기로 선택했나? 나는 도전을 포기하기로 선택했나, 아니면 받아들이기로 선택했나?

인생을 변화시키는 일은 선택을 변화시키는 것부터 시작된다. 부를 향한 추월차선 차는 아스팔트 위가 아니라 선택 위를 달린다. 당신은 결정의 중요도에 따라 다음의 두 가지 전략을 활용해 더 나은 선택을 할 수 있다.

1. 최악의 결과 분석
2. 가중평균 의사결정 매트릭스

최악의 결과 분석법은 위험한 우회로와 반역적인 선택을 피하는 것을 목적으로 한다. 반대로 가중평균 의사결정 매트릭스는 다양한 만일의 사태를 고려해 중요한 결정을 더 나은 방향으로 내릴 수 있도록 돕는 것을 목적으로 한다. 이 두 가지 전략은 위험한 선택 방지 및 올바른 선택 촉진 가운데 하나의 효과를 발휘한다.

최악의 결과 분석(WCCA)

첫 번째 의사 결정 도구는 최악의 결과 분석법(WCCA)이다. 이 전략은 미래를 내다보는 능력과 잠재적 결과를 분석하는 능력을 필요로 한다. 이 분석법에 따르면 모든 중요한 결정을 내릴 때마다 다음 세 가지 질문을 스스로에게 던져 봐야 한다.

1. 이 선택에 따른 최악의 결과는 무엇인가?

2. 그 결과가 나올 확률은 얼마나 되는가?
3. 그 정도 리스크는 받아들일 수 있는가?

위의 질문들이 다소 길어 보일지는 모르지만, 분석 과정은 몇 초를 넘겨서는 안 된다. 펜이나 종이도 필요 없고, 그저 머리와 정상적인 지각 선택만 있으면 된다. WCCA를 활용하면 잠재적인 위험을 파악할 수 있고 이에 대한 대안을 선택할 수 있다. 불필요한 반역의 길은 그냥 지나칠 수 있다.

가중평균 의사결정 매트릭스(WADM)

힘든 결정 때문에 씨름해 본 적이 있는가? 하루는 A를 선택했다가 다음 날 허둥대며 B로 바꿨을 수도 있다. 힘든 결정을 내리는 일이 단순히 가장 큰 숫자를 고르는 일만큼 쉽다면 멋지지 않겠는가?

두 번째 의사 결정 도구를 활용하면 중요한 결정을 서로 비교하고 판단할 수 있다. 중요한 결정이란 이런 것들이다. 이사를 갈까 그냥 살까? 그만둘까 계속 할까? 학교로 돌아갈까 말까? 가중평균 의사결정 매트릭스를 활용하려면 종이와 연필만 있으면 된다. 아니면 HelpMyDecision.com이라는 사이트에 들어가서 웹이 대신 계산해 주는 결과만 받아 보는 방법도 있다. 이 사실을 기억하라. 가중평균 의사결정 매트릭스는 중요한 결정을 내릴 때 활용하는 도구이므로 1년에 몇 번밖에 사용하지 않겠지만, 반면 최악의 상황 분석법은 매일같이 사용할 수 있다.

가중평균 의사결정 매트릭스를 활용하면 의사결정 과정이 쉬워진다.

매트릭스로 결정에 관련된 요인들을 분리해 우선순위별로 배열한 후, 각각의 결정이 갖는 가치에 따라 점수를 매기면 되기 때문이다. 가치가 높을수록 더 나은 결정이라 볼 수 있다. 예를 들어 디트로이트나 피닉스 중 한 곳으로 이사한다는 선택을 내릴 경우, 이 분석법을 이용하여 디트로이트는 88, 피닉스는 93이라는 단순한 수치를 얻을 수 있을 것이다. 이 숫자를 근거로, 피닉스를 선택하는 편이 더 낫다는 결론이 나온다. WADM은 주관적인 판단에 근거하므로 어떤 선택에 대해 당신의 선호도가 더 높은지 판단하기에 유용하다.

WADM을 활용하려면 최소 두 가지의 선택지가 필요하며, 그 이상도 적용 가능하다. 당신이 실제로 디트로이트에 살고 있으며 피닉스로 이사 가는 것을 고려하고 있다고 치자. 당신은 결정을 내리는 데 애를 먹고 있으며 혼란스러워 하고 있다. 하루는 이사를 가고 싶다가도, 다음날이면 그대로 살고 싶다. 보통 이런 고민은 각각의 선택지에 너무 많은 결정 요인이 존재할 때 생긴다.

연필과 종이를 집어 들어라. 종이에 세 개의 열을 만들고 첫 번째 열의 머리 부분에 '요인', 그리고 다음 두 선택지에는 각각 '디트로이트', '피닉스'라고 적어라.

둘째, 결정을 내리는 데 중요하게 작용하는 요인은 무엇인가? 날씨? 학교? 생활비? 가족으로부터의 거리? 아무리 사소한 것이라도 결정을 내리는 데 관련된 모든 요인을 '요인' 열에 적어라.

셋째, 각각의 결정 요인 옆에 결정에 미치는 중요도를 1부터 10 사이 숫자로 기재하라. 10이면 가장 중요함을 뜻한다. 예를 들어, 계절적 우울증을 겪는 사람이라면 날씨에 10점을 매겨야 할 것이다. 그리고 자녀가 다 커서 굳이 좋은 학교를 찾을 필요가 별로 없다면 학교의 중요도는 3점쯤 될 것이다. 모든 요인에 중요도를 매겨라. 이제 WADM은 아래와 같은 모양일 것이다.

가중평균 의사결정 매트릭스 (WADM)

요인	디트로이트	피닉스
날씨 (10)		
학교 (3)		
생활비 (6)		
사업 환경 (2)		
세금 (7)		
안전 (4)		
오락거리 (8)		
가족으로부터 거리 (7)		

각각의 기준에 1부터 10까지 중요도를 매긴 후, 각 선택사항을 결정 요인에 비춰 볼 때 몇 등급이 되는지 1부터 10까지 매겨라. 디트로이트의 학교 시스템? 2점을 준다 치자. 피닉스의 학교 시스템은 그보다 약간 낫다고 생각해서 3점을 준다고 치자. 디트로이트에는 당신이 좋아하는 하키 팀인 레드 윙스가 있으니 오락거리 요인에 5점을 주고, 피닉스는 2점만 줄 수도 있다. 모든 요인에 대하여 등급을 매겨라. 이제 WADM은 다음과 같은 모양일 것이다.

가중평균 의사결정 매트릭스 (WADM)

요인	디트로이트	피닉스
날씨 (10)	2	8
학교 (3)	2	3
생활비 (6)	5	7
사업 환경 (2)	6	4
세금 (7)	6	7
안전 (4)	3	6
오락거리 (8)	5	2
가족으로부터 거리 (7)	10	0

다음, 각각의 행에서 결정요인에 매긴 중요도와 선택사항에 매긴 등급을 서로 곱하라. 예를 들어, 오락거리 행에서 디트로이트는 40점(중요도 8×등급 5), 피닉스는 16점(중요도 8×등급 2)을 얻었다. 모든 행에 같은 작업을 반복하라. 이제 WADM은 아래와 같은 모양일 것이다.

가중평균 의사결정 매트릭스 (WADM)

요인	디트로이트	피닉스
날씨 (10)	2[20]	8[80]
학교 (3)	2[6]	3[9]
생활비 (6)	5[30]	7[42]
사업 환경 (2)	6[12]	4[8]
세금 (7)	6[42]	7[49]
안전 (4)	3[12]	6[24]
오락거리 (8)	5[40]	2[16]
가족으로부터 거리 (7)	10[70]	0[0]

마지막 단계는 가중치가 곱해진 열의 점수를 모두 더하는 것이다. 둘 중 더 높은 점수가 나온 쪽을 선호한다고 보면 된다. 이제 WADM은 아래와 같은 모양일 것이다.

가중평균 의사결정 매트릭스 (WADM)

요인	디트로이트	피닉스
날씨 (10)	2[20]	8[80]
학교 (3)	2[6]	3[9]
생활비 (6)	5[30]	7[42]
사업 환경 (2)	6[12]	4[8]
세금 (7)	6[42]	7[49]
안전 (4)	3[12]	6[24]
오락거리 (8)	5[40]	2[16]
가족으로부터 거리 (7)	10[70]	0[0]
합계	232	228

더 적절한 선택

앞의 예시를 통해, 디트로이트가 232점으로 228점인 피닉스에 비해 더 높은 점수를 얻었으므로 디트로이트에 남아 있어야 한다.

WADM은 요인별 중요도를 정직하게 판단할 수만 있다면 중요한 결정을 내리는 데 유용한 도구다. 나 역시도 살아가면서 힘든 결정을 내려야 할 때 WADM을 자주 활용해 왔다. 이 매트릭스는 내가 피닉스로 이사해야 할 때라고 알려 주었고, 왜 지금이 회사를 팔아야 할 시기인지 이해하는 통찰력을 제공해 주었으며, 옳지 않은 사업 투자 건을 피할 수 있도록 도와주기도 했다.

지도를 보면 수백만 개의 도로를 볼 수 있을 것이다. 고속도로, 동서남북으로 뻗은 도로, 대로 등 서로 다른 목적지로 향하는 길 말이다. 당신의 선택이 새로운 길을 발견해 낼 테지만, 그 길은 지름길이 될 수도, 구불구불한 우회로가 될 수도 있다. 이 두 가지 결정 도구는 부를 향한 여정에서 길잡이 역할을 할 것이다.

시선을 백미러에서 거둬라

오늘은 남은 인생을 시작하는 첫 날이다. 맞다, 오늘은 어제의 당신이 걱정하던 바로 그 내일이다. 과거라는 문제는 우리가 기억하지 말아야 할 것은 기억하고, 잊어야 할 것은 잊지 못한다는 사실이다. 시선을 백미러에 고정시키고 있다는 것은 과거에 매어 있다는 것이다. 과거에 매어 있으면 앞을 내다볼 수 없다. 앞을 보고 있지 않으면 미래의 목표를 달성할 수 없다.

기억의 봉인을 해제하라

기억은 선택과 비슷한 구석이 있다. 기억은 배반적이거나 아니면 촉진적이다. 선택에 따른 영향은 마음대로 통제할 수 없는 것과 달리, 당신은 과거의 기억을 어떻게 분류할지 직접 선택할 수 있다. 과거의 기록은 봉인될 수 있다.

예를 들어 당신이 평생 번 돈을 프랜차이즈 레스토랑 창업에 투자했다가 얼마 지나지 않아 파산했다면, 실패의 기억은 촉진적이거나 배반적이거나 둘 중 하나의 방식으로 작용한다. 당신의 기억과 그 기억에 대한 지각은 다음과 같을 것이다.

'사업은 위험이 커. 다신 안 할 거야.' 또는 '다음 번에는 프랜차이즈를 사지 말고 팔아야겠다.' 전자는 배반적이고 후자는 촉진적이다. 당신은 실패와 과거를 규정하는 방법을 선택할 수 있다. 그 방식은 당신에게 유리하게 작용할 수도 불리하게 작용할 수도 있다.

내 실패의 기억을 돌이켜 보면, 나는 실패를 미래를 변화시키는 원동력으로 활용했다. 이는 책임과 의무를 배우는 과정의 일부기도 하다. 나는 무엇을 배웠는가? 미래에는 어떻게 변화해야 하는가? 나는 무엇을 잊어버려야 하는가?

도로를 질주하다가 사고로 죽을 뻔한 일을 겪은 후로, 까딱하면 모든 것을 잃을 수도 있었던 아찔한 상황에 대한 생생한 기억이 남았다. 나는 그런 느낌을 다시는 느끼고 싶지 않았다. 그리고 그 기억은 나를 변화시킴으로써 미래에 유리한 쪽으로 작용했다. 우리의 선택으로 인해 야기된 결과는 마음대로 바꿀 수 없지만, 기억은 유리하게 바꿀 수 있다. 학창시절에 운동에 젬병이었다는 사실이 지금의 나 자신을 정의하지는 않는다. 당신의 존재를 과거에 의존하여 정의한다면, 당신은 미래에 되고자 하는 바로 그 사람이 될 수 없을 것이다.

SUMMARY

- 지각 선택이 행동 선택을 결정짓는다.
- 어떤 것을 지각하거나 지각하지 않기로 한 선택은 행동으로 옮기거나 옮기지 않기로 한 선택으로 분명하게 드러난다.
- 이미 어떤 지각을 경험한 사람에게 나 자신을 비춰 봄으로써 지각 선택

을 수정할 수 있다.

- 최악의 결과 분석법을 활용하여 배반적 선택을 피할 수 있다.
- 가중평균 의사결정 매트릭스를 활용하여 대안 및 선택에 따른 세부 요소를 고려함으로써 중대한 결정을 보다 잘 내릴 수 있다.
- 과거는 촉진적일 수도 배반적일 수도 있다. 어느 쪽으로 작용할지는 당신의 선택에 달렸다.
- 과거에 묶여 꼼짝 못하고 있으면 미래에 되고자 하는 바로 그 사람이 될 수 없다.

역풍으로 작용하는
사람들에게 등을 돌려라

조소는 범인들이 천재에게 보내는 찬사다.
— 오스카 와일드(Oscar Wilde)

추월차선에 부는 역풍

인간이 만들어 낸 발명품 중 가장 훌륭한 것은 비행기다. 비행기는 중력의 힘에 맞서고 심지어 물리 법칙마저 거스르는 것처럼 보이기 때문이다. 그렇게 무거운 물체가 어떻게 하늘을 날 수 있을까? 라이트 형제의 발명품이 대단한 이유는 단지 하늘을 날기 때문이 아니라 사회의 중력을 깨고 날아올랐기 때문이다.

"하늘을 나는 건 불가능해."
"너희들은 돌았어."
"시간 낭비야."

"멍청하긴."

비행기를 만드는 시도를 하기 전부터 라이트 형제는 사회적 역풍 즉, 모든 젊은이들이 같은 생각을 하게 만드는 사회적 조건으로부터 먼저 자유로워져야 했다. 다음은 추월차선 포럼 홈페이지에 올라온 글이다.

유치원에 가서 아이들에게 노래할 줄 아는 사람이 몇 명이나 되느냐고 물어보세요. 모두가 손을 번쩍 들 겁니다. 13년 후로 건너가서 이제는 어른이 된 그때의 아이들에게 같은 질문을 해 보세요. 몇 명만이 손을 들 겁니다. 무엇이 바뀐 걸까요? 유치원 아이들은 아무도 자기에게 노래를 못 한다고 하는 사람이 없어서 자기가 노래를 잘 한다고 믿었던 것뿐입니다.

정확한 표현이다. 우리는 회의론자들이 하는 말을 듣지 말아야 한다. 그들은 이미 사회로부터 철저히 훈련받았기 때문이다. 사회는 끊임없이 부를 향해 달려가는 당신의 차에 역풍을 불어 댈 것이다. 비범한 부를 얻으려면 비범한 신념을 지녀야 한다.

역풍은 뒤돌아서 이용하라

역풍에 등을 돌리면 바람이 당신의 등을 밀어 준다. 추월차선을 달리고 가속을 얻으려면 당신이 가고자 하는 방향에 역풍으로 작용하는 사람들에게 등을 돌려야 한다. 당신은 사회적 중력의 힘과 기대로부터 자유로워져야 한다. 이 중력의 힘에 유의하지 않으면 영원히 반복되는 평범한 인생의 늪에 빠져 허우적거리게 될 것이다. 아침에 일어나 회사에 갔다가 집으로 돌아오고, 밥을 먹고 드라마 몇 편을 본 후 잠이 들고……, 그리고 매일매일 반복이다. 시간은 가고, 꿈은 죽어 간다. 남는 건 무엇인가? 늙고 병든 몸뿐이다.

누가 당신에게 역풍으로 작용하는가? 바로 아래와 같은 사람들이다.

- 당신을 이해하지 못하는 친구들과 가족들
- 서행차선 교리를 전파하는 교육기관
- 부는 다른 사람의 이야기일 뿐이라고 믿도록 길들여진 부모님
- 집이 최고의 투자 자산이라고 주장하는 서행차선 구루들
- 오늘 100달러를 투자하면 50년 후 1,000만 달러로 불어날 거라고 말하는 서행차선 구루들
- 당신이 처한 환경

내가 연구했던 가장 성공적인 기업가 중 한 명은 실베스터 스탤론이었다. 그는 연기자로 잘 알려져 있지만 진정한 기업가이기도 하다. 그가 주연한 영화 〈록키(Rocky)〉는 수백만 관객의 마음을 움직였고, 그는 자기가 제작한 영화를 유리한 조건에 팔았다.

슬라이(Sly, 실베스터 스탤론의 별명)는 영향력의 법칙을 아는 사람이었다. 슬라이의 성공 스토리에서 두드러지는 요소 하나는 그가 '평범한' 직업을 거부했다는 점이다. 그는 회사에 취직하면 직업의 중력으로부터 벗어나지 못해서 결국 자신의 꿈이 죽어 사라져 버릴 것이라 말했었다. 그는 회사라는 환경이 역풍으로 작용하리라는 사실을 알았다.

바람을 타고 가속도 내기

나에게 있어 역풍은 내가 놓인 환경이었다. 사람들은 길과 같다. 당신에게 기회를 제공할 수도 있고 당신의 인생을 고통스럽게 만들 수도 있다. 얼마나 훌륭한 사람인가에 따라 얼마나 훌륭한 길인가가 정해진다. 당신 인생에서 맺은 관계는 전투 준비를 마친 소대와 같다고 생각하라. 어떤 사람과 함께 전쟁에 나가겠는가? 언제나 지각하고, 거짓말하고, 토요일 밤마다 술에 취해 정신을 잃는 친구 마이크와 함께하겠는가? 아니면 3주마다 직업을 바꾸고, 쇼핑몰에서 도둑질하다 걸리고, 돈 많은 남자를 만나 시집갈 궁리만 하는 친구 루시와 함께하겠는가? 이들은 믿을 만한 사람들인가? 이들과 함께 전투에 임하겠는가? 아니라면, 같은 팀으로 삼을 더 나은 전우를 구해야 할 것이다.

어떻게 구할까? 사업가 모임에 나가거나 네트워킹 행사에 참여하거나 당신과 비슷한 생각을 가진 사람들과 어울리거나 추월차선식 인생을 살며 불가능은 없다는 사고방식을 가진 사람들과 어울리면서 전우로 삼을 사람들을 골라라. 당신이 원하는 종류의 성공을 거둔 사람들에 대한 책이나 자서전을 읽어라. 멘토를 찾아라. 추월차선 사고방식을 바탕으로 한 기업가 포럼에 참여하라. 한 주도 빼놓지 않고 나는 "추월차선 포럼이 제 인생을 바꿔 놓았어요!"라고 적힌 이메일을 받는다. 이런 게 바로 순풍이다!

독자들이여, 이건 전쟁이다. 당신의 인생은 불확실하다. 당신에게는 서행차선의 제국이라는 간판을 보자마자 들고 있던 짐을 내려놓는 겁쟁이들이 아니라, 죽음의 별의 영향과 서행차선의 간섭으로부터 자유로운 전우가 필요하다. 당신이 처한 상황과 맺고 있는 관계를 돌이켜 보고 역풍이 무엇인지 찾아내라. 그러고 나서 가속도를 붙일 행동을 선택하라.

SUMMARY

- 사회적 중력은 당신이 특별하기보다 평범한 사람이 되길 원한다.
- 해로운 관계는 에너지를 고갈시키고 특별한 사람이 되고자 하는 목표에 집중하지 못하게 한다.
- 당신 인생의 사람들은 같은 전투소대에 소속된 전우와 같다. 그들은 당신을 구할 수도 있고, 도울 수도 있고, 아니면 파괴할 수도 있다.
- 좋은 관계는 과정을 촉진시키지만 나쁜 관계는 관계를 배반한다.

노동 시간은
자유 시간의 대가다

시간은 케이크 같이 다른 이와 나눌 수 있는 물건이 아니다. 시간은 삶의 핵심이다.
누군가가 당신에게 당신의 시간을 달라고 한다면 분명 그들은 삶의 일부를 요구하고
있는 것이다.

– 앙뜨와네뜨 보스코(Antoinette bosco)

6달러짜리 치킨 박스

왜 대부분의 사람들은 부자가 될 수 없는가? 굉장한 뉴스거리가 되었
던 6달러짜리 치킨 박스만 봐도 알 수 있다. 한 대규모 패스트푸드 레
스토랑에서 인터넷 쿠폰을 소지하고 있는 사람에게 무료 치킨 박스를
제공했다. 사람들은 해당 레스토랑 체인점에 몰려갔고 6달러에 불과한
치킨 박스를 무료로 받기 위해 몇 시간씩 기다렸다. 당신은 단지 무료
로 무엇인가를 얻기 위해 몇 시간씩 줄을 설 누군가를 알고 있는가? 당
신이 그중 한 명이지는 않은가?

주위를 둘러봐라. 당신의 친구나 가족, 혹은 동료들은 시간을 얼마나
가치 있게 여기는가? 4달러를 절약하기 위해 줄을 서 있지는 않는가?

몇 달러를 절약하기 위해 차에서 40분을 낭비하는가? 소파 위에서 〈댄싱 위드 더 스타〉가 하기만을 기다리고 있지 않는가? 보통 미국인들은 매일 TV를 4시간 이상 본다. 그렇다면 그들은 65년이란 긴 삶을 살아가면서 TV 앞에 붙어 앉아서 9년이란 세월을 보내게 될 것이다.

도대체 왜 그럴까? 이유는 단순하다. 삶이 마음대로 되지 않고 탈출구가 필요하기 때문이다. 삶이 재미있지가 않다. 컴퓨터로 마피아 워즈나 팜빌 같은 게임을 하면서 몇 시간씩 보내는 사람은 성공하지 못한다. 삶이 만만치가 않으면 탈출구를 찾게 된다. 다시 말하지만 사람들 대부분이 하는 생각은 그저 그런 결과만 낳는다.

타이타닉 : 당신의 배는 얼마나 빨리 가라앉고 있는가?

시간이 돈보다 훨씬 우월함을 보여주는 좋은 예는 1997년작 영화 〈타이타닉〉에서 찾아볼 수 있다. 배는 침몰하고 있고 구명보트가 몇 개 남지 않자, 빌리 제인이 연기한 부유한 철강 기업가 칼 헉슬리는 책임자에게 구명보트에 타게 해 주면 현금을 주겠다고 제안한다. 책임자는 다음과 같이 말하며 그의 제안을 단호하고 확실하게 거절한다. "당신의 돈은 나를 구할 수 없듯이 당신도 구할 수 없소."

잠시 이 말을 생각해 보자. 당신의 돈은 나를 구할 수 없듯이 당신도 구할 수 없다. 강력한 말이다. 배가 침몰하는 8초 동안 시간의 진정한 가치가 나타나고 우리는 그 사실을 분명히 인지하며 재깍거리는 죽음의 시계와 마주하게 된다. 시계가 재깍거리는 것을 멈추면 아무리 많은 현금을 쥐게 되더라도 죽음을 피할 수 없게 된다.

추월차선을 선택한 사람들은 시간이 삶의 연료 탱크와 같다는 것을 안다. 연료 탱크가 고갈되면 삶은 끝이 난다. 돈이나 1969년에 사서 수선한 무스탕, 혹은 할아버지가 남겨 준 옛날 주화가 아닌, 시간이야말로 가장 큰 자산이다.

사실 우리 모두는 침몰하고 있는 배에 타고 있다. 당신은 시간을 앞에서 언급한 바와 같이 생각하는가? 시간을 제대로 쓰고 있는가, 아니면 아무 생각 없이 쓰고 있는가? 당신은 마치 연료 탱크가 절대 고갈되지 않을 것처럼 시간을 낭비하고 있지 않은가?

노동 시간은 자유 시간의 대가다

당신의 일생을 구성하는 시간은 두 종류다. 자유 시간과 노동 시간이다.

$$일생 = 자유\ 시간 + 노동\ 시간$$

'자유 시간'은 즐기면서 쓰는 시간이다. TV를 보거나 공원에서 조깅하는 시간, 비디오 게임을 하는 시간, 자는 시간, 먹는 시간, 휴가를 즐기는 시간 등이 있다. 당신이 대부분의 다른 이들과 같다면 자유 시간은 시간을 돈과 바꾸지 않는 주말이나 저녁에 집중된다.

'노동 시간'은 이와 반대다. 노동 시간은 돈을 벌기 위해 쓴 시간과 그러한 시간을 쓰면서 나타나는 결과들이다. 당신은 아침에 일어나면 샤워를 하고 옷을 입고 전철역까지 가서 전철을 기다리고 회사에 가는 전철을 탄다. 그리고 나서 8시간가량 일을 한다. 이렇게 하면서 쓰는 시간이 '노동 시간'이다. 당신이 만약 평일에 소비한 에너지를 재충전하기 위해 주말을 전부 쓴다면 그렇게 보낸 주말도 '노동 시간'이 된다. 노동 시간은 실제 당신이 하는 일과 그 일을 하기 위해 해야 하는 일들을 하는 데 보내는 시간이다. 아침에 늘 하는 일들, 차에서 보내는 시간, 집에서 보고서를 작성하는 시간, 혼자서 보내는 재충전의 시간, 돈을 벌기 위해 쓰는 시간은 전부 노동 시간이다.

트렁크에 있는 쓰레기를 버려라

당신이 만약 직선 코스에서 레이싱을 한다면 1온스의 무게도 중요하다는 사실을 알게 된다. 선수들은 가능한 차를 가볍게 하기 위해 불필요한 모든 것을 제거한다. 그렇게 되면 효율성과 속도를 높이고, 더 빨리 결승선에 도달할 수 있다. 불필요하게 무게가 나가면 차에 부담이 간다.

그런데 부자로 가는 길에서 우리는 무게를 더 늘리는 실수를 한다. 무거운 쓰레기를 트렁크에 넣고 달리느라 우리는 더 힘껏 노력해야 한다. 그렇게 오랫동안 달리다 보면 지치게 되고 결국 고장이 난다. 이렇게 우리를 마모시키는 무거운 짐, 쓰레기는 기생적인 부채다.

이 부채는 우리가 세상에 빚지고 있는 모든 것을 말한다. 당신이 가지고 있는 눈부신 새 인피니티 자동차는 60개월 할부로 산 것이고 집은 모기지로 구매한 것으로 30년 이상 갚아 나가야 한다. 유행에 뒤처지지 않기 위해 4개월 할부로 산 멋진 명품 옷과 심지어 구매할 당시에는 좋은 선택이라고 생각했던 가구까지도 빚이다. 이 모든 것이 우리를 노예 상태로 만들고 노동 시간을 강요한다. 결국 어쩔 수 없이 일을 하게 되며 그 결과 선택의 폭이 제한되고 제한된 선택의 폭은 우리의 길을 가로막는다.

기생적인 부채의 비용

신용카드에 의존한 삶을 살아가다 보면 노동 시간이라는 형태의 노예 상태에 빠지게 된다. 신용카드로 최신 기기를 사려 한다면 당신이 정확히 무엇을 구매하고 있는 것인지 기억해라. 당신은 자유 시간을 잡아먹고 노동 시간으로 내뱉는 기생적인 부채를 사들이고 있는 것이다.

예를 들어 한 시간에 10달러를 버는 사람이 4,000달러에 달하는 오디오 세트를 구매한다면 그것의 진짜 가격은 얼마인가? 그 결과로 인해 짊어지게 되는 부담은 얼마만큼의 무게가 나가는가? 이로 인해 생긴 부채를 갚기 위해서 한 시간에 10달러씩 벌면서 400시간을 일해야 하기 때문에 400시간의 자유 시간을 오디오 가격으로 지불하게 되는 것이다. 10%의 이자까지 덧붙인다면 최종 가격은 440시간의 자유 시간이 되고 그만큼 부담의 무게가 커지게 된다. 비자카드를 꺼내서 실제 가격을 계산해 보도록 해라. 이 카드로 인해 얼마나 많은 자유 시간을 지불하게 될까? 우리가 구매하는 모든 것은 하나의 가격이 아닌 두 종류의 가격이 있다.

1. 실제 가격
2. 노동 시간으로 바뀌는 자유 시간

초콜릿 칩 쿠키의 법칙

내가 처음 독립할 때 나는 곧 초콜릿 칩 쿠키의 법칙을 깨달았다. 만약 쿠키를 쇼핑 카트에 넣지 않는다면 쿠키를 집에 가져가지 않게 된다. 그리고 집에 가져가지 않으면 먹지 않게 되고, 쿠키를 먹지 않으면 배가 올챙이처럼 불룩하게 되지 않는다.

기생적인 부채도 똑같은 법칙을 따른다. 기생적인 부채의 원천이 되는 것을 통제함으로써 기생적인 부채가 생기는 것을 막아라. 그 원천은 인도의 특징인 즉각적인 만족이다. 만약 메이시스 백화점에서 자그마한 장신구를 보고 사고 싶은 생각이 든다면 스스로에게 질문을 해 봐라. 6개월이 지나면 그 장신구는 쓸모없어지고 다른 잡동사니들과 함께 창고에 처박히지 않을까? 티셔츠를 사고 싶다면 4개월이 지난 뒤 그 티셔츠가 다른 헐렁한 셔츠들과 함께 옷장 한 구석 먼지 쌓인 곳에 있지 않을지 생각해 보라. 다시 말하자면 유행을 선도하는 멋진 패션 아이템을 구매할 능력이 없음에도 불구하고 그것을 산다면 당신은 인도로 빠지는 기생적인 부채의 포문을 열어 버리게 되는 것이다.

그 물건을 사기 위해 신용카드로 비용을 지불하지 않는다면 그 비용은 기생적인 부채가 되지 않는다. 당신은 자유 시간을 보호할 수 있게 되는 것이다. 그러나 생각해 봐라. 이러한 구매가 자유를 줄 것인가? 내가 이것을 소유하게 되는 것일까, 아님 이것이 나를 소유하게 되는 것일까? 궁극적으로 부를 누린다는 것은 당신이 살아가고자 하는 방식으로 살기 위해 자유 시간을 확보하는 것이다. 추월차선은 부유한 생활 패턴과 많은 시간을 동시에 누리는 것이다.

'자유 시간'의 엉성한 평가는 가난으로 가는 길이다

부자든 가난한 사람이든 시간은 똑같이 소유하고 공유하며 소비한다. 당신은 매일 시간을 쓰고 당신의 이웃도 마찬가지다. 시간을 더 많이 가지고 있거나 덜 가지고 있는 사람은 없다. 이 점에 있어서 모두가 공평하다. 당신이나 나나 우리 모두 하루 24시간을 소비할 수 있다. 궁극적으로 시간은 공정하다.

그러면 왜 돈더미에서 뒹구는 사람이 있는 반면 대부분의 사람들이 부자가 되지 못할까? 그 차이는 자유 시간을 어떻게 평가하고 로드맵은 어떻게 정하는지, 그리고 기생적인 부채를 얼마나 가지고 있는지에 달려 있다. 다음의 행동을 생각해 보라. 부자일까, 혹은 가난한 사람일까?

- 정오까지 늘어지게 잔다.
- 몇 시간 동안 리얼리티 쇼를 본다.
- 20달러를 절약한다고 2시간을 소비한다.
- 100달러를 절약하기 위해 여러 군데를 경유하는 항공권을 구매한다.
- 소셜 네트워크나 잡다한 얘기들을 늘어놓는 블로그를 방문하는 데 몇 시간씩 쓴다.
- 월드 오브 워크래프트에서 레벨 10짜리 드루이드 캐릭터를 키우고 있다.

빈곤의 복잡한 뿌리 뒤에는 잘못된 선택이 초래한 자유 시간에 대한 엉성한 평가가 자리하고 있다. '시간을 잃는 사람들'은 시간의 가치를 제대로 알지 못하는 사람들이다. 그들은 불편함을 감수하는 절약자이기도 하다. 이런 사람들은 세일 상품을 사기 위해 새벽 4시부터 월마트에서 진을 치고 기다리곤 한다. 32인치 무료 HDTV에 당첨되기를 바라면서 베스트 바이 주변에서 노숙하기도 하며 무료 아침 식사를 하기 위해 이케아 밖에서 기다리기도 한다.

만약 그들의 수명이 3개월밖에 남지 않았다면 베스트 바이 주변에서 노숙을 할까? 6개월이나 6년의 시간이 남아 있다면 어떨까? 어느 순간에 이르러야 이들은 과연 인도에서 침낭을 집어 들고 이렇게 말할까? "이런! 난 도대체 왜 전자 상가 밖에서 이렇게 노숙을 하는 거지? 이게 과연 현명하게 삶을 사는 걸까?" 그런데 인도를 걷는 사람들은 인도 위에서 잠을 잔다.

추월차선을 달리는 사람들은 시간이 가장 소중한 자산이기 때문에 의사 결정에 있어서도 시간을 핵심 고려 사항으로 간주한다. 이들이 시간을 아끼는 반면, 서행차선을 달리는 사람들은 돈을 아낀다. 인도를 걷는 사람과 서행차선을 달리는 사람들은 돈을 의사 결정에 있어서 유일한 기준으로 여긴다. 어떤 일이 가장 보수가 좋을까? 가장 싼 물건은 어디에서 팔지? 어떻게 하면 치킨을 공짜로 얻을 수 있을까? 그들에게 돈은 귀한 것이고 시간은 그 뒤에 밀려나서 어지러운 것들을 정리하는 것이다. 그러나 당신이 부자가 되기를 원한다면 부자의 마인드로 생각해야 한다. 무엇보다 시간이 최고라는 점이다.

SUMMARY

- 추월차선을 달리는 사람들은 시간을 모든 자산 중 으뜸으로 여긴다.
- 시간은 굉장히 부족한 반면 돈은 충분하다.
- 노동 시간은 돈을 벌기 위해 쓰는 시간이고 자유 시간은 즐기며 쓰는 시간이다.

• 인생은 자유 시간과 노동 시간으로 이뤄져 있다.

• 노동 시간으로 자유 시간을 사고 그에 대한 대가를 지불할 수 있다.

• 기생적인 부채는 자유 시간을 삼켜 노동 시간으로 배출한다.

• 즉각적인 만족에서 벗어나야 기생적인 부채에서 벗어날 수 있다.

27

시스템과 돈 나무를
키우는 교육

교육은 학교에서 배운 것을 모두 잊어버린 후에도 남는 것이다.
– 알버트 아인슈타인(Albert Einstein)

3,000마일마다 엔진오일을 교체하라

자동차 소유자는 3,000마일마다 엔진오일을 교체하라는 교훈을 염
두에 두어야 한다. 이 교훈을 무시하면 당신의 자동차는 유효 수명에
도달하기도 전에 운명을 다할 것이다.

추월차선을 달리려면 엔진오일을 새것으로 교체해야 한다. 그렇다면
엔진오일이란 무엇인가? 엔진오일은 교육이다. 지식이다. 세상 물정에
대해 아는 것이다. 그러나 자동차에 알맞은 엔진오일이어야 하고 올바
른 목적을 위해야 한다는 것을 주의해야 한다.

인도를 걷는 사람들은 엔진오일이 필요 없다. 3,000마일쯤 걷는 것
으로 족하기 때문이다. 학교 졸업장을 딴 것이 마지막으로 엔진오일을

교체한 시점이다. 서행차선을 달리는 차들은 내재가치를 끌어올리려는 명백한 목적을 위해 엔진오일을 교체한다. 더 많은 연봉을 받기 위해 무엇이 요구되는가? 고등교육과 자격증이다. 추월차선을 달리는 차들은 폐차장에 가기 직전까지 엔진오일을 교체한다.

졸업은 끝이 아니라 시작이다

부딪쳐라. 오늘 당신이 알고 있는 바는 내일 도달해야 할 곳으로 당신을 인도하기에 충분하지 않다. 당신은 끊임없이 스스로를 계발해야 한다. 졸업과 동시에 학습을 그만두는 것은 부에 대한 자살 행위다. 당신이 효과적으로 부를 획득하는 시기가 대부분 졸업 이후라고 보았을 때, 공식적인 학교 교육을 마친 이후에도 꾸준히 교육을 받는 것이 현명하지 않을까?

짐 갤러거는 11년 전에 졸업했고 지금은 실업 상태에 있다. 짐의 직업은 증권 중개인이지만, 인터넷 기술이 발달하면서 그의 전문성은 위협받았고 그 가치가 소멸될 위험에 처해 있다. 짐이 받은 교육은 낡은 것이 되었고 현재 시장에서는 더 이상 유용하지 않다. 세상이 변했지만, 짐과 짐이 받은 교육은 변화를 따르지 못했다. 짐은 모욕감을 느끼며 지역 가구점에서 단순 판매 일을 하고 있다. 짐의 자산 플랜은 교착 상태에 빠졌다. 짐이 11년 전에 교체한 오래된 엔진오일로 그의 차를 운행하기 때문이다. 짐이 엔진오일을 교체하지 못했기 때문에 부를 얻는 길로 가는 그의 여정도 실패하는 것이다.

엔진오일 즉, 교육은 당신이 부를 얻는 길로 가는 여정에서 중요한 요소다. 당신이 끊임없이 새로운 교육을 받고, 새로운 기술을 익히고, 새로운 능력을 기른다면, 새로운 길이 열리고 일이 순조롭게 진행될 것이다. 제대로 된 교육은 믿을 수 없을 만큼 대단한 마력을 가진다.

교육의 역할

교육은 서행차선과 추월차선을 달리는 차들에게 모두 중요하지만, 그 역할은 근본적으로 다르다. 서행차선에서의 교육은 실질적 가치를 고양시키는 데 이용되는 반면, 추월차선에서의 교육은 비즈니스 시스템을 작동시키고 성장시킨다. 또한 추월차선의 교육은 기생적인 부채나 순응을 수반하지 않는 방법으로 이루어진다. 추월차선 안에서 교육의 목적은 돈이 열리는 나무와 비즈니스 시스템의 힘을 확대하는 것이다. 당신은 바퀴에 달린 톱니가 아니다. 당신이 그 바퀴를 만드는 법을 배우는 것이다.

추월차선의 교육은 비즈니스 시스템의 성장을 촉진시키기 위한 것이다. 이와 달리 서행차선의 교육은 교육을 받는 사람의 실질적 가치를 고양시키려는 목적을 갖는다. 이는 시스템 안에서 기어 역할을 한다.

"방법을 모른다!"

엔진오일을 교체하면 당신의 자동차 수명을 몇 달 혹은 몇 년 더 연장할 수 있다는 것은 무슨 뜻일까? 당신이 받는 지속적인 교육이 기생적인 부채나 순응으로 이어지지 않고, 당신의 추월차선 시스템을 향상시켜야 한다는 것이다.

나는 마케팅과 금융, 두 분야의 경영학 학위를 따고 대학을 졸업했다. 둘 다 컴퓨터 공학과 관련 있는 분야는 아니었다. 대학에서 나는 컴퓨터 프로그래밍을 배운 적이 없다. 그러나 나는 수만 가지 일을 인터넷상에서 처리한다. 우습지만 13년 동안 비싼 값을 내고 고등 교육을 받는 동안에, 인터넷이나 웹 기술 관련 수업을 들어 본 적이 없다. 내가 수강한 컴퓨터 수업은 기초 비즈니스 코스로 제한되어 있었다. 내가 인터넷을 배우러 학교에 가지 않았다면 내가 어떻게 이러한 기술 안에서 배울 수 있었을까? 나는 내 엔진오일을 자주 교체하려고 했다. 나는 스스로 공부했다. 나는 책을 읽었다. 나는 도서관을 이용했다. 나는 웹상에서 기사, 사용지침서, 백과사전을 읽었다. 나는 지식을 구했고 지식을 소비했다.

내가 나의 기술 세팅(엔진오일)을 새롭게 하지 않았다면 나의 여정은 막혀서 나아가지 못했을 것이다. 내가 지식을 추구한 덕분에 끝없이 변하는 세상에서 추월차선에서 얻은 기회를 놓치지 않을 수 있었다. 공부는 졸업과 동시에 끝나지 않았다. 그때부터 시작되었다. 가장 멋진 일은 내가 스스로 한 공부가 추월차선에서 트윈 터보 엑셀이었다는 것이다.

교육은 자유롭게 받을 수 있다

자유로운 세상에 대한 가장 큰 모욕은 지식을 충분히 이용하지 않는 것이다. 서점에 들어가 숨을 들이마셔라. 냄새를 맡았는가? 그것은 무한한 지식의 냄새다. 도서관에 들어가 둘러보아라. 놀랍지 않은가. 벽면마다 가득한 책들, 이 모든 책을 무료로 빌릴 수 있다. 당신이 이 모든 책, 모든 단락, 모든 절의 내용을 소화할 수 있다고 가정해 봐라.

나는 무료 교육이 가능하다는 것에 놀랐지만 대부분의 사람들은 그 기회를 활용하지 않는다. 교육은 나무에서 따지 않은 과일이다. 필요한 것은 사다리다. 그러나 대부분의 사람들이 '나는 교육 받을 여유가 없다'고 제한적인 생각의 틀에 갇혀 산다. 이는 게으름에 대한 변명이다.

당신은 신체적 재능을 요구하는 분야를 제외하고 어느 분야에서나 전문가가 될 수 있는 잠재력을 지니고 있다. 어느 분야에서나! 농구선수나 가수 같은 신체적 재능을 요구하는 분야를 제외한 모든 분야에서 책은 초심자를 전문가로 변모시킬 수 있다. 당신은 통화거래 전문가가 될 수 있다. 부동산 전문가, 비즈니스 전문가, 웹 프로그래밍 전문가, 영업 전문가, 공개 연설 전문가가 될 수 있다. 신체적 재능을 필요로 하지 않는 전문가는 많다. 그러한 전문가가 되기 위해서는 무엇이 필요한가? 헌신적으로 추구하는 것, 그리고 중요한 것은 적용하는 것이다.

기술과 전문지식은 당신을 기다리고 있다. 아무도 당신의 무릎에 책을 놓아주고 지식을 선물하지 않는다. 당신이 구하고 노력하고 사용해야 한다. 지식의 습득과 응용은 당신을 부유하게 만들 것이다.

안타깝게도 우리 주변에는 무한한 지식이 널려 있는데 대부분은 이를 제대로 활용하지 못한다. 성공적인 부동산 투자자 로니 스크럭스가 교육에 대해 언급한 이야기를 들어 보자.

나는 일을 두 가지씩 하곤 했다. 하지만 교육을 통해 삶이 바뀌었다. 돈을 어떻게 굴려야 하는지 배우기 전에 나는 온갖 일을 다 하고 있었다. 당시 투자에 대해 제대로 교육 받지 못했던 나는 재정적 자유를 얻는 방법은 두 가지 직업을 병행하는 것이라고 생각했다. 몇 년 동안 나는 그렇게 했다. 마침내 나는 하루 24시간으로는 부족하고 한 달간 일해도 재정적으로 안정되기는 충분하지 않다는 것을 깨달았다. 더 좋은 방법을 마련해야 했고, 그런 방법을 찾기 시작했다.

교육과 지식이 답이라는 결론에 이르고, 교육을 받기로 결심했다. 이전에 내가 받은 교육이라고는 '학교 교육'이 전부였다. 이제 나는 교육의 필요성을 느끼게 되었다.

지금 과거를 돌이켜 보면 나는 많은 사람들처럼 쉽고 재미있는 일들을 하지 못했지만, 올바른 일을 했다. 그리고 현재 재정적으로 안정되었고 재정적 자유를 누리고 있다. 우리는 우리가 원하는 것을 할 수 있다. 내 친구들 중 상당수가 여전히 그들이 절대 누리지 못할 재정적인 안정을 찾고자 일을 하고 있다. 그 친구들에게도 내가 내린 선택을 할 똑같은 기회가 있었다. 다만 나와 다르게 잘못된 선택을 한 것이다. 그들은 모두 학교 교육을 받았지만 재정적 자유를 누리는 데 필요한 교육은 받지 않았다. 지금 그들은 내가 행운아라고 말한다.

당신이 할 수 있는 최고의 투자는 당신 자신에 대한 투자다. 교육에 기꺼이 투자해라. 그렇지 않으면 훗날 훨씬 더 큰 대가를 치를 준비를 해야 할 것이다. 오늘 당신이 내린 결정은 당신의 재정적 미래를 결정한다. 반드시 올바른 결정을 내리도록 해라. 당신은 오늘의 결정이 가져올 결과에 따라 살게 될 것이기 때문이다. [출처 : LonnieScruggs.net]

부자들은 교육이 졸업식과 동시에 끝나지 않는다는 것을 알고 있다. 교육은 그때부터 시작인 것이다. 세상은 끊임없이 변화하고 세상이 진화하면 당신이 받는 교육도 그에 맞춰 달라져야 한다. 그렇지 않으면 당신은 평범한 사람으로 머무르게 될 것이다.

"시간이 없다!"

"방법을 모른다!"의 바로 뒤를 쫓는 변명은 "시간이 없다!"이다. 엔진오일을 교체할 시간을 어디에서 찾아야 할까? 진지하게 직장에서 풀타임으로 일하고 두 명의 자녀를 둔 당신에게 그럴 시간이 있을까? 반복적이고 끊임없이 해야 하는 일상 활동과 연결 지으면 엔진오일을 교체하는 일은 어렵지 않다.

시간은 선형적이지만 옛말에 '일거양득'이라고 하듯이 하나의 시간 블록 안에서 두 가지 일을 처리함으로써 시간을 조작할 수 있다. 시간을 최대로 활용하면 당신의 부도 최대화된다. 하나의 시간 프레임 안에서 두 가지 목표를 달성해라. 당신의 생활을 대학으로 만들어라.

운전 대학 : 교통 정체 때문에 차에 갇혀 있을 때 오디오북이나 경제 뉴스를 들어라. 교통체증이라는 골칫거리가 교육의 장으로 바뀐다.

운동 대학 : 헬스장에서 운동을 하는 동안 책, 팟캐스트, 잡지의 정보를 흡수하라. 세트와 세트 사이, 러닝머신 위에서, 또는 고정 사이클 위에서 운동은 교육이 된다.

기다림 대학 : 공항, 병원, 행정기관 등에서 고통스런 기다림의 시간을 보내야 할 때 읽을거리를 가져가라. 가만히 앉아서 손가락만 배배 꼬지 말고 무언가 배워라!

화장실 대학 : 교육적 가치가 있는 읽을거리 없이는 변기에 앉지 마라.

매일 새로운 것을 배우겠다는 의도를 갖고 '앉아 있는 시간'을 늘려라 (볼일이 끝난 후에도 계속 앉아 있을 정도로). 화장실 대학은 엔진오일을 교체하기 가장 좋은 장소다.

임시직 대학 : 가능하면 일과 중 휴식 시간에 독서를 해라. 나는 리무진 운전이나 피자 배달 등의 일을 할 때, 일과 일 사이 '대기 시간'을 의미 있게 보냈다. 고객, 피자 주문, 꽃 주문을 기다리는 동안 나는 책을 읽었다. 사람들과 둘러앉아 포켓 포커를 하지 않았다. 나는 책을 읽었다. 일하면서 죽이는 시간을 활용할 수 있다면 당신은 배우면서 월급을 받는 것이다. 장래성이 없는 직업을 교육의 시간으로 바꿔라.

TV 시청 대학 : TV 시청을 끊지 못하겠는가? 걱정할 필요 없다. TV를 작업 공간 근처에 두고 TV를 틀어 놓고 동시에 당신의 추월차선 계획을 실행해라. 나는 〈스타 트렉(Star Trek)〉을 계속 돌려 보면서, 아무도 가지 않았던 곳으로의 대담한 여행을 즐기는 동시에 웹사이트를 프로그래밍 하는 방법을 배웠다. 사실, 나는 이 글을 쓰는 동안에도 〈먼데이 나이트 풋볼(Monday Night Football)〉을 틀어 놓고 뉴올리언스 세인트가 뉴잉글랜드 패트리어트를 일방적으로 이기고 있는 모습을 시청하고 있다. 미식축구 보는 시간을 일하고 배우는 시간으로 바꿔라.

당신이 시간을 어떻게 사용하고 있는지 생각해 보라. 일상의 사소한 일을 하면서 얼마나 많은 시간을 낭비하고 있는가? 이러한 시간을 흘려

보내거나 낭비하지 마라. 바로 추월차선 엔진오일을 교체하는 데 적합한 시간이다.

엔진오일 교체 작업을 시작하기 위해 관심 있는 주제나 삶의 질을 향상시키기 위해 필요한 분야를 정해라. 영업이나 글쓰기에 자신이 없는가? 도서관에 가서 관련 서적을 읽어라. 추월차선에 대한 글쓰기를 시작하기 전에 나는 출판, 작문, 작가론에 관한 여섯 권의 책을 구입했다. 내가 무작정 글을 쓰고 책을 출판한 것이 아니다. 이 과정 내내 철저히 공부했다.

1년에 최소한 12권의 책을 읽겠다는 목표를 세워라. 당신이 나처럼 적극적인 사람이라면 매주 책 한 권을 읽을 수 있을 것이다. 당신이 더 많은 지식을 소비할수록, 추월차선에서 더 많은 동력을 만들어 낼 것이라는 사실은 아무리 강조해도 지나치지 않다.

SUMMARY

- 추월차선을 달리는 사람들은 졸업 전에 이미 시작한 경우를 제외하면 졸업과 동시에 자신만의 교육 프로그램을 시작한다.
- 추월차선을 달리는 사람들의 교육은 그들의 비즈니스 시스템과 돈 나무를 키우는 역할을 한다.
- 추월차선을 달리는 사람들은 바퀴에 달린 톱니가 되는 것에 관심이 없다. 그들은 톱니를 만드는 법을 원한다.
- "방법을 모른다"는 것은 공부를 하지 않은 자의 구차한 변명이다.
- 무한한 지식은 도처에 있고 무료다. 지식을 자기 것으로 만들려는 훈련이 필요하다.

- 당신은 신체적 기술을 필요로 하는 경우를 제외하고 모든 분야의 전문가가 될 수 있다.

- 교육적 충전은 다른 목표에 할당된 시간 블록 안에서 동시에 가능하다.

- 훌륭한 세미나를 볼 줄 아는 안목이 필요하다. 고가 세미나의 주최자들은 '행사'라는 공허한 약속을 판매해서 인도 여행자들이나 권리를 박탈당한 서행차선 운전자들을 이용해 먹기도 한다.

시스템과 사업에 진정으로
헌신하고 있는가

모든 것이 통제하에 있는 것처럼 보인다면 당신이 충분히 빨리 가고 있지 않다는 뜻
이다.

– 마리오 안드레티(Mario Andretti)

추월차선 승자들은 레드라인에서 만들어진다

추월차선의 승자들은 레드라인(Redline)에서 만들어진다. 레드라인이
란 무엇인가? 순수하고 불순물이 섞이지 않은 헌신을 의미한다.

돈이 열리는 나무, 사업, 그리고 시스템은 하루아침에 이루어 낼 수
없다. 추마가 피라미드 기계를 만드는 데는 수년이 걸렸다. 헌신은 돈
이 열리는 나무에 주는 물, 햇빛, 비료, 경작을 뜻한다. 나는 헌신이 서
행차선으로부터의 탈출을 이끌어 낼 수 있는 단어라는 것을 안다. 활발
한 사업을 창조해 내는 것은 한 아이를 출생부터 어른이 될 때까지 키
우는 것과 같다. 부모가 자녀에게 헌신하듯, 당신도 당신의 시스템과
사업에 헌신해야 한다.

당신은 흥미를 느끼는가?

너무 많은 사람들이 인생을 1단 기어에 놓은 상태로 크게 힘 들이지 않고 설렁설렁 살아간다. 그러고는 '내가 어떻게 여기에 오게 된 거지?' 하며 궁금해 한다. 그 누가 돈에 대해서 걱정하지 않겠는가.

부와 재정적 안정에 '흥미를 가지는' 데는 어떤 노력도 필요하지 않다. '흥미'가 있는 사람들은 1단 기어 상태로 살아간다. 흥미만으로는 충분하지 않다. 1단 기어에서 벗어나기 위해서 당신은 혼신의 노력을 기울여야 하며, 추월차선의 힘을 이용하기 위해 일련의 현명한 선택을 해야 한다.

흥미와 헌신은 근본적으로 차이가 있다. 흥미 있는 사람은 책을 읽지만, 헌신하는 사람은 그 책을 50번 응용한다. 흥미 있는 사람은 사업을 하고 싶다는 것에 그치지만, 헌신하는 사람은 유한책임회사 설립에 필요한 서류를 정리한다. 흥미 있는 사람은 월요일부터 금요일까지 하루에 한 시간 일하지만, 헌신하는 사람은 시간이 허락하는 한 일주일 내내 일한다. 흥미 있는 사람은 값비싼 차를 빌리지만, 헌신하는 사람은 자전거를 타고 다니면서 절약한 돈을 시스템에 투자한다. 흥미 있는 사람은 부유해 보이지만, 헌신하는 사람은 부유해지기 위해 계획을 세운다.

페이스북의 창시자 마크 주커버그는 단지 흥미를 위해 그 사이트를 만든 것이 아니었다. 그는 헌신했다. 토마스 에디슨은 단순한 흥밋거리로 전구를 발명한 것이 아니었다. 그 또한 헌신했다. 흥미는 세 번째 실패 후 단념하게 하지만, 헌신은 백 번의 실패 이후에도 지속하게 한다. 추월차선의 승자는 레드라인에서 만들어진다.

역경이 존재하는 이유

얼마나 간절히 그것을 원하는가? 당신은 의지가 얼마나 강한 사람인가? 그것을 이루기 위해 차에서 눈 붙이면서 생활할 수 있는가? 친구들이 자기 집을 가지고 있더라도 당신은 작은 원룸에서 생활할 수 있는가? BMW 신형 모델을 포기하고 이미 15만 마일이나 달린 낡은 차를 선택할 수 있는가?

대부분의 사람들은 그만큼 의지가 강하지 못하며, 바로 이것이 승자와 패자를 가른다. 50년간 무한 경쟁 속에서 사는 것보다는 바짝 일해서 그러한 삶에서 탈출하는 것이 덜 힘들 것이다. 당신은 지금 적당한 안락을 누리거나 나중에 화려한 안락을 누릴 수 있다. 추월차선을 달리는 사람들은 향후 도래하게 될 특별한 장기적 안락을 위해 현재의 단기적 안락을 포기할 수 있는 선견지명이 있다.

카네기 멜론 대학의 랜디 포시 교수는 말기 암 진단을 받고 나서 마지막 강의로 우리를 축복했다. 당시 그는 다음과 같이 말했다.

역경이 존재하는 이유가 있습니다. 역경은 우리를 몰아내기 위해 존재하는 것이 아닙니다. 역경은 우리가 무언가를 얼마나 간절히 원하는지 깨달을 수 있는 기회를 주기 위해 있는 것입니다. 그것을 충분히 간절히 원하지 않는 사람들에게 역경은 그만하라고 말합니다. 역경은 그런 사람들을 단념하도록 하기 위해 존재합니다.

당신이 '그런 사람들'에 속하지 않는다고 장담하고 싶을 것이다. 왜냐하면 '그런 사람들'은 '대부분의 사람들'로 바꿔 말할 수 있기 때문이다.

그들은 친구들과 가족으로부터 '불가능해'라는 말을 듣고 자신의 꿈을 접을 것이다. 흥미와 패기를 가지고 어떤 일을 시작하지만 첫 번째 장애물 혹은 실패에 포기하고 만다. 그들은 한두 걸음만 더 가면 성공이 있다는 것을 모른 채 단념한다.

추월차선은 기하급수적 성장 곡선의 형태를 띤다. 부라는 것은 자기 실체를 잘 드러내 보이지 않기 때문에 도달하기 어렵고, 그 과정에서 약해지는 사람들은 도태된다. 추월차선에서 성공하려면 시간과 노력을 투자하는 희생이 필요하다.

이러한 한계선상에서의 노력은 우회하거나 다른 사람이 대신해 줄 수 없는 것이다. 일과 희생이 따를 것을 예상하고 목적지를 알고 꿈을 구체화하고 수단을 준비하고 인생에서 5 대 2 거래는 원치 않기 때문에 희생하고 있음을 인지하라. 당신이 추월차선 기회가 요구하는 힘든 일을 하지 않는다면 다른 누군가가 할 것이다. 또한 당신이 남들과 같지 않다면 당신은 놀라운 것을 발견할 것이다. 그것은 바로 당신이 남들과 다르게 살 수 있다는 것이다.

브레이크에서 발을 떼라!

땀을 흘리지 않고 심혈관 지구력을 키울 수 없듯이, 실패 없이 성공을 경험할 수는 없다. 실패는 단지 성공에 대한 자연스러운 반응이다. 실패를 피하려는 것은 곧 성공도 피하려는 셈이 될 것이다.

브레이크를 밟은 채 부를 향해 달릴 수는 없다. 위험을 무릅쓰고 도전해야 한다. 불안을 경험해야 한다. 세상으로 나가 실패를 맛보아야 한다.

계산된 위험에 도전하라. 그렇게 하면 일이 잘 풀릴 것이다. 새로운 사람을 만나고 새로운 기회가 생길 것이며 피드백이 쏟아질 것이다. 행운이 당신의 삶에 함께할 것이다. 행함은 기적을 낳는다. 그렇다, 추월차선은 위험하다. 실패가 임박해 온다. 나는 시행착오를 통해 컴퓨터 코드화 방법을 배웠다. 코드 블록을 제대로 하기까지 수백 번 실패했다. 나의 또 다른 실패는 멍청한 보석 다단계 판매 프로그램부터 직접판매 프로그램까지 이른다. 나는 매번 실패를 툴툴 털어 내고 재분석하고 배우고 조정해서 다시 시도했다.

나는 언젠가 "똑똑한 사람은 실수로부터 배운다. 현명한 사람은 다른 사람의 실수로부터 배운다"는 말을 들은 적이 있다. 당신은 나의 실패로부터 배울 수 있다. 나는 추월차선의 법칙을 하루아침에 배운 것이 아니다. 나는 실패를 통해 그것을 발견했다. 실패에 대한 두려움은 일반적인 것이며, 실패는 경험을 낳고 경험은 지혜를 가져다준다.

지적인 모험에 도전하되 멍청한 모험은 피하라

모험은 크게 최선과 최악의 결과를 가져오는 두 가지가 있는데, 그것은 지적인 모험과 멍청한 모험이다. 라스베이거스에서 한 달치 봉급을 도박에 쏟아 붓는 것은 멍청한 모험이다. 브레이크에 결함이 있는 차를 가지고 고속도로에서 운전하는 것 또한 그러하다. 지적인 모험에 도전하고 멍청한 모험을 피할 때 부의 궤적을 점차 늘려 나갈 수 있다. 지적인 모험의 경우 단점은 유한하고 장점은 무한하다.

내가 10만 달러를 한 인터넷 회사에 투자할 때, 나는 지적인 위험에 뛰어든 것이다. 내 소유의 인터넷 회사를 매각하고 나서 그 수익금의 일부를 다시 그 회사에 투자했다. 나는 여전히 소수의 지분을 소유하고 있다. 그것도 무이자방식으로. 왜 나는 10만 달러를 투자해 내 자신을 위험에 노출시켰는가? 내가 해당 매수 회사의 성공 가능성을 높이 평가했기 때문이다. 그들의 목표는 내 작은 회사를 사들여 1억 달러 규모의 회사로 확장시키는 것이었다. 그들이 성공한다면 10만 달러라는 나의 적은 투자 금액은 200만 달러가 될 것이다. 불리한 점은 없을까? 그 회사가 파산한다면 내 투자 금액의 가치는 절반으로 폭락할 수도 있다. 불리한 점은 한정적이고 유리한 점은 상당하다. 이것이 지적인 위험이다.

당신이 추월차선 사업에 돌입하기 위해 직업을 그만둔다면, 그것은 지적인 위험이다. 당신이 얻게 될 이익은 수없이 많을 수 있다. 손실은 무엇일까? 당신은 스스로의 기준에 못 미치게 살 수도 있다. 예를 들어 바닥을 닦고 햄버거를 팔고 식사를 부실하게 하고 자전거를 타고 다녀야 할 수 있다. 이것이 그리 나쁜가? 당신의 목표와 그 목표를 향한 신념을 인지하고 있다면 그렇지 않다. 이것은 당신이 기꺼이 하고자 하는 것과 그렇지 않은 것으로 귀결된다. 시도조차 해 보지 않고 후회하는 것보다는 실패하고 후회하는 것이 더 낫다.

'언젠가'라는 말은 절대 하지 마라

무엇이 사람들을 과감하게 도전하지 못하도록 할까? '언젠가'라는 말이 그러하다. 언젠가 나는 ……할 거야, 언젠가 나는 이걸 할 거야, 저걸 할 거야, 언젠가 애들이 다 크면, 빚을 다 갚으면…… 언젠가. 하지만 그 언젠가는 절대 오지 않는다. 추월 차선은 당신이 간단한 변화를 일으키기를 바란다. '언젠가'를 '오늘'로 만들어라.

사람들은 완벽한 타이밍을 기대한다. 하지만 완벽한 시간이라는 것은 없다. 언젠가는 바로 오늘이다. 오늘은 지금이다. 일주일은 오늘이 7일 합쳐진 것이고, 한 해는 365일의 오늘이다. 오늘이야말로 당신이 가진 전부다. 당신이 언젠가를 기다린다면 기회는 지나가 버린다. 기존의 조건들이 만족되고 나면 매년 새로운 조건들이 추가될 것이다. 기회가 지나가는 동안 함께 지나가는 것이 있는데 무엇인지 아는가? 바로 시간이다. 시간이 지남에 따라 당신 삶의 모래알이 하나둘 빠져 나간다.

기회는 타이밍에 관심 없다

기회는 당신 주변에 자주 들르므로, 당신은 그것을 낚아채야 한다. 위험을 평가한 뒤 행동을 취하라. 기회는 마음대로 왔다가 사라진다. 무엇보다 기회는 변화와 도전의 옷을 입고 나타난다. 기억하라! 변화가 백만장자를 탄생시킨다.

세계의 수많은 성공한 사업가들은 대학 재학시절에 사업을 시작했다. 마이크로소프트, 델, 페덱스, 페이스북 같은 회사가 그렇다. 이 회사의 창업자들은 완벽한 타이밍이 아닌 때 찾아온 기회를 잡았고 지적인 모험을 감수하기로 결정한 것이다. 그들은 기회를 포착했을 때 '졸업 후에', '여름 방학 때', '수학 시험이 끝나고'와 같은 선결 조건이 만족될 때까지 기다리지 않았다. 기회는 채워지지 않은 욕구의 모습으로 나타난다. 기회가 당신 집 초인종을 누를 때 응답하라! 그렇지 않으면 기회는 떠나 버리고 이내 다른 집 초인종을 누를 것이다. 기회는 누군가 마침내 응답할 거라는 사실을 알고 있기 때문이다.

당신은 왜 안 되는가? 타이밍은 좀처럼 완벽하지 않다. 이제 당신은 차고를 박차고 세상 밖으로 나가야 한다. 도로는 추월차선 여행이 시작되는 곳이다. 추월차선 도로는 부를 향한다. 당신은 추월차선의 지도를 가지고 있고 서행차선이나 인도에 대해서도 알고 있다. 당신은 차를 어떻게 고치는지도 알고 있다. 어떠한 사고방식이 자산인지 어떤 것들이 부채인지도 안다. 당신은 차 주변에 작용하는 중력이 어떤 것인지도 알고 있다. 이제 모든 필요한 도구를 가지고 차고 밖으로 나가서 부로 향하는 길 위를 주행하라.

SUMMARY

- 근면과 헌신이 승자와 패자를 가른다.
- 어떤 사람들은 장기적이고 화려한 안락함 대신 단기적이고 평범한 안락함을 선택한다.
- 다른 사람들처럼 살지 않으려면, 다른 사람들이 하지 않을 것을 해야만 한다.
- 근면, 희생, 길 위의 다른 장애물에 대비해 당신의 기대를 무장시켜라. 이것들은 과정을 견디지 못하는 사람들을 분별해 '대다수'의 땅으로 돌려보내는 지뢰다.
- 실패는 성공에 당연히 수반된다. 실패를 예상하고 그로부터 배워라.
- 홈런 한 번으로 당신과 후손들의 삶까지 재정적으로 안정시킬 수 있을 것이다.
- 홈런은 선수 대기석에서는 이루어질 수 없다.
- 완벽한 타이밍이란 존재하지 않으며 '언젠가'를 기다리는 것은 시간 낭비일 뿐이다.

제한 속도 없이 달릴 수 있는
멋진 길이 있다

올바른 길로 가야
부로 통한다

가고자 하는 길을 택하는 자만이 그 길이 이르는 곳을 택하게 된다. 수단이야말로 목적을 결정한다.

– 헨리 에머슨 파즈딕(Henry Emerson Fosdick)

당신이 택한 부를 향한 길은 올바른 길인가?

부를 향한 여정에 있어 길이란 과연 무엇일까? 서행차선 여행자에게는 직업(의사, 변호사, 엔지니어, 영업직, 미용사, 기장 등)이 바로 길이다. 반면 추월차선 여행자라면 비즈니스(인터넷 기업, 부동산 투자, 글쓰기, 발명)가 길이 된다.

즉, 길이란 직업 혹은 비즈니스며, 당신이 택한 그 길은 부로 통해야만 한다. 그릇된 사업의 길 위에 서 있다면 운전대를 잡고 행로를 수정해야만 한다. 가던 길을 빠져나가 방향을 바꾸거나 유턴을 해야 할 것이다.

수백만 명의 사업가들은 종종 막다른 길에 직면하게 된다. 이들은 잘못된 길을 여행하면서 왜 부가 자신들을 피하는지 의아해 한다. 1일 8시간 노동이 아니라 12시간의 영업시간을 위해 싸우고, 체계를 잡아 회사가 굴러가게 하는 대신 자신들의 시간을 돈과 맞바꾼다. 주당 5일 근무와 2일의 휴일을 맞바꾸는 대신 6일 근무와 1일 휴일, 또는 7일 근무와 0일 휴일을 맞바꾼다.

만일 당신이 단지 추월차선이 '사업을 시작하라'고 했기 때문에 길모퉁이에 레모네이드 노점상을 차린다면, 나는 당신을 제대로 납득시키는 데 실패한 것이다. 그 길은 부로 통하지 않는 길이기 때문이다. 부로 통하는 길은 부로 통해야만 한다! 어떻게? 당신의 길은 영향력의 법칙 근처에 있거나 이 법칙을 통과해야만 한다.

영향력을 향한 길 : 추월차선 5계명

영향력의 법칙에 의하면 수백만 달러를 벌기 위해서는 수백만 명에게 영향을 끼쳐야 한다. 어떻게 수백만 명에게 영향을 끼칠 수 있는가? 널린 게 사업 기회라지만 대부분은 추월차선 길이 아니다. 10달러짜리 이발을 제공하는 이발소를 운영한다면 논리적으로 수백만 명에게 서비스를 제공할 수 있을까? 수백만 달러를 벌려면 수백만 명에게 서비스를 제공해야 한다. 당신의 길이 영향력의 방향으로 뻗지 않는다면 아무리 서비스를 잘해도 부를 이루기 어렵다. 영향력이야말로 부의 문지기이기 때문이다.

영향력의 법칙에 빛을 비추고 당신의 추월차선 위에 불을 켜기 위한 방안으로 다음 추월차선 5계명으로 당신의 길을 점검해 보기 바란다.

1. 필요(Need)의 계명

2. 진입(Entry)의 계명

3. 통제(Control)의 계명

4. 규모(Scale)의 계명

5. 시간(Time)의 계명

추월차선 5계명은 추월차선의 리트머스지로 당신의 길을 검증한다. 당신의 길은 부로 통하는가? 추월차선이 맞는가? 추월차선이 될 수 있는가? 그 길을 가다 영향력과 만날 수 있는가? 그 길은 수백만 달러 상당의 기업체로 통해 가만히 있어도 돈을 벌어들이고 궁극적으로 팔아치울 수 있을 것인가?

추월차선 5계명을 모두 만족시키는 길이라면 당신을 빠르게 부자로 만들어 줄 수 있다. 5계명을 만족시키지 못하는 길은 잠재적인 부의 가능성뿐만 아니라 영향력 근처에 도달할 가능성 또한 좀먹는다. 5계명 가운데 한두 개를 만족시키지 못해도 빠른 부의 축적이 가능하긴 하지만, 5계명을 모두 만족시키는 길을 목표로 하길 바란다.

SUMMARY

• 모든 사업이 옳은 길은 아니다. 소수의 길만이 영향력의 법칙 위에, 법칙이 통하는 곳이나 법칙 근처에 위치한다.

• 최고의 길과 순수한 추월차선만이 추월차선의 5계명(필요, 진입, 통제, 규모, 시간)을 만족시킨다.

돈을 좇지 말고
필요를 좇으라

서로의 삶이 덜 힘들도록 하지 않는다면 왜 사는 것이란 말인가?
– 조지 엘리엇(George Eliot)

필요(Need)의 계명

신규 사업의 90%가 5년 안에 실패하는데, 나는 그 이유를 알고 있다. 실패하는 사업은 필요의 계명을 만족시키지 못하기 때문이다.

흠이 있는 기반 위에 사업을 시작하면 그 사업은 실패한다. 모래 위에 지은 집은 무너지게 마련이다. 필요의 계명을 위반하는 사업이란 실패하는 90%에 속하거나 혹은 직업인 체할 뿐이다. 사업에 성공하기 위한 전제는 무척 간단함에도 대부분의 사업가들은 이를 잊어버리곤 한다. 즉, 필요를 충족시키는 사업, 그리고 가치를 제공하는 사업이 성공한다는 것이다. 사람들의 문제를 해소시켜 주는 사업이 이익을 발생시킨다. 이기적이고 자아도취적인 동기는 탄탄하고 장기적인 사업 모델이 되지 못한다.

사업의 목적이 과연 무엇인지 생각해 보라. 사업은 왜 존재하는가? 당신이 '진정 하고 싶은 것'을 하기 위한 이기적인 욕구를 만족시키기 위해? 부와 금전적 자유를 향한 당신의 갈망을 만족시키기 위해? 농담이 아니라, 아무도 부자가 되기 위한 당신의 욕구와 꿈과 열정과 이유에는 관심이 없다. 당신이 페라리를 갖고 싶고 부모님이 틀렸다는 것을 증명하고 싶다는 욕구에 아무도 신경 쓰지 않는다. 미국 경제가 당신을 부당하게 취급했다 한들 아무도 그런 것 따위는 알고 싶어 하지 않는다. 그런 것에는 아무도 관심을 갖지 않는다! 세상은 이기적인 곳이고 당신이 추월차선에 오르고자 하든 말든 그 동기는 누구도 알 바 아니다.

그러면 사람들은 무엇에 관심이 있는가? 사람들은 당신의 사업이 그들을 위해 무엇을 할 수 있는지에 관심을 가진다. 사람들에게 어떤 식으로 도움이 될 것인가? 거기서 취할 수 있는 것은 무엇인가? 문제점을 해소할 수 있는가? 인생에 도움이 될 수 있는가? 주거지를 제공하는가? 돈을 절약하게 해 주는가? 교육을 제공하는가? 무언가를 느끼게끔 해 주는가? 도대체 내가 당신의 사업에 왜 돈을 주어야 하는가? 당신이 나의 인생에 어떠한 가치를 더해 줄 수 있단 말인가?

앞서 말한 생산자와 소비자 이분법을 곰곰이 생각해 보자. 소비자들은 이기적이다. 소비자들은 '대체 내가 무엇을 취할 수 있는데?'에 대한 답을 요구한다. 생산자로서 성공하려면 당신의 이기심을 버리고 타인의 이기심에 초점을 맞추어라.

돈을 좇지 말고 필요를 좇으라

절대로 단지 돈을 벌기 위해서 사업을 시작하지 마라. 돈을 좇는 것을 그만두고 필요를 좇기 시작하라. 이것이 이 책에서 가장 중요한 핵심이 므로 다시 말하겠다. 돈이든 꿈이든 '진정 하고 싶은 것'이든 자신의 이 기적인 욕구의 관점에서 사업을 바라보는 것을 당장 그만두어라. 대신 필요와 곤란함과 문제점과 서비스 결함과 정서를 좇으라.

  조는 무술에 일가견이 있을 뿐 아니라 무술을 사랑했다. 스승들의 조언에 따 라 자신이 '진정 하고 싶은 것'을 하기 위해 도장을 열었다. 도장은 10개월 만에 문을 닫았다. 연 2만 1,000달러의 수익으로는 식구들을 먹여 살릴 수 없었기 때문이다.

  조의 사업은 시작하기도 전에 실패가 예정돼 있었다. 조의 사업은 모 래로 포장된 그릇된 기업가의 길 위에, 이기적 욕구와 이기적 갈망 위 에 세워졌기 때문이다. "나는 무술에 일가견이 있을 뿐 아니라 무술을 사랑하므로 도장을 열어야겠다." 사업의 올바른 토대는 이기적인 내적 욕구가 아닌 시장의 외적 욕구에 기반을 두어야 한다. 조는 이기적인 동기 대신 무엇을 고려해야 했을까?

- 우리 동네에 무술 도장에 대한 욕구가 있는가?
- 기존의 무술 도장들은 무엇을 잘못하고 있으며 내가 그것을 개선 할 수 있는가?
- 무술을 배우는 학생들에게 어떤 개선된 가치를 제공할 것인가?
- 내가 지역 사회에 제공하게 되는 자산은 무엇인가?

조가 실패한 이유는 시장이 진정으로 무술을 필요로 하지 않았으며 조의 동기가 이기적이었기 때문이다. 조가 맨 먼저 위의 질문을 분석했더라면 성공적인 길로 갈 확률이 훨씬 높았을 것이다.

돈을 끌려면 돈을 잊어라

돈은 이기적인 사람들에게 끌리지 않는다. 돈은 문제점을 해결하는 사업에 끌린다. 돈은 욕구를 충족시키고 가치를 창출하는 사람들에게 끌린다. 욕구를 대규모로 해소하면 대규모의 돈이 끌려온다. 당신이 만지는 돈은 당신이 다른 이들에게 제공한 가치에 다름 아니다. 성공적인 사업은 모두 한 가지 특징을 공유하는데, 바로 시장에서 판매로 이어지는 소비자들의 만족이다. 당신의 사업 존속 여부는 당신이 아니라 시장과 소비자가 결정한다. 당신이 무엇이 되었든 1,000만 개를 팔았다면 1,000만 명의 사람들이 당신의 상품이 자신에게 도움이 되었거나 자신의 욕구를 만족시켰다고 투표하는 것과 같다.

다량의 욕구를 해결해 보라. 혹은 중대한 욕구를 해결해 보라. 빌 게이츠가 소프트웨어 회사를 창립한 것과 같이 환상적인 사업일 수도 있고 아니면 오래된 무언가를 재창조하는 것처럼 사소해 보이는 것일 수도 있다. 매일 1만 명이 방문하는 웹사이트를 운영하고 있는 당신은 영향력을 가지고 있다. 1만 명에게 주택을 제공하는 부동산 회사를 가지고 있는 당신 또한 영향을 끼치고 있다.

영향력을 발휘해 가치를 제공하라! 돈이 당신에게 오도록 하는 것이다! 자신의 세계를 벗어나 주위를 둘러보고 이기적인 행동을 그만두고 인류가 겪는 문제들을 해결해 보라. 이기주의로 가득 찬 이 세계에서 이타적이 되어라. 더 구체적인 조언이 필요한가? 좋다. 다음 중 무엇이라도 100만 명에게 제공해 보라.

- 기분을 좋게 해 주어라.
- 문제를 해결해 주어라.
- 교육해 주어라.
- 외모를 발전시켜라. (건강, 영양, 옷, 화장)
- 안전을 제공하라. (주거지, 안전예방책, 건강)
- 긍정적인 정서를 유발하라. (사랑, 행복, 웃음, 자신감)
- 기본적인 욕구(음식)부터 외설적인 욕구(성욕)까지 충족시켜라.
- 삶을 편하게 해 주어라.
- 꿈과 희망을 고취하라.

보장하건대, 이러면 100만 달러의 자산을 가지게 될 것이다. 혹시 돈을 벌기 위해 인터넷을 찾아 헤매고 있다면 잠시 손을 떼고 자신에게 질문하라. "내가 이 세상에 내놓을 수 있는 것은 무엇인가?" 세상에 가치를 내놓는다면 돈은 당신에게 자석처럼 달라붙을 것이다!

당신에게 시동을 거는 것 : 사랑에서 열정으로

추월차선에서 동기를 유발하는 연료는 열정이다. 열정이야말로 당신으로 하여금 주차장을 나와 길 위에 서게 한다. 특정한 목적을 위한 열정을 가지고 있다면 당신은 무슨 일이라도 할 것이다. 나는 람보르기니에 대한 열정을 가지고 있었으며 람보르기니를 갖기 위해서라면 무슨 일이든 할 자세가 되어 있었다. 개똥을 줍는다든지 바닥을 닦는다든지 새벽 3시에 일을 하는 등 무엇이라도 할 열정을 갖고 있었다. 리무진 운전 일을 사랑했느냐고? 절대 아니다. 하지만 나에게는 추월차선 열정이 있었으며 바로 그것이 내가 미래의 비전을 향해 움직이게끔 하는 동인이 되었다.

하루를 시작하는 아침에 침대에서 뛰쳐나갈 수 있으려면 자동차와 마찬가지로 당신에게도 시동이 필요하다. 그 시동이 바로 열정이다. 정말로 위대한 무언가를 향한 열정을 가져야 한다. 그 열정은 모두에게 다 다르게 나타나지만, 그것을 찾는 순간 당신은 무엇이라도 하게 될 것이다.

열정은 당신보다 더 큰 무엇인가를 향한 동기에 연료를 제공해 준다. 또 열정은 일반화될 수 있기에 '진정 하고 싶은 것을 하라'를 이긴다. 초점이 '진정 하고 싶은 것'을 하는 것에 맞춰지면 필요의 계명을 위반할 가능성이 높아진다. 그 사업을 왜 시작하는 것인가? 그 일을 진정 하고 싶어서? 아니면 실제로 시장의 욕구가 있기 때문에? 다시 말하건대 궁극적인 목적을 위한 열정, '이유'는 추월차선식 행동을 하게끔 한다.

환상적인 꿈으로 집결되는 길 위에 오르라

꿈을 양보하는 순간 인생은 시들어 버린다. "크면 뭐가 되고 싶어?"라는 질문을 받던 어린 시절을 회상해 보라. 이 질문은 궁극적으로 무엇을 묻는 것인가? 이는 당신의 꿈을 찾기 위한 탐사이며 보통 상상력이 발휘된 공상으로 답하곤 했을 것이다. 나로 말할 것 같으면 우주 비행사가 되고 싶었고 영화 제작자가 되고 싶었으며 작가가 되고 싶었다.

당신은 어떠한가? 당신의 엉뚱하고도 환상적인 꿈은 무엇이었는가? 지금 당신이 그것을 하고 있거나 혹은 미래에 할 가능성이 있는가? 필시 아닐 가능성이 높다.

추월차선 여행자들은 다른 사람들과 다르게 살기 위해 다른 사람들과 다르게 일한다. 이들은 40년의 자유를 위해 4년 동안 열심히 일한다. 불행히도 대부분의 사람들은 40년 동안 열심히 일하고 4주, 혹은 각자의 유급휴가 기간만큼 자유를 갖는다.

SUMMARY

• 필요의 계명은 필요를 해결하는 사업이 성공한다고 말한다. 이때 필요는 문제점이나 서비스 결함이나 해결되지 않은 문제나 정서적 불만족 등을 말한다.

• 신규 사업의 90%는 외적인 시장 욕구가 아닌 이기적인 내적 욕구에 기반을 두기 때문에 실패한다.

• 아무도 꿈과 돈을 향한 당신의 이기적인 갈망에 관심이 없다. 사람들은 당신의 사업이 자신들에게 무엇을 해 줄 수 있는지만 알고 싶어 한다.

• 돈을 좇으면 돈은 달아난다. 하지만 돈을 무시하고 무엇이 돈을 끄는지에 집중하면 돈이 당신을 따라올 것이다.

• 100만 명에게 도움을 준다면 백만장자가 될 것이다.

• '진정 하고 싶은 것'을 해서 돈을 벌기 위해서는 그것이 누군가의 욕구를 충족시켜야 하며 당신이 그것을 뛰어나게 잘해야 한다.

• 서행차선 여행자들은 '진정 하고 싶은 것'과 '진정 하기 싫은 것'을 맞바꾼다. 이들은 5일 동안의 끔찍한 일과 2일 동안의 행복을 맞바꾼다.

진입 장벽이 높거나
남달리 탁월하거나

계획이 실패하는 이유는 목적이 없기 때문이다. 어느 항구로 가야 할지 모른다면 어떤 바람도 옳은 길로 향하지 않는다.

– 세네카(Seneca)

진입(Entry)의 계명

진입의 계명에 의하면 진입 장벽이 낮을수록 그 길의 유효성은 감소하는 반면 경쟁은 치열해진다. 반대로 진입 장벽이 높을수록 그 길은 더 견실하고 튼튼하며 경쟁은 드물고, 전자의 경우에 비해 덜 뛰어나도 살아남을 수 있다.

진입 장벽이 낮은 사업은 열등한 길이다. 진입이 쉬우면 경쟁이 치열하고 뛰어드는 사람은 많으며 이들 모두 하나의 파이를 공유한다. 통행량이 많으면 움직일 수가 없다.

달리 말해서 '창업'이란 것이 200달러를 내고 초기 디스트리뷰터 용품을 받는 것처럼 간단하다면 진입 장벽은 없는 것이나 마찬가지다. 이런 기회는 날려 버려야 한다. 중국집 뒷골목 대형 쓰레기통 옆에서 낮잠이나 자는 남자도 시작할 수 있는 사업이 당신이 하고자 하는 사업은 아닐 것이다! 세상은 진입 장벽이 없는 '사업'으로 가득하다. 그렇기 때문에 이 형편없는 사업을 따라 하는 사람들은 부자가 아닌 것이다.

10년 전, 이베이에서 '100만 달러 벌기'가 유행이었다. 이것은 종국에는 진입의 계명을 위반했기 때문에 오래가지 못했다. 10분 안에 이베이에서 사업을 시작할 수 있다면 수백만 명의 사람들도 마찬가지로 할 수 있다는 말이다. 결국 누가 수백만 달러를 벌었을까? 초기 진입자들과 이베이와 이베이의 창립자들이다. 이들은 추월차선 위를 달렸고 도중에 수백만 명의 히치하이커들을 태워 갔다. 그중 소수만 성공했고 수백만 명은 실패했다.

또 한때는 인터넷 블로그가 유행이었다. 블로거들은 수천 달러를 벌어들인대! 맞긴 한데, 요즘 같아서는 백만장자 블로거가 되기란 하늘의 별따기다. 블로깅이라는 기회 역시 낮은 진입 장벽으로 인해 통행량이 많아지고 경쟁이 치열해지고 포화에 이르렀기 때문이다. 포화에 이르면 잡음이 많아지고 잡음이 많으면 판매량이 줄어든다. 판매량 감소는 이윤을 좀먹는다. 당신이 시작하는 사업을 누구나 하루 만에 혹은 그보다 빨리 시작할 수 있다면 십중팔구 당신은 진입의 계명을 위반하고 있으며 승산은 거의 없다고 보면 된다.

다단계 마케팅은 당신이 직접 다단계 회사를 차리지 않는 이상 언제나 진입의 계명을 위반한다. 당신이 하는 것과 똑같은 것을 강당 안에 있는 2,000명이 한다면 승산은 희박하다. 여기서 혁신가, 리더, 벼랑 끝에 서서 홍해를 가르고 있는 자는 누구인가? 단상에 올라 있는 저 다단계 회사의 창립자는 추월차선 여행자다. 그런데 당신은? 미안하지만 당신은 창립자의 추월차선 군대의 일개 군인, 혹은 마케팅 전략에 필요한 하나의 톱니에 지나지 않는다. 창립자는 피라미드를 스스로 만들었기 때문에 피라미드를 기어올라 갈 필요가 없다.

낮은 진입 장벽을 넘어서려면 '탁월함'이 필요하다

진입의 계명을 어겼다면 탁월하기라도 하라. 탁월함은 진입의 법칙을 깬다. 하지만 탁월하기란 마치 평균 이상의 고등학교 운동선수가 프로 선수가 되는 것만큼이나 쉽지 않다.

수천 명의 다단계 판매원들과 강당에 앉아 있으면서 나는 나와 똑같은 일을 하는 이 사람들을 능가하려면 반드시 탁월해야 한다는 것을 깨달았다. 그리고 솔직히 그 구조 안에서는 내가 탁월할 수 없다는 것도 알았다. 모두 같은 생각을 하는 그 5,000명의 '디스트리뷰터' 중 가장 탁월한 한 명이 나일 수 있을까? 나는 확신할 수 없었다. 역으로 내가 인터넷 사업을 시작했을 때는 대략 12명의 경쟁자들이 있었다. 12명 중 내가 가장 탁월할 수 있을까? 물론이다.

탁월함에 대해 시사점을 주는 또 하나의 예가 프로 포커와 주식, 선물, 외환 등과 같은 금융 트레이딩이다. 두 분야 모두 진입의 계명을 위반하며 접근 제약이 없거나 아주 작다. 아무 때나 라스베이거스에 가서 1만 달러로 포커 토너먼트에 참여할 수 있다. 누구나 계좌에 1만 달러를 넣고 외환 트레이딩을 시작할 수 있다. 진입 장벽이 없다는 사실 그 자체가 시장을 형성한다. 그런 시장에서 성공하려면 탁월해야만 한다. 세계 최고의 (그리고 부자인) 포커 선수들은 탁월할 뿐 아니라 이렇게 튼튼하지 않은 장벽의 유혹에 넘어간 약자들을 이용해 먹는다. 프로들은 이런 약자들을 '데드 머니'라 부른다.

외환 시장도 마찬가지다. 초짜들은 외환 시장을 드나들며 외환 거래를 통해 한몫 잡는 꿈을 꾸지만 정작 돈을 버는 사람들은 그중 뛰어난 몇몇과 외환 시장, 중개소 및 포커 사이트 등의 정보 제공자들이다.

'골드러시 때는 금을 파지 말고 삽을 팔라!'라는 옛말이 있다. 당신의 사업이 누구나에게 열려 있으면 안 되는 것이다. 만일 그렇다면 탁월해야만 한다. 당신이 탁월하다면 쉽게 진입하는 것이 오히려 자산이 된다.

진입은 일회성 행사가 아니라 과정이다

당신의 사업이 진입의 계명을 위반하는지 알고 싶은가? 이에 대한 답은 간단한 질문으로 이어진다. 그 사업을 시작하는 것이 일회성 행사인가 과정인가? 진정한 사업의 시작은 행사가 아닌 과정이다.

디스트리뷰터 용품을 구매했거나 혹은 온라인에서 지원서를 작성하고 나니 어느새 사업을 시작하게 되었다면 진입의 계명을 위반하고 있는 것이다. 만약 내퍼 밸리에서 숙박업을 시작한다면 어떨까? 일단 괜찮은 부동산을 물색해야겠고 수리를 하고 돈을 대고 보험을 들고 면허와 허가를 받고 직원들을 고용하고 이에 더하여 한 열 가지 단계는 더거쳐야 할 것이다. 진입이란 매우 세부적인 과정인 것이다.

모두 다 하고 있다!

정체된 고속도로에 갇혀 몇 시간 동안 어디에도 가지 못한 적이 있는가? '모두 다 하고 있는' 곳에 온 것이다. 통행량이 큰 길은 사람들로 꽉 찬 길이다. 모두 다 하고 있는 것이라면 나는 하지 않겠다. 나는 그 길에서 나갈 것이며 당신 또한 그래야 한다. 왜냐하면 모두 다 부자인 것은 아니기 때문이다. 모두가 부자라면 '모두 다 하고 있는' 것이 옳은 것인지도 모른다.

돈에 관하여 이야기할 때 가장 주의해야 할 위험 신호는 '모두 다'이다. '모두 다'는 진입의 계명이 위반되었다는 것을 알려 주는 적신호다. 모두 같은 것을 하고 있다면 볼 것도 없이 그것은 실패한다.

건축 붐이 일어 '모두 다' 미친 듯이 주택을 구매할 무렵, 나는 거꾸로 했다. 나는 집을 팔았다. 사는 것이 유행이라면 팔아야 한다. 파는 것이 유행이라면 사거나 가만있어야 한다.

경기가 어지러울 때마다 '모두 다 하고 있는' 것이 있다. 지난 10년만 보더라도 1990년대 후반의 기술주 붐과 유가 급증, 최근 들어서는 세계 금융 위기로 이어진 주택 파산 사태 등 '모두 다' 하는 것의 실례를 찾아볼 수 있다. '모두 다' 하고 있다는 것은 임박한 파멸을 향하여 천천히 움직이고 있는 길 위의 혼잡과도 같으며 도살장으로 향하는 양떼와도 같다.

'모두 다'라는 위험 신호

1990년대 후반 기술주가 치솟고 있을 때 나는 모두 다 하는 것을 따라 했기 때문에 돈을 잃었다. 거기서 교훈을 얻었다. 최근 주택 붐이 일었을 때 나는 집을 사지 않았다. 이번에는 폭락 전에 부동산 3채를 매각했다. 주택 시장이 폭락하고 주식도 폭락했을 때, 나는 이미 손을 떼고 현금 방석 위에 앉아 있었다.

　나는 '모두 다 하고 있다'는 신호를 알아챘다. '모두 다 하고 있는 것'이 맞다면 모두 부자여야 한다. 이 명제는 비논리적으로 보일지 모르나 나를 한 번도 실망시킨 적이 없다. 그렇다면 '모두 다 하고 있는' 것을 어떻게 알 수 있을까? 간단하다. 소비자들－일반 대중－에게 널리 퍼진 분별없는 열광을 보면 이제 손을 떼야 할 때라는 것을 안다.

　2009년 초반 주식 시장이 결딴났을 때, 사는 사람은 누구였고 파는 사람은 누구였는가? 모두 다 팔고 있었다. 워렌 버핏은 사는 사람이었다. 모두 다 팔고 있었고 세계 최고 부자는 사고 있었다. 모두가 틀렸던 것이라고 말할 수 있을까? 그렇다. 다른 모든 사람과 다르게 살고 싶다면 모두와 같으면 안 된다.

SUMMARY

- 진입의 계명에 의하면 진입 장벽이 낮아질수록 경쟁은 치열해지고 길은 열등해진다.
- 접근성이 높은 길에는 통행량이 많다. 통행량이 많으면 경쟁이 치열해지고 경쟁이 치열하면 구성원들에게 돌아가는 이문은 낮아진다.
- 진입 장벽이 낮은 사업은 통제력을 잃어버리고 포화 시장을 야기한다.
- 낮은 진입 장벽을 넘어서려면 탁월함이 필요하다.
- 사업에 진입하는 것은 값을 치러야 하는 일련의 과정이지 일회성 행사가 아니다.
- '모두 다'는 일반 대중이며 누구나 주류 매체를 통해 정보를 얻는다.

통제권을 갖고 있어야
큰돈을 만질 수 있다

스스로에게 의지하는 것 말고 의지할 곳이란 없다.
— 존 게이(John Gay)

통제(Control)의 계명

사업을 통제한다는 것은 사업에 있어 모든 것—회사, 상품, 가격, 수익 구조, 경영 방식 등—을 통제함을 뜻한다. 그런데 회사의 모든 면을 통제하지 못한다면 직접 운전하지 않고 있는 것이다! 또한 직접 운전하지 못한다는 것은 갑작스럽고 예기치 못한 사고에 노출되는 것이다.

추월차선 운전자들은 통제권을 놓지 않는다. 반면 통제의 계명을 위반하는 자들은 그렇지 못하다. 대체로.

• 추월차선 운전자들은 다단계 회사에 취직하지 않고 다단계 회사를 설립한다.

- 추월차선 운전자들은 프랜차이즈에 가맹하지 않고 프랜차이즈를 만든다.
- 추월차선 운전자들은 제휴 계약에 '을'로서 임하지 않고 이를 '갑'으로서 제공한다.
- 추월차선 운전자들은 산지 직송 서비스를 이용하지 않고 이러한 서비스를 제공한다.
- 추월차선 운전자들은 고용되지 않고 고용한다.
- 추월차선 운전자들은 임차료와 로열티를 지불하지 않고 챙긴다.

편승할 때의 위험에 대해 생각해 보라. 모르는 사람의 차를 얻어 타는 것이다. 추월차선에 편승하는 것은 매우 위험한 일이며, 특히 딸린 식구들이 있을 때 더욱 그러하다. 어떠한 운전자와 히치하이커 관계에서도 항상 운전자가 히치하이커보다 더 많은 돈을 벌게 되어 있으며, 또한 통제권이라는 추월차선 전략의 중대한 요소를 손에 쥐고 있는 것도 운전자다.

편승하기의 문제점은 운전자가 어떤 사람인지 알 수 없다는 것이다. 운전자는 윤리적이고 도덕적이고 공정한 사람일 수도 있으며 썩어 빠지고 부도덕한 사람일 수도 있다. 어떤 경우든지 히치하이커인 당신은 모든 권한을 포기하고 운전자에게 맡겨 버린다. 조종키를 쥐고 있는 자가 권한을 가진다.

그런데도 수많은 사람들이 이런 식으로 망설임 없이 구조적인 통제권을 맡겨 버린다. 프랜차이즈 계약에 서명한 을은 마케팅, 광고, 로열티를 비롯하여 중대한 사업 결정에 대한 통제권을 넘겨준 것이다. 판매

권 계약에 서명한 을은 다른 사람들이 회사의 보상 체계를 좌우하게끔 한 것이다. 이들의 제품군은 중앙 권력의 지령에 의해 통제당하며 이들은 마치 기계처럼 할 일과 하지 말아야 할 일을 지시 받는다. 이들은 기업의 족장과도 같은 존재에 의해 볼모로 잡혀 있으면서도 자신이 주인이 아니라는 사실을 깨닫지 못한다. 제품을 마음대로 주무를 수 없는 사람이 주인이라고 할 수 있는가? 가격을 마음대로 바꿀 수 없는 사람이 주인이라고 할 수 있는가? 마케팅에 관한 결정을 마음대로 내릴 수 없는 사람이 주인이라고 할 수 있는가?

운전자들이 급작스레 방향을 선회하여 계약 조건을 바꿀 때 당신은 따를 수밖에 없다. 선회한 방향이 도산이나 과실 책임으로 향하는 절벽일 경우 그 가라앉는 배는 당신 것이 된다. 정말로 이러한 관계를 맺고 싶은가?

오직 자신의 브랜드에만 투자하라!

당신이 키우고 있는 것은 누구의 돈 나무인가? 당신은 자신의 브랜드에 투자하고 있는가, 아니면 다른 사람의 브랜드에 투자하고 있는가?

무턱대고 다른 사람들의 브랜드에 당신의 인생과 시간을 투자한다면 당신은 그들의 마케팅 안의 일부가 되는 것이다. 그들이 그리는 큰 그림에 한 번 칠하고 지나가는 페인트가 되는 것이다. 큰돈을 만질 기회를 단념하고 괜찮은 벌이가 되는 작은 가능성에 만족하는 것이다. 젊은 사업가로서 내가 저지른 가장 큰 실수 중 하나는 내 브랜드에 투자하지 않은 것이다. 추월차선에 편승하는 것은 많은 사업가 지망생들에게 퍼진 유행병이다. 사업가 '지망생'이라고 말한 이유는 편승 자체는 사업이 아니기 때문이다. 사업의 핵심은 창조와 혁신이다. 히치하이커들은 개척자들이 아니다. 히치하이커들은 창조하거나 혁신하지 않는다. 이들은 단지 판매와 운영과 관리를 할 뿐이다.

운전자가 폐점을 하기로 마음먹는다면, 당신의 운은 다한 것이다. 운전자가 당신의 유일한 수입원인 제품의 생산을 중단하기로 결정한다면, 당신의 운은 다한 것이다. 추월차선 여행자들은 자신들의 브랜드와 자산과 금융 계획을 직접 통제하며, 이를 다른 이들에게 넘겨주고 운이 좋기만을 바라지 않는다.

만약 ……이라면 다단계도 추월차선이 될 수 있다

당신이 다단계 회사를 소유하는 경우에만 다단계 회사가 추월차선이 될 수 있다. 추월차선 여행자들은 다단계 회사를 설립하지, 이 회사에 취직하지 않는다. 나는 다단계 회사 네 군데를 다니고서야 진실을 깨달았다. 진실이 무엇인지 궁금한가? 태평양 해변에 집을 사서 외제 차를 차곡차곡 쌓아 두는 사람들은 그 회사의 창립자들과 핵심 인사 몇 명밖에 없다는 것이 진실이다. 수년 후에 회사에 들어온 디스트리뷰터들은 거기에 속하지 않는다는 것이 진실이다.

나는 계속 다단계에 대한 불신을 숨김없이 드러내고 있는데, 다들 내가 다단계를 불신하는 이유를 오해하곤 한다. 다단계는 사업 기회로 변장한 편승 전략이다. 나는 사람들이 다단계를 잘못 알고 있다는 사실이 마음에 들지 않는다. 수많은 사람들이 "사장이 되세요!"라든지 "회사를 차리세요!" 혹은 "가만히 있어도 잔여 수입이 들어옵니다!"와 같은 감언이설에 넘어간다.

위와 같은 주장에 한 조각의 유효성이 있다고 해도 이는 결국 다단계의 참 본질을 흐린다. 즉, 다단계는 판매와 유통과 훈련이지 사업이 아니라는 것이다.

나는 다단계 회사 네 곳을 다녔다. 그중 단 한 번도 내가 제품에 관한 결정을 내리거나, 연구개발과 마케팅 규정과 규칙과 가격 분석 및 기타 등등 사업을 하면서 근본적인 활동을 좌우해 본 기억이 없다. 다단계를 한다는 것은 사업을 하는 것과 같지 않다. 다단계는 판매 조직을 관리하고 형성하는 일이다. 이는 마치 침대 밑에 돈을 쑤셔 넣어 놓고 이를 투자라고 하는 것과 같다.

다단계를 하던 때에 돈을 좀 번 친구들이 있긴 있었다. 지금도 소수는 돈을 벌고 있고 나도 좀 벌었다. 하지만 다음 두 가지 사실이 나를 항상 괴롭혔다. 첫째, 통제권이 나에게 있지 않다는 것이다. 나는 회사와 회사의 정책, 절차와 제품군과 가격 구조에 좌우되는 처지였고 회사에서 무엇을 요구하든지 따를 수밖에 없었다. 한번은 회사에서 가장 잘 나가던 제품을 중단한 적이 있었는데, 그때 나의 수입은 아무 잘못도 없이 곤두박질쳤다.

다단계 사업을 할 때 나를 괴롭힌 두 번째 사실은 내가 사업가라는 생각이 들지 않는다는 것이었다. 나는 마치 어지러운 벌통 속에 처박힌 일벌이 된 느낌이었다. 몇 시간이나 고되게 일하고 몇 푼 벌지도 못하는데 그조차 나를 고용한 회사가 다 빼앗아 가는 느낌이었다. 사실 내 영혼은 내가 무수한 계명과 법칙–'모두 다'의 법칙, 진입의 계명, 통제의 계명–을 위반하고 있다는 것을 알고 있었다.

내가 다단계 모델을 싫어하는 이유는 다단계를 하고자 하는 사람들에게 심어진 잘못된 인식 때문이다. 이들은 추월차선 여행자들이 계획을 실행하는 데 이용하는 영업 사원과 영업 관리자들에 지나지 않으면서 스스로를 사업가라 생각한다.

다단계 디스트리뷰터들은 사업가로 위장된 위탁 고용인들이며 이들은 추월차선 여행자들이 군림하는 체제 안에서 그들을 위해 일한다. 다단계 판매원들은 추월차선 여행자들의 군대에 속한 일개 병사다.

이쯤 되면 나를 목매달아 죽이려고 나설 다단계 관계자들에게 오해가 없도록 한마디 하겠다. 나는 사업가로서 다단계를 무척 사랑한다. 유통이 필요한 제품을 만들게 된다면 나는 제일 먼저 다단계 판매를 고려할 것이다. 게다가 다단계는 교육이라는 면에서 뛰어난 가치를 지닌다. 판매와 동기 유발, 팀 빌딩 및 네트워킹에 있어 훌륭한 훈련을 제공한다. 다단계는 당신의 미래를 앞당길 수 있다.

추월차선을 충분히 활용하려면 다단계 회사에 취직할 것이 아니라 다단계 회사를 만들어야 한다는 것을 사람들은 모르고 있다. 사람들이 미치도록 취직하고 싶은 회사를 만들어야 한다. 그리고 스스로가 직접 정책과 제품과 생산자들을 통제해야 한다.

추월차선 여행자는 자신의 브랜드를 계발하고 거기에 투자한다. 자신이 직접 시스템과 돈 나무와 브랜드를 통제하지 않는다면 아무것도 통제하지 않는 것과 같다. 피라미드의 꼭대기에 앉아 저 군중의 요구를 충족시켜야 한다. 피라미드를 기어올라 갈 생각 말고 피라미드를 만들라.

SUMMARY

• 히치하이커들은 사업의 통제권을 추월차선 여행자들에게 양위한다.

- 운전자와 히치하이커 관계에서 항상 운전자가 통제권을 가지며 히치하이커는 운전자에게 좌지우지된다.
- 당신이 통제하는 조직을 갖고 세상을 놀이터로 삼아라.
- 다단계는 사업과는 별로 관계가 없고 오히려 판매, 네트워킹, 훈련과 동기 유발 등과 밀접한 관계를 갖는다.
- 다단계는 통제의 계명, 진입의 계명, 그리고 때로는 필요의 계명을 위반한다.
- 다단계 판매원들은 추월차선 여행자의 군대에 속한 일개 병사다.
- 다단계는 강력한 유통 체계다. 추월차선 여행자는 다단계 회사에 취직하지 않고 다단계 회사를 설립한다.

사업의 힘은
규모에서 나온다

사업에서 성공하기 위해서는 단 한 번만 옳으면 된다.
– 마크 큐밴(Mark Cuban)

규모(Scale)의 계명

사업에 이르는 길이 규모의 계명을 위반할 때 부의 가속도는 제한 속
도 규정에 갇혀 버린다. 제한 속도가 시속 15마일 길을 달린다면 어디
에도 빨리 도착할 수 없다. 규모는 곧 영향력이며 영향력이야말로 추월
차선 부의 방정식에 힘을 주는 것이다.

억만장자인 마크 큐밴이 최근 블로그에 쓴 글에 따르면 사업에 있어
서는 삼진 아웃을 몇 번이나 당해도 괜찮다고 한다. 단 한 번 맞기만 하
면 되며, 그 한 번이 평생토록 당신을 먹여 살린다는 것이다. 달리 말하
면 홈런을 치는 사업을 하라는 것이다.

동네에서 의류 매장을 운영한다고 치자. 매장에 오는 손님은 그 동네

에 한정되어 있기 때문에 이는 규모의 계명을 위반한다. 이를 극복하려면 자기 복제 즉, 신규 매장 개업, 프랜차이즈 매각, 인터넷 판매 등을 통해 영향력을 행사해야 한다. 이들의 길은 '제한 속도 : 15'를 부르짖는다. 이런 곳에서 대박을 내기란 불가능하다. 사업의 서식지가 너무 좁기 때문이다. 전문 마사지 치료사에게 어느 날 1만 명의 단골이 찾아올 가능성은 없다. 영향력 자체가 없기 때문이다! 추월차선 방정식에서 영향력 항이 빠지는 순간 끝장이다! 규모의 계명은 영향력의 법칙으로 통하는 길 위의 톨게이트다!

추월차선 부의 방정식 : 무장해제

규모의 계명을 위반한다는 것은 추월차선 부의 방정식의 무장을 해제하여 이를 서행차선으로 강등시키는 것이다. 추월차선 부의 방정식을 기억해 보자.

$$부 = 순이익 + 자산 가치$$

자산 가치는 순이익에 기반한 것이며, 순이익은 판매 개수와 개당 이익의 곱으로 나타난다.

$$순이익 = 판매 개수 \times 개당 이익$$

판매 개수에 상한치가 있다면 영향력을 창출함에 있어 족쇄가 채워지는 것과 다름없다. 영향력 없이는 기하급수적인 부를 창출할 수 없다. 규모 없는 사업의 길 위를 가는 것은 추월차선 부의 방정식을 무력화하는 것이다.

내가 가장 좋아하는 예를 들어 보겠다. 한 남자가 마음에 드는 샌드위치 프랜차이즈를 계약하고 동네에서 개업했다. 이 사업은 내재적으로 판매 개수와 개당 이익이라는 변수가 상한치를 가지고 있으므로 규모의 계명을 위반한다. 하루에 이 남자가 팔 수 있는 샌드위치는 몇 개나 된단 말인가? 50개? 100개? 하루는 몇 시간이더라? 24시간? 유사점이 보이는가? 판매 개수라는 항의 목표는 100보다 큰 상한치를 갖게 하는 것이다. 1만은 어떤가? 10만은? 이 남자가 하루에 샌드위치를 더 팔기 위해 할 수 있는 것이 있는가? 지금과 같은 구조에서는 할 수 있는 것이 없다. 거래가 이루어지는 곳이 동네에 한정되어 있기 때문에 규모가 제한되어 버린 것이다. 남자는 호주는커녕 옆 동네에도 콜드 콤보 샌드위치 하나 팔 수 없을 것이다. 규모가 제한됨으로써 마치 서행차선과 같이 제한 속도가 가해졌다.

설상가상으로 방정식의 다른 항인 개당 이익에도 제약이 있다. 샌드위치와 음료수에서 나올 수 있는 개당 이익의 최대치는 얼마인가? 2달러? 우리는 또다시 매우 낮은 상한치에 맞닥뜨린다. 이렇게 작은 숫자는 부를 불리지 못하고 오히려 부를 제한한다.

내 머리를 망치로 찍으려 달려들기 전에 해명을 좀 하겠다. 동네 식당 주인이 부자가 될 수 없다는 것이 아니다. 실제로 나는 돈을 꽤 잘 버는 식당 주인들을 좀 안다. 이들은 규모와 중요도가 좀 더 큰 고급 레스토랑 주인들이다. 저녁 한 끼가 평균 200달러이고 그 동네뿐 아니라 도시 곳곳에서 단골들이 몰려온다면 얘기가 달라진다. 이때 개당 이익은 샌드위치 하나당 2달러가 아니라 1인당 40달러, 게다가 술까지 판다면 1 인당 60달러가 된다.

범위 혹은 중요도 = 규모

규모가 충족되려면 중요도나 범위가 커져야 한다. 중요도는 가격이 나 비용이 올라갈수록 커진다. 부자들에게 수백만 달러짜리 주택을 파 는 부동산 중개업자들은 이미 가격에 내포된 중요도를 갖고 있다. 가격 과 비용이 클수록 내재된 중요도도 커진다. 맨해튼에서 가장 값비싼 아 파트를 파는 데 성공한다는 것은 그만큼 중요도가 제 역할을 했다는 것 이고 규모가 실현되었다는 것이다. 중요도가 작용하면 영향력에 접근 하게 된다.

중요도 없이 범위만으로도 규모를 실현할 수 있다. 여기서 범위란 엄 청나게 큰 수를 말한다. 사업의 범위가 커져 더 많은 사람들에게 도달할 수록 잠재적 규모도 커진다. 당신의 사업이 미치는 범위는 어디까지인 가? 동네인가? 전 세계인가? 큰물에서 놀수록 잠재적인 부도 커진다.

규모가 바로 영향력이다!

규모의 계명은 추월차선 부의 방정식을 최대치로 끌어올리는 사업을 하라고 한다. 영향력의 법칙한테 길을 터 달라! 부한테도 길을 터 달라! 당신의 사업(혹은 잠재적인 사업)이 규모의 계명을 충족시키는지 어떻게 알 수 있을 것인가? 다음의 질문에 대답해 보라.

- 이 사업의 순수입이 한 달에 2,000달러에서 20만 달러로 확장될

수 있는가?

- 이 사업의 자산 가치가 100만 달러까지 확대될 수 있는가?
- 이 사업이 수백만 명에게 영향을 미칠 것인가? 아니면 수백 명에게? 사업의 고객은 전 세계인가, 아니면 도시의 작은 지역인가?
- 이 사업이 프랜차이즈, 체인점, 추가 지점 등의 자기 복제를 통해 동네 밖으로 확장될 수 있는가?
- 모든 게 잘 풀렸을 때 최대 판매 가능한 개수는 얼마인가? 100인가 1억인가?
- 모든 게 잘 풀렸을 때 개당 이익은 얼마나 유연한가? 중요도가 내포되어 있는가?

위의 질문에 모두 그렇다고 대답할 수 없으면 한계가 있는 사업으로 인해 부의 창출이 억제될 가능성이 높다.

작은 서식지는 작은 부를 창출한다. 규모란 큰 수다. 크게 생각하라. 전국적으로 생각하고 전 세계적으로 생각하라. 규모 즉, 큰 수는 영향력의 법칙으로 이르는 길이다. 수백만 달러를 벌기 위해서는 수백만 명에게 영향을 미쳐야 한다. 동네의 구멍가게만으로는 불가능하지만 전국에 걸쳐 수백 개의 가게를 가지고 있다면 가능하다.

영향력의 법칙을 가로막는 장애물

사업가들이 영향력의 법칙을 실현하지 못하도록 방해하는 장애물 세 가지는 규모, 중요도, 그리고 수입원이다.

이 중 가장 큰 장애물이 규모다. 수백만 명에게 도달하지 못하면 수백만 달러를 벌 수 없다. 동네에 새로 생긴 커피숍에 대해 얘기해 보자. 이 커피숍이 동네라는 규모에 한정되어 있기 때문에 추월차선 부의 방정식의 변수인 판매 개수가 제한적일 수밖에 없다. 판매량은 자동적으로 별 볼일 없는 숫자에 갇힐 수밖에 없으며 결국 이는 규모의 계명을 위반하는 것이다. 이 커피숍이 뉴질랜드의 손님에게 커피를 팔 일은 없을 것이다. 규모가 없는 사업은 가속을 제한하는 속도 제어기가 장착된 자동차와 같다.

이 커피숍이 규모의 계명을 충족시킬 수 있는 유일한 방안은 더 많은 곳에 더 많은 프랜차이즈를 내는 것이다. 주 전체에 29개의 프랜차이즈를 낸다면 하루에 커피 6,000잔을 팔게 될 것이다. 판매가 뛰고 영향력의 법칙 또한 규모를 따를 것이다. 물론 가장 좋은 추월차선 전략은 프랜차이즈를 사는 것이 아니라 파는 것이긴 하지만 말이다.

프랜차이즈를 더 내지 않는다면 규모의 장애물을 깰 방법이 없다. 규모(판매 개수)나 부피(높은 단위당 이익) 없이 하는 사업의 자산 가치는 형편없다. 따라서 부의 방정식도 별 볼일 없어지고 영향력의 법칙은 격리된다. 결국 이 커피숍 주인은 중산층 노동 인생으로 귀환될 것이다. 중산층의 수입과 형편없는 자산 가치가 낳는 부의 방정식은 서행차선을 의미한다.

영향력의 또 다른 장애물은 중요도다. 제한적인 규모를 가진 커피숍의 다른 해결안은 중요도를 통한 확장이다. 하지만 불행하게도 중요도에 이르는 길 또한 폐쇄되었다. 개당 이익을 어떻게 손써 볼 도리가 없기 때문이다. 개당 이익은 단지 몇 달러에 지나지 않으며 가격을 인상하면 판매 개수는 줄어들 것이다. 커피 한 잔을 팔아서 10만 달러의 이익을 얻기란 불가능하다.

영향력의 법칙에 접근하는 법

영향력의 법칙에 접근하기 위해서는 수입원에 대한 통제권을 쥔 채로 규모와 중요도의 장애물을 깨 버리는 길 위로 가라. 당신이 수입원이 될 수 없다면 수입원을 위해 일하라. 다행히도 영향력의 법칙과 평행한 길이 어느 길인지 알아차릴 수 있을 것이다. 지도상의 어디에 위치했든 어떤 길이든 그 길은 수백만 명으로 확대될 수 있는가(규모)? 그 길은 소수에게 엄청난 영향을 끼칠 수 있는가(중요도)?

- 수백만 명이 사용하게 될 기계를 발명했다면 직접 규모가 실현된 것이고 영향력에 접근이 가능하다. 빠르게 부자가 될 수 있다.
- 〈아메리칸 아이돌〉결승전에 진출했다면 직접 규모가 실현된 것이고 영향력에 접근이 가능하다. 빠르게 부자가 될 수 있다.
- 싱글맘을 대상으로 하는 웹사이트를 운영한다면 직접 규모가 실현된 것이고 영향력에 접근이 가능하다. 빠르게 부자가 될 수 있다.
- 포춘 100에 드는 회사의 CFO가 되기까지 두 단계가 남았다면 간접 규모가 실현된 것이고 영향력에 접근이 가능하다. 빠르게 부자가 될 수 있다.
- 소매점이 번창하여 전국적으로 300명의 사업가에게 프랜차이즈를 내주었다면 규모와 중요도 모두를 보유한 것이고 영향력에 접근이 가능하다. 빠르게 부자가 될 수 있다.
- 피부암을 발견하는 기계를 발명했다면 규모와 중요도 모두를 보유

한 것이고 영향력에 접근이 가능하다. 빠르게 부자가 될 수 있다.

크게 생각하고 동시에 규모와 중요도를 생각하라. 추월차선 부의 방정식을 분석하고 변수를 꼼꼼히 뜯어 보라. 판매 개수의 최대치와 개당 이익의 최대치는 얼마인가? 고객의 크기는 어느 정도인가?

SUMMARY

• 고객의 규모가 시장을 결정한다. 시장이 클수록 잠재적인 부도 커진다.

• 당신의 사업은 단타 사업이 될 수도 있고 홈런 사업이 될 수도 있다. 사업의 힘은 규모에서 나오고 규모는 시장에 의해 결정된다.

• 규모의 계명을 위반하면 추월차선 부의 방정식은 무장 해제된다.

• 범위(판매 개수)와 중요도(단위당 이익) 중 하나 혹은 둘 모두가 충족되면 규모가 실현된다.

• 영향력의 법칙을 통해서 부에 이를 수 있으며, 이때 규모, 중요도, 수입원은 장애가 된다.

• 영향력에 접근하려면 통제권을 쥐고 규모나 중요도라는 장애물을 깨부숴야 한다.

• 규모, 중요도, 수입원에 결함이 있을 경우 부의 창출에 이르는 길에 속도 제한이 걸리게 된다.

시간을 쏟아 붓지 않아도
돈이 되는 사업

아이디어는 많은데 시간이 없다. 나는 100년 정도밖에 살 수 없을 것이기 때문이다.
– 토머스 에디슨(Thomas Edison)

시간(Time)의 계명

추월차선의 5계명 중 마지막은 시간의 계명이다. 시간의 계명은 당신의 사업을 시간으로부터 분리할 것을 명한다. 당신의 사업이 당신을 대신해 돈 나무로 클 수 있는가? 추월차선의 목표인 가만히 있어도 들어오는 수입은 시간의 계명에 의해 가능해진다.

기억하라. 사업을 한다는 것이 시간으로부터의 분리나 부를 보장해주지는 않는다. 사업과 분리되지 않은 사업가들은 마치 사업과 결혼이라도 한 것처럼 시간의 계명을 어긴 이들이다. 이럴 경우 사업은 직업이 되어 버리고 평생 동안 갇힐 감옥이 된다. 사업의 시작이나 성장, 원숙 단계에서 몸과 마음을 바치는 것은 당연하지만, 나는 40년 동안 그러고 싶지 않다. 시간의 계명은 다음과 같은 질문을 던진다.

- 내가 없어도 사업이 돌아갈 만큼 자동화되고 체계가 잡혀 있는가?
- 인적 자원을 고용해도 될 만큼 이문이 많이 남는가?
- 내 시간을 쏟아 붓지 않아도 사업이 돌아갈 수 있으려면 어떻게 해야 하겠는가?

직업은 시간을 파는 것이며 사업에도 시간을 팔아야만 하는 것들이 있다. 추월차선의 목표는 당신의 시간과 수입을 분리시키는 것이다. 수입이 수백만 달러가 아니라도 말이다. 당신이라면 일주일에 10시간 일하고 6만 달러를 벌겠는가, 아니면 70시간 일하고 14만 달러를 벌겠는가? 나라면 매번 전자를 택하겠다.

자라지 않는 돈 나무

성공적인 사업은, 특히 시간의 계명을 어기는 사업은 즐겁지 않다. 사람들은 종종 사업에 대한 그릇된 견해를 가지고 사업을 시작한다. 인생의 스승들이 하는 조언에 따라 '스스로의 사장이 되어라'든지 '진정 하고 싶은 것을 하라' 등이 성공으로 향하는 적절한 동기가 된다고 믿는다. 불행히도 이러한 사업가 지망생들은 사막으로 향한 길로 접어들곤 한다. 사막에서는 돈 나무가 자랄 수 없다.

추월차선 여행자들은 길을 떠날 때 그 길을 자동화할 방안을 생각해야 한다. 가만히 앉아서도 돈을 버는 살아 있는 돈 나무를 키우고 싶지 않은가? 시간의 계명을 어길 경우 실패하는 이유는 다음 두 가지 때문이다.

1. 결함 있는 길에서 출발했기 때문에 씨앗을 마련할 길이 없다.
2. 씨앗이 있다 해도 메마른 땅에서는 싹을 틔울 방법이 없다.

돈 나무 묘목에 기초한 사업은 돈 나무를 키울 수 있는 사업이다. 콘텐츠 시스템, 컴퓨터 시스템, 소프트웨어 시스템, 유통 시스템, 인적 자원 시스템 등이 돈 나무 묘목이다. 당신의 사업이 이러한 묘목 중 하나에 기초하지 않는다면, 묘목 하나를 이식해 올 수 있겠는가?

많은 사업가들의 길은 돈 나무가 자라기에 적합하지 않은 잘못된 길이기 마련이다. 시간의 계명을 위반했기 때문이다. 씨앗을 마련하지 못하거나 마련한다 해도 싹을 틔우지 못하는 것이다.

SUMMARY

- 시간과 분리되지 않는 사업은 직업이다.
- 시간을 쏟아 붓지 않아도 돈이 되는 사업은 시간의 계명을 충족시킨다.
- 시간의 계명을 충족시키려면 돈 나무 묘목에 기반을 둔 사업을 시작하거나 돈 나무 묘목을 이식할 수 있는 사업을 하라.

35

추월차선 5계명을
만족시키는 사업 아이템

당신에게 돈을 주지 못할 사람을 위해 일한 하루는 형편없는 하루다.

– 존 우든(John Wooden)

추월차선 5계명

①쓸모없는 사업에 투자하지 말지어다. ②시간과 돈을 맞바꾸지 말지어다. ③제한된 규모하에서 사업하지 말지어다. ④통제권을 버리지 말지어다. ⑤창업이 일련의 과정이 아닌 일회성 행사가 되도록 하지 말지어다.

세 개의 추월차선 고속도로

나는 가장 강력한 추월차선을 '세 개의 고속도로'라고 부른다. 가장 높은 제한 속도를 가지고 있으며 5계명을 모두 충족시키거나 충족시킬 가능성이 있는 세 개의 고속도로는 다음과 같다.

1. 인터넷
2. 혁신
3. 의도적인 되풀이

각 고속도로는 수십 개의 다른 길로 이뤄져 있으므로 세 개를 모두 다 가지면 수백 개의 길로 여행할 수 있게 된다.

강력한 추월차선 1. 인터넷

가장 강력한 고속도로는 인터넷 사업이다. 인터넷은 지난 10년간 다른 어떤 것보다도 많은 백만장자들을 양산했다. 인터넷은 여행 중개소나 주식 중개인, 신문, 잡지와 같은 오래된 산업을 파괴해 왔고 계속해서 그럴 것이다. 인터넷이야말로 추월차선의 상어와도 같다.

인터넷은 최고의 추월차선이다. 필요에 기반을 둔 사업을 가정했을 때 인터넷은 5계명을 모두 만족시키기 때문이다. 인터넷은 자동적으로 전 세계인을 대상으로 확장 가능하며 컴퓨터를 통해 자동화가 가능하고 당신이 통제권을 가질 수 있으며(불행히도 대부분이 그렇지 못하지만 말이다) 진입 장벽 또한 아직 '모두 다' 할 수는 없을 만큼 튼튼하다. 인터넷 사업 모델(길)은 크게 다음과 같이 7개의 범주로 나뉜다.

1. 가입자 기반

사용자들에게 데이터, 정보, 소프트웨어를 제공하고 매달 이용료를 받는 사업 모델. 이때 데이터는 앞선 정보, 영업 정보, 독점적 데이터베이스, 혹은 오래된 사업인 포르노가 될 수도 있다. 당신이 제공하는 정보를 위해 1만 명의 사람들이 한 달에 9.95달러를 지불한다면, 당신은 추월차선 위를 달리는 것이다!

회사를 운영할 때 나는 가입자 기반 웹서비스 몇 가지를 돈을 내고 이용했다. 그중에는 데이터 분석가들(어떤 사람들이 내 사이트를 방문하는지 알기 위해)도 있었고 제휴사를 관리해 주는 곳(내 서비스를 원하는 곳은 어디인지 알기 위해)도 있었다. 한 회사는 사이트가 운영된 총시간을 알려 주는 서비스를 제공했는데, 그 서비스 홈페이지에는 몇 개의 고객사에게 서비스를 제공하는지가 나와 있었다. 당시에는 '2만 개의 고객사가 서비스를 사용하고 있습니다'라고 되어 있었고 내가 한 달에 지불하는 비용은 50달러였다. 내가 지불한 돈이 평균이라 치면 그 회사의 총수입은 한 달에 2만 개 × 50달러 = 100만 달러였다. 이것이야말로 인터넷 사업에서 인터넷 자체가 어떻게 시스템이 되는지를 보여 주는 완벽한 예다. 제품도 없고 배송도 없고 골칫거리도 없다.

내 추측으로는 이 회사의 마진은 75%고 순수입은 월간 75만 달러 정도일 것이다. 한 달에 75만 달러를 벌면 얼마나 빨리 백만장자가 되는지 생각해 보라. 당신이라면 차라리 연간 4만 5,000달러를 벌고 한 달에 200달러를 저축하겠는가?

2. 콘텐츠 기반

콘텐츠 기반 사업 모델은 특정 틈새나 산업을 대상으로 정보를 제공하는 온라인 뉴스, 잡지 및 블로그들이다. 이러한 서비스들은 무료로 콘텐츠를 제공하며 콘텐츠를 소비하는 사람들을 대상으로 하는 회사에 광고를 판다. 내가 운영하는 추월차선 포럼 또한 콘텐츠 기반 수익 구조라고 볼 수 있다. 나는 콘텐츠 기반 수익 구조가 성공하기에 가장 어려운 모델이라고 본다. 진입 장벽이 매우 낮아졌고 방문자가 많아야 성공할 수 있기 때문이다. 또한 콘텐츠 기반 사업은 제휴 사업과도 밀접한 관련을 갖는데, 제휴 사업은 구조적으로 편승 사업이다.

3. 고객 발굴 서비스

고객 발굴 서비스는 종종 소비자들에게 서비스를 제공하는 동시에 비동종업계를 결집시킨다. 리무진 업계에 내가 제공한 서비스가 바로 이런 것이었다. 나는 파편화된 업계를 중앙으로 한데 모은 동시에 고객을 창출했으며 이렇게 모은 고객 정보를 리무진 회사에 팔았다. 고객 발굴 서비스는 파편화된 산업에서 특히 인기가 많은데, 중소기업이 많은 것이 특징이다. 고객 발굴 서비스는 항공사 업계에는 적합하지 않은 반면 성형수술 업계에는 매우 적합하다. 고객 발굴 서비스는 다음과 같은 두 가지 욕구를 충족시킨다.

- 돈과 시간을 절약하고자 하는 고객의 욕구
- 크지 않은 돈으로 고객을 찾길 원하는 사업가의 욕구

4. 소셜 네트워크

소셜 네트워크는 콘텐츠 시스템의 산물이다. 불특정 다수에게 콘텐츠를 제공하기보다는 사람들을 그룹이나 동호회로 묶는 것이 소셜 네트워크의 핵심이다. 페이스북은 대학생층을 타깃으로 했지만 종국에는 전 세대를 포괄하는 소셜 네트워크로 발전했다. 마이스페이스는 고등

학생들을 타깃으로 한다. 링크드인은 계층 향상을 꿈꾸는 전문가들이 대상이다. 소셜 네트워크는 미스터리 소설가들이나 주말에 엔진을 뜯고 재조립하는 자동차광 등 취미가 비슷한 사람들을 묶는 도구다.

5. 중개 시스템

중개인들은 구매자와 판매자를 연결시켜 거래를 용이하게 하는 자들이다. 중개인들은 특정 산업의 시장을 형성하는 사람들이며 이를 통해 발생하는 거래당 수수료를 받는다. 중개 시스템의 예로는 페이팔, 이랜스, 카즈다이렉트, Travelocity.com 등을 들 수 있다.

6. 광고

광고인들은 중개인들과 비슷하게 구매자와 판매자를 연결하고 수수료를 받는 대신 광고비를 받는다. 나는 팔려고 내놓은 리무진 목록을 기재하는 웹사이트를 운영한 적이 있다. 목록에 오른 리무진 한 대당 광고비를 받았다. 즉, 나는 구매자와 판매자를 연결했던 것이다. 이베이와 같은 서비스는 중개업과 광고를 동시에 하기도 한다. 또한 구글이나 야후와 같은 검색 엔진도 광고 사업과 중개 사업을 동시에 운용한다.

7. 전자상거래

전자상거래란 인터넷을 통해 재화와 서비스, 그리고 정보를 파는 행위다. 대규모 전자상거래 제공 업체로는 아마존과 CSNStores.com 등을 들 수 있다. 게다가 다수의 소규모 동네 가게들 또한 전자상거래 모델을 통해 판매를 확장하고 규모를 실현했다. 우리 집 뒷마당에도 미네

소타 소매상의 전자상거래 상점에서 구매한 태양광 전지가 24개나 있다. 몇 년 전까지만 해도 이 소매상은 규모 없는 동네 상점에 불과했지만, 지금은 전자상거래 상점을 통해 전 세계에 판매를 하고 있다.

또한 전자상거래는 정보를 의미하기도 한다. 인터넷에서 유통되는 가장 인기 있는 정보는 전자책이라고 할 수 있다. 인터넷을 통해 내가 쓴 책을 전자책 형태로 판매할 때 나는 전자상거래를 행하는 것이다. 애리조나 주립대학의 주차장에 차를 세워 놓고 트렁크에 채워 넣은 책을 팔 수도 있지만 인터넷에 웹사이트를 만들어 유럽에 있는 사람들에게 책을 팔 수 있는 것이다.

추월차선 부의 방정식에 대입하면 인터넷은 무척이나 강력하다는 것을 알 수 있다.

$$부 = 순이익 + 자산 가치$$

인터넷을 이용하면 순이익 방정식의 판매 개수 항의 상한선은 전 세계가 된다. 또한 추월차선 부의 방정식의 자산 가치 항은 순이익만이 아닌 방문자 수와도 관련된다. 수십억 달러에 팔리는 웹사이트 대부분이 그 자체로는 한 푼의 이득도 나오지 않는 것이다. 웹사이트의 방문자들이라는 항 또한 상한치 없는 규모를 가진다. 결국 추월차선 방정식의 순이익과 자산 가치 항은 실질적으로 제한이 없어지는 것이다.

강력한 추월차선 2. 혁신
혁신 또한 순도 높은 추월차선 중 하나이며 수많은 길을 내포하고 있다. 혁신을 통해 부자가 되기―제품, 서비스 정보를 발명해 제조하고 유통하기―는 구식이긴 하나 효과적이다.

혁신이란 제조와 그에 따르는 유통을 말한다. 다시 말하자면 혁신에는 두 가지 행위가 포함된다. 제조와 유통이 그것이다.

제품을 발명하라. 그리고 제품을 인터넷을 통해 팔고, 홈쇼핑으로 팔고, 1만 명의 다단계 디스트리뷰터를 통해 팔고, 또한 20개의 도매상에게 팔아서 2만 개의 소매상에게 팔게끔 하라. 혁신적인 제품이란 무엇인가? 혁신적인 제품이란 필요를 해결하거나 욕망을 충족시키는 모든 제품이다.

- 음식 (맥주, 바비큐 소스, 쿠키, 나만 아는 요리 비법)
- 가사 용품 (청소 로봇, 도구, 행거)
- 건강 용품 (비타민, 허브, 에너지 음료, 영양 바, '남성 정력 식품')
- 정보 (책, 잡지, 가입자 기반 뉴스레터)
- 개인 용품 (의류, 가방, 신발, 장갑)
- 자동차 용품 (액세서리, 부가 용품, 접착 상품)

발명은 여전히 '빠르게 부자가 되는 길'로 여겨지고 있으며 아직도 유효하다. 하지만 걱정하지 마라. 발명이라고 해서 자동차나 전화기나 희한한 세그웨이 스쿠터 따위를 발명해야 한다는 것은 아니다. 발명가의 핵심 과제는 기존의 것을 개선시키거나 수정하는 일이다.

낡고 진부한 것을 개선시켜라. 사람들이 잘 모르는 제품을 자신의 것으로 만들어 세상에 다시 선보여라. 아무도 쓰지 않는 제품을 모두가 쓰게끔 해라.

텔레비전에서 성공한 사업가를 인터뷰한 것을 보았는데 그는 투명한 병에 담겨 팔리던 보드카를 단순히 화려하고 다채로운 병으로 재포장했을 뿐이었다. 심지어 나는 생일 선물로 해골이 그려진 보드카 한 병을 받은 적도 있다. 보드카는 수세기 동안 존재했지만 어느 사업가가 그 진부한 제품에 독창성과 차별성을 부여했던 것이다. 발명이란 이렇게 단순한 것이기도 하다.

내가 또 즐겨 드는 예는 팔 달린 커다란 대량 생산 이불 스너기다. 제품 콘셉트 자체는 몇 년 동안 있었지만 어느 날 스너기 제조자들이 그 콘셉트를 이용해 제품을 재포장하고 재홍보한 결과 4,000만 개나 팔린 히트 상품이 되었다.

혁신이란 두 가지의 도전적인 행위─제조와 유통─를 수반한다. 필요를 충족시키는 제품을 만들면 반은 끝난 것이다. 다수의 유통 채널─정보 광고(대중 매체를 이용한 판매), 소매(유통업자들과 도매상에게 판매), 직판(인쇄물, 우편, 인터넷을 통한 판매)─를 이용해 수백만 명에게 제품을 파는 것이 나머지 반에 해당한다.

강력한 추월차선 3. 의도적인 되풀이

마지막 추월차선 고속도로는 의도적인 되풀이다. 되풀이란 '바람직한 목적이나 대상, 혹은 결과에 접근하려는 목표를 갖고 일련의 과정을 반복하는 행위나 수단'이다.

의도적인 되풀이의 과정은 5계명의 마지막, 규모를 실현시키는 행위다. 규모는 인적 자원 시스템이나 반복적인 성공을 통해 실현된다.

의도적인 되풀이를 염두에 두고 작은 가게를 낸다면, 하나에서 그치는 것이 아니라 체인점이나 프랜차이즈를 통해 수백, 수천 개의 가게를 내야 한다. 의도적인 되풀이를 실행하는 사람은 하나의 체계적인 성공을 수많은 성공을 통해 재현하려고 사업을 시작한다. 하나의 작은 가게의 시작은 5계명 중 4개의 계명을 위반하지만 되풀이를 통해 이를 변모시켜 본격적인 추월차선에 오를 수 있다.

추월차선 프랜차이즈는 체계적인 과정을 통해 작은 지역에서 시작한 소규모사업의 동일한 콘셉트를 전국적으로 혹은 전 세계적으로 프랜차이즈화하는 것이다. 이 경우 궁극적인 목적은 콘셉트, 브랜드, 체계를 복제하여 판매한 후 사업가 자신은 여기에서 빠지는 것이다. 작은 식당 하나는 추월차선이 아닐 수 있으나 의도적인 되풀이 즉, 프랜차이즈나 체인화를 통해 추월차선으로 변화될 수 있다.

내가 운영하는 포럼에서 인기 있는 칼럼 중 하나는 다음과 같다. '사탕 판매기는 추월차선인가 아닌가?' 포럼 방문자 한 명이 쇼핑몰에 사탕 자동판매기를 설치하는 것이 추월차선 계획에 해당하는지 궁금해한 것이다.

자동판매기 한 대는 추월차선이 아니다. 하지만 의도적인 되풀이를 한다면? 이는 당연히 추월차선이다! 쇼핑몰 하나에 자동판매기 한 대를 설치하는 것은 단타 기반 사업이므로 당신을 부자로 만들지 못한다. 하지만 50개의 쇼핑몰에 200대의 자동판매기를 설치하면 순수익을 발생시키며 자산 가치를 확대한다. 또 중요도에 있어 더 큰 영향을 미치므로 당신을 부자로 만들 수 있다. 제한적인 규모에 응하는 추월차선 여행자의 자세는 바로 의도적인 되풀이다.

SUMMARY

- 최고의 추월차선이란 5계명—통제, 진입, 필요, 시간, 규모—를 모두 만족시키는 것이다.

- 필요에 기반을 둔 사업이라고 가정했을 때 인터넷은 5계명을 압도적으로 만족시키므로 가장 빠른 고속도로라고 할 수 있다.

- 혁신이란 글쓰기, 발명, 서비스 등을 모두 포함하는 개방 도로다.

- 발명을 통해 성공하려면 유통이 반드시 필요하다.

- 단타 기반 사업은 의도적인 되풀이를 통해 홈런 사업으로 확장될 수 있다. 되풀이를 하면 규모를 장악할 수 있기 때문이다.

36

성공은 아이디어가 아닌
실행에 있다

처음에 사람들은 신기하고 새로운 일이 가능하다는 것을 믿지 않고, 그 다음에는 가능하면 좋겠다고 생각하고, 그러고는 가능하다는 것을 목격하게 되고, 그러고는 가능하게 되는데, 이쯤 되면 다들 왜 수세기 전에는 이것이 불가능했을까 의아해 한다.

– 프랜시스 호지슨 버넷(Frances Hodgson Burnett)

필요, 아이디어, 기회 그리고 개방 도로

기회는, 그리고 기회가 표방하는 개방 도로는 어디에나 있다. 주위를 둘러보라. 가게 카운터에서 불만을 표시하는 저 사람, 기회다! 은행에 전화를 했을 때 거칠 수밖에 없는 미로 같은 자동응답, 기회다! 시장에서 팔리지 않고 시들고 있는 채소, 기회다! 길가의 쓰레기, 기회다! 이틀밖에 되지 않았는데 냉장고에서 상한 샐러드, 기회다! 온라인 포럼에서 투덜거리는 사람들, 기회다!

매일매일 당신을 둘러싸고 있는 기회를 포착하지 못한다면 아직 당신의 추월차선 주파수를 기회에 맞추지 못한 것이다. 머릿속에서 자잘하게 몇 가지만 조정을 해도 폐쇄 도로처럼 보였던 것이 개방 도로로 보이게 될 것이다. 많은 사업가들이 기회를 잘못 해석한다. 이들은 기회가 엄청난 타개책이나 전설적인 아이디어에서만 온다고 생각한다. 이들은 웅장한 행사를 통해 세상에 선보일 완벽하게 새로운 아이디어를 찾아 헤맨다. 그러나 이러한 아이디어는 얼마나 드문 것인지.

기회란 전구나 자동차처럼 엄청난 타개책인 경우는 매우 드물고, 충족되지 못한 욕구나 적절하게 충족되지 못한 욕구같이 간단한 것이다. 기회는 불편을 해결하는 데 있다. 기회는 단순화에 있다. 기회는 감정이다. 기회는 편리함이다. 기회는 더 나은 서비스며 고통을 치유하는 것이다. 기회란 형편없는 사업을 퇴출시키는 것이다.

누군가 하고 있다면

멋진 아이디어가 떠올랐는데 누군가 이미 하고 있다면? 뭐 어떤가, 더 잘하면 된다.

'누군가 하고 있다'는 것은 극복하지 못할 장애물처럼 보이는 터무니없는 환상일 뿐이다. 누군가는 항상 이미 그것을 하고 있다. 여기서 더 중요한 문제는 '당신이 더 잘할 수 있는가'다. 당신이 욕구를 더 잘 충족시키고, 더 나은 가치를 제공하고, 더 잘 홍보할 수 있겠는가? 인터넷으로 리무진 서비스를 시작하려고 마음먹었을 때, 나는 내 아이디어가 엄청나게 뛰어나다고 생각했다. 인터넷으로 직접 검색해 보기 전까지는 말이다. 내가 생각해 낸 신선하고 새로운 사업 아이템을 이미 10여 개의 회사에서 먼저 하고 있었다. 당시 나는 아직 주파수를 완벽하게 맞추지 못한 상태였다. 그래서 나는 그 아이디어를 포기하고 저 악명 높은 블록버스터 아이디어를 내기 위해, 지구상 60억의 인구 중 단 한 명도 생각하지 못한 아이디어를 내기 위해 새롭게 브레인스토밍을 할 작정이었다. 그런데 친구 한 명이 나의 인지작용을 방해하더니 내 안테나를 올바른 주파수에 맞춰 주었다. "경쟁은 어디에나 있어. 그냥 시작해, 더 잘하면 돼."

친구는 옳았다. 경쟁이란 사업의 주요 항목이다. 생각이 여기에 미치자 내 아이디어는 폐쇄 도로가 아닌 개방 도로가 되었다. 기존의 회사들은 쉽게 검색되지 않았고 무엇보다 사용자에게 친절하지 않았다. 나는 여기서 제대로 충족되지 못한 욕구를 발견했고 '도로 폐쇄'라는 경고와 수많은 장애물에도 불구하고 바로 이 기회의 길을 가기로 했다. 내가 두려워했던 회사들은 10년 후 모두 사라졌거나 시시해져 있었다. 심지어 업계 선두주자였던 회사는 나의 지배력에 맞서지 못하고 다른 업종으로 우회했다.

큰 아이디어에 집착하지 말고, 더 나은 아이디어에 집중하라

성공적인 사업이 엄청나게 대단한 아이디어에서 시작한 경우는 거의 없다. 성공적인 사업가들은 기존의 콘셉트를 개선한다. 성공적인 사업가들은 제대로 충족되지 못한 욕구를 발견하고 더 나은 해결책을 제시한다. 아무도 생각해 내지 못했던 아이디어를 찾아 헤맬 필요는 없다. 낡은 아이디어만으로도 충분하다. 낡은 아이디어를 개선하면 된다! 누구도 하지 못할 만큼 크게 실행하라!

수년 전 세르게이 브린과 래리 페이지가 인터넷 사업을 전망하여 "검색 엔진이 너무 많은데? 야후, 스냅, 알타비스타 등등. 뭣하러 구글을 시작하지? 이미 다들 하고 있는데!"라고 했다면 어땠을까? 다행히도 이들은 그러지 않았고 구글은 가장 많이 사용하는 검색 엔진이 되었으며 결국 오늘날 브린과 페이지는 억만장자가 되었다. 놀랄 만큼 새로운 아이디어? 필요 없다. 욕구를 더 잘 충족시켜 크게 실행하는 것이 중요하다.

백화점은 수십 년이나 존재했지만 샘 월턴은 월마트 창업을 포기하지 않았다. 폐쇄 도로처럼 보였지만 실은 개방 도로였던 것이다.

햄버거도 수십 년이나 존재했지만 그렇다고 레이 크록은 맥도날드 창업을 포기하지 않았다. 폐쇄 도로처럼 보였지만 실은 개방 도로였기 때문이다.

커피 또한 수천 년 동안 존재했지만 하워드 슐츠는 스타벅스를 창업했다. 스타벅스는 새로운 아이디어였을까? 스타벅스는 단지 커피를 유행 아이템으로 만들고 브랜드와 분위기와 감정을 커피에 결합시켰다. 이 또한 폐쇄 도로처럼 보였지만 실은 개방 도로였다.

페이스북이 존재하기 전 마이스페이스는 무척 잘 나갔었다. 하지만 마크 주커버그는 페이스북을 창립했다. 주커버그는 틈새 욕구를 발견하고 이를 충족시켰다. 성공적인 사업은 기존의 아이디어, 서비스, 제품을 개선시키거나 이를 이용하여 새로운 방향으로 선회한다.

개방 도로를 발견하는 법

나는 하루도 빠짐없이 추월차선 기회로 만들 수 있는 욕구를 발견한다. 내 주파수는 길들여진 감각을 이용해 기회의 땅을 볼 수 있을 만큼 충분히 추월차선에 맞추어져 있다. 나는 대부분의 사람들이 보고 듣지 못하는 것을 보고 듣는다. 어떻게 해야 당신의 눈과 귀를 주파수에 맞출 수 있는가? 조금만 연습하면 이는 어렵지 않다.

개방 도로와 욕구와 기회는 특정 '코드명'과 "이게 바로 기회라고!" 외치는 구절로 이루어져 있게 마련이다. 스스로(혹은 다른 사람이) 다음과 같은 말을 하고 있다면 바로 가능성 있는 기회를 포착한 것이다. 가장 자주 내뱉는 구절은 다음과 같다.

"나는 …… 가 정말 싫어."
무엇이 정말 싫은가? 바로 그 지점을 해결하는 것이 당신의 개방 도로다.

"나는 …… 를 안 좋아해."
무엇이 안 좋은가? 그것을 없애는 것이 당신의 개방 도로다.

"…… 가 짜증나."
무엇이 짜증나는가? 그 짜증을 제거하는 것이 당신의 개방 도로다.

"왜 이렇게밖에 안 되지?"
글쎄, 왜 그런 것일까? 그 '왜'를 제거하는 것이 당신의 개방 도로다.

"…… 하는 게 소원이야."
그 소원은 무엇인가? 당신이 원하면 다른 사람들도 원한다. 그 소원을 이루어 주는 것이 당신의 개방 도로다.

"그만 좀 …… 했으면 좋겠어."

무엇을 그만했으면 좋겠는가? 이것을 해결하는 것이 당신의 개방 도로다.

"……는 형편없어."

무엇이 형편없는가? 형편없음을 제거하거나 줄이는 것이 당신의 개방 도로다.

기회란 상투적인 코드명에 숨어 있다. 나는 음식을 먹을 때 잘 흘린다. 내가 흰 셔츠를 입고 스파게티를 먹으면 정말 끔찍해진다. 게다가 나에게는 안쪽 입술을 깨무는 나쁜 버릇이 있다. 깨물 때마다 구강염이 생긴다. 초등학생 때부터 그랬다. 구강염이 생기는 것까지는 괜찮은데 잊어버리고 입술을 또 깨물면 말도 못한다. 지난 번 구강염은 일주일이나 갔는데 엄청나게 아팠다. "구강염 좀 그만 생겼으면 좋겠어!" 내가 내뱉은 불평이다. "그만 좀 …… 했으면 좋겠어"라는 구절을 발견했는가? 따르릉 따르릉, 기회입니다!

나는 너무 불편한 나머지 인터넷으로 구강염을 조사해 보았다. 구강염 예방에 관한 상반되는 억측과 정보들이 난무했다. 누구는 비타민 X를 추천했고 또 누구는 허브 Y를 추천했다(비타민 X와 허브 Y는 진짜 이름이 아니다. 내 처방전은 소중하므로 익명으로 하겠다!). 결국 나는 비타민 X와 허브 Y를 사서 내가 또 실수로 입술을 깨물 때까지 기다렸다.

그리고 때가 왔다. 오트밀을 먹던 중 입술을 깨문 것이다. 며칠 후 깨문 자리에 구강염이 스멀스멀 생기기 시작하는 것을 느꼈고 나는 바로 비타민 X와 허브 Y를 복용했다. 신기하게도 결국 구강염은 생기지 않았고 비타민 X와 허브 Y는 훌륭한 구강염 예방책인 것으로 드러났다. 이제 나는 실수로 입술을 깨문 자리에 구강염이 생기려고 할 때마다 처방전대로 복용한다. 그러면 그때마다 구강염은 생기지 않고 사라진다. 그리하여 2년 가까이 단 한 번도 구강염이 생기지 않았다! 두 달에 한 번씩 생기던 것이 이제는 생기지 않는 것이다.

여기서 나는 명백한 기회를 포착한다. 바로 대중에게 이 놀라운 '구강염 예방책'을 파는 것이다. 나에게는 통제권도 있고 적절한 진입 장벽도 있으며 규모와 시간도 있다. 구강염으로 고생하는 사람들은 몇 명이나 되는가? 기존 구강염 예방책은 얼마나 되는가? 몇 개 있긴 한데, 홍보는 잘 되고 있는가? 내가 더 잘 실행할 수 있는가?

개방 도로로 향하는 기회는 쉽게 포착할 수 있는 언어로 나타난다. 불쾌, 짜증, 불편, 불만, 문제, 그리고 기대치와 결과의 간극 등이 그것이다. 이러한 것들에 도전하여 해결책을 제시하는 것이 당신의 과제다. 대중에게 해결책을 제시하면 돈이 따른다는 것을 보장한다! 여기서 알 수 있는 교훈은 다른 사람의 문제를 해결하면 스스로의 돈 문제를 해결할 수 있다는 것이다!

실패는 도로를 개방시킨다

불행히도 가장 한적한 추월차선 길은 매끄러운 아스팔트가 아닌 실패로 포장되어 있다. 즉, 시간이 걸린다는 것이다. 성공으로 향하는 길 위에서는 누구나 실패를 맛본다. 승자와 패자를 가르는 것은 실패에 직면했을 때의 대처 방안이다. 당신은 어떻게 할 것인가? "제길, 추월차선이고 자시고 말도 안 돼"라며 그 길을 단념할 것인가, 아니면 다른 길로 갈 것인가? 그것도 아니면 그 길을 계속 가 볼 것인가?

당신으로 하여금 다른 길로 가게끔 만드는 실패란 종종 발명으로 통하는 가장 생산적인 힘이다. 심장 박동수 측정계, 전자레인지, 페니실린, 경화 고무 등은 모두 실패와 우연의 산물이었다. 실패가 도로를 개방시켰으며 발명가들은 바로 이 사실을 포착할 만한 힘을 지니고 있었던 것이다.

물론 가던 길을 단념하고 방향을 바꾸는 것이 최선의 선택인 경우도 있다. 하지만 '단념'과 '길을 단념하는 것'의 차이는 분명히 알고 있어야 한다. 단념이란 불가능 쓰레기통에 꿈을 버리고 영원히 그 꿈을 방치하는 것이다. 반면 '길을 단념하는 것'은 방향을 우회하여 새로운 길로 접어드는 것이다. 교사라는 직업을 그만두고 사설 학원을 차리는 것은 길을 바꾸는 것이다. 운영하던 실내 선탠장을 팔고 인터넷 회사를 차리는 것은 가던 길을 그만두고 다른 길을 가는 것이다. 다단계를 그만두고 다단계 회사를 하나 차리는 것 또한 길을 바꾸는 것이다.

나는 여러 번 길을 바꾸었지만 꿈을 버린 적은 없었다. 당신의 길이 꿈으로 모아지지 않는다면 가던 길을 단념할 때가 온 것이다.

SUMMARY

- 기회란 타개책을 마련하기보다 기대치와 결과의 간극, 작은 불편, 문제점 등을 포착하는 것이다.
- 경쟁이 당신의 길을 방해하게끔 해서는 안 된다. 경쟁은 어디에나 존재하므로 당신의 목표는 '더 잘하기'가 되어야 한다.

- 추월차선 성공은 아이디어가 아닌 실행에 있다.
- 세계에서 가장 성공한 사업가들 역시 엄청나게 뛰어난 아이디어로 시작
  하지 않았다. 이들은 기존의 콘셉트를 개선하거나 이를 더 많은 사람에
  게 제공했을 뿐이다.
- 단념은 꿈을 버릴 때나 하는 것이다.

재무적 문맹 상태를
벗어나라

인생의 비극이란 목표를 이루지 못한 것이 아니라 아무런 목표도 없이 살아가는 것이다.

– 벤자민 메이스(Benjamin Mays)

당신의 목표는 무엇인가?

추월차선은 당신의 목표가 무엇이든 신경 쓰지 않는다. 단지 목표를 위한 수단이 되고자 할 뿐이다. 당신에게는 비싼 이탈리아산 자동차나 호화로운 저택이 중요하지 않을지도 모른다. 이해한다. 어쩌면 당신은 이타적인 사람이라 검소하게 살며 찬송가를 부르거나 자선을 베풀며 살길 원할지도 모른다. 추월차선의 목표는 당신의 인생에 자유를 더하여 행복의 결실을 맺는 것이다. 재정적 부담으로부터의 자유, 여행할 자유, 상사와 알람시계와 2시간씩 걸리는 통근으로부터의 자유, 나쁜 숫자들(9시부터 5시 근무, 5일 일하고 2일 쉬기, 월급의 8%씩 40년 모으기)로부터의 자유이자 세상을 놀이터 삼아 즐길 수 있는 자유 말이다.

자유를 위해 치러야 하는 대가 : 돈

자유를 얻기 위해서는 대가를 치러야 하는데, 그 대가는 돈이다. 물질주의자의 페라리부터 이타주의자의 비영리 재단에 이르기까지 큰 꿈을 이루려면 돈이 든다. 헤엄쳐서 전 세계를 여행할 수는 없는 노릇 아닌가. 당신은 스스로 돈을 벌어 꿈을 이루어 나가야 하는데, 돈을 악의 근원으로 생각한다면 당신은 이미 진 것이나 다름없다.

크든 작든 꿈을 이루려면 대가가 필요하다. 돈, 책임, 의무, 그리고 헌신이 그 대가다. 맞다. 돈이 들 것이다. 그런데 얼마나 들까?

목적지를 설정하라 : 출발을 위한 4단계

당신의 목적지는 자유가 생겼을 때 누리고 싶은 라이프스타일이다. 목적지에 도달할 수 있는 두 가지 전략이 있다. 하나는 당신이 원하는 라이프스타일을 즐길 수 있도록 매달 충분한 이자가 들어오게끔 목돈을 벌어 두고 굴리는 시스템을 구축하는 것이다. 또 다른 하나는 당신의 라이프스타일과 돈이 들어오는 시스템을 동시에 지원해 줄 수동적 소득을 벌어들이는 사업 시스템을 구축하는 것이다.

목적지에 도달하려면 목표를 정해야 한다. 좀 더 구체적으로, 당신과 당신 가족이 필요로 하는 돈은 얼마인가? 당신이 원하는 자유와 라이프스타일을 얻기 위해 치러야 하는 대가는 무엇인가? 다음의 4단계 과정을 통해 확인해 보라.

1. 라이프스타일을 정의하라 : 무엇을 원하는가?
2. 비용을 계산하라 : 당신의 꿈을 위해 치러야 하는 비용은 얼마인가?

3. 목표를 정하라 : 돈이 들어오는 시스템과 사업상 수익 목표를 설정하라.

4. 실현하라 : 자금을 모으고 사업을 시작하라!

1단계. 라이프스타일을 정의하라

당신이 원하는 라이프스타일과 그에 따른 비용을 정의하라. 당신이 원하는 것은 저택인가 비영리 재단인가? 정확히 무엇을 원하는가? 원하는 모든 것을 적어 보라. 예를 들어 보겠다.

- 차 3대 : 벤츠 1대, 하이브리드 1대, 미니밴 1대
- 분수, 수영장, 폭포가 딸린 200평 짜리 집
- 산 속의 작은 오두막집
- 1년에 3개월씩 여행 다닐 수 있는 능력
- 자녀를 사립학교에 보내기

2단계. 비용을 계산하라

모든 세금 및 보험 비용을 포함해 매달 필요한 비용을 계산하라.

- 차 3대 : 2,000달러
- 집 : 5,000달러
- 오두막집 : 1,000달러   라이프스타일 비용=1만 달러/1개월
- 여행 : 1,000달러
- 사립학교 : 1,000달러

다음, 매달 필요한 용돈과 기타 지출 금액을 계산하라. 옷, 각종 기기, 아이들 장난감, 건강보험 등이 해당된다. 이 비용을 라이프스타일 비용에 더하면 총생활비가 나온다.

총생활비 = 1만 달러/1개월(라이프스타일) + 4,000달러/1개월(용돈)
총생활비 = 1만 4,000달러/1개월

그 다음, 총생활비를 0.6 또는 60%로 나눠 순생활비를 계산한다. 이 금액은 잠재적인 세금 부과액을 포함한다.

순생활비 = 1만 4,000달러 / 0.6 = 2만 3,333달러/1개월

3단계. 목표를 정하라

3단계는 목표 두 가지 즉, 사업 시스템과 돈이 들어오는 시스템을 설정하는 것이다. 돈이 들어오는 시스템의 목표액을 계산하려면 순생활비에 12를 곱한 후 0.05 또는 5%로 나눠라. 5%란 시스템에서 기대되는 최소 수익률을 뜻한다.

돈이 들어오는 시스템 목표액 = (2만 3,333달러 × 12) / 0.05
= 559만 9,920달러

그리고 사업 시스템 목표액은 총생활비에 5를 곱해서 계산한다.

사업 시스템 목표액 = (1만 4,000달러 × 5) = 7만 달러/1개월

이 두 가지가 당신의 목표다. 우선, 한 달에 7만 달러씩 수동적 소득을 발생시키는 사업 시스템을 만들어 낼 방법을 찾아라. 이 소득액 중 40%는 세금으로, 40%는 돈이 들어오는 시스템의 자금으로, 나머지 20%는 라이프스타일에 쓰일 것이다. 이 금액은 당신의 라이프스타일 목표와 돈이 들어오는 시스템의 자금을 동시에 충족시킨다.

또 다른 목표는 목돈으로 돈이 들어오는 시스템을 굴려 수동적 소득을 얻는 것이다. 돈이 들어오는 시스템으로 원하는 라이프스타일을 유지하려면 559만 9,920달러의 목표액을 달성해야 한다. 이 금액의 5% 즉, 한 달에 약 2만 3,000달러로 라이프스타일 및 세금을 감당한다.

이렇게 양면 공격 전략을 이용해서 사업 수익이 돈이 들어오는 시스템을 유지하게 만듦으로써 수동적 소득 흐름을 얻을 수 있다. 그 결과 목적지가 시간을 건너뛰어 당신 앞에 나타나듯 빠른 시간 안에 도달하게 될 것이다. 은퇴하기 전에 은퇴 후 생활을 즐길 수 있는 것이다.

예를 들어, 내 웹 비즈니스는 매달 정기적으로 10만 달러씩 수익을 냈다. 나는 수중에 2,000만 달러 정도를 쥐고 있지는 않았지만 내 사업 시스템은 그 정도의 목돈에 맞먹는 현금 흐름을 보이고 있었으므로 나는 원하는 라이프스타일을 고르기만 하면 되었다.

초과소득액은 돈이 들어오는 시스템으로 들어갔다. 그리고 회사를 현금화한 금액도 내 '돈이 들어오는 시스템'으로 들어갔다. 당신의 사업 시스템으로 수동적 소득을 만들어 낼 수 있다면, 그 돈으로 라이프스타일과 돈이 들어오는 시스템의 자금을 모두 댈 수 있다.

4단계. 실현하라

눈앞에 놓인 3마일이 아니라 3피트를 바라보는 것부터 오늘 당장 시작하라. 산 정상을 바라보면 지레 겁먹게 마련이니, 눈길을 돌려라. 엄청난 목표를 달성해 내려면 우선 목표를 작은 부분으로 쪼개야 한다. 마라톤 풀코스를 뛰려면 42킬로미터 구간이 아니라 1킬로미터, 2킬로미터, 3킬로미터 식으로 차례대로 집중해야 한다.

추월차선 포럼 홈페이지에서 다음과 같은 질문을 자주 본다. "한 달에 5,000달러를 벌려면 어떻게 해야 하죠?" '돈을 좇는' 잘못된 사고방식은 논외로 하고, 가장 먼저 할 일은 한 달에 50달러부터 버는 일이다. 한 달에 50달러를 벌 방법도 모른다면 어떻게 5,000달러를 벌 수 있겠는가! 얼마나 많은 사람들이 과정을 건너뛰고 사건만 일어나길 원하는지 놀라울 따름이다.

돈을 버는 시스템을 가동하려면 25센트짜리 동전을 저금통에 넣는 일부터 하라. 축하한다, 당신은 이제 목표에 25발자국 가까워졌다. 농담이 아니다. 당신의 목표는 560만 달러가 아니라 5억 6,000만 센트다. 매일 하루를 마치며 잔돈을 저금통에 넣어라. 하루는 60센트, 하루는 25센트, 또 하루는 115센트. 작은 돈이더라도 모이고 모이면 매일 목표에 조금씩 다가가게 된다. 우습다고? 아니, 이게 바로 내가 시작했던 방법이다. 그리고 나는 아직까지도 이 방법을 쓴다. 이 방법에는 세 가지 훈련 목적이 있기 때문이다.

첫째, 매일 저금통에 동전을 모으면 목표에 가깝게 다가가는 모습을 시각화할 수 있다. 매일 목표를 떠올리게 만들어 줄 것이다. 이런 식으로 물론 5억 6,000만 개의 센트를 모을 수는 없겠지만, 좀 더 가까워 보이는 목표를 향해 반복적으로 나아가는 것이 목적이다.

둘째, 평가하게 만든다. 목표를 성취해야 한다는 압박감을 스스로에게 준 적이 있던가? 아니면 저금통이 당신의 유일한 전략인가? 당신은 추월차선 사업을 실행 중인가 아니면 아직도 직업에 매여 있는가?

셋째, 목적은 돈과 당신 사이의 관계를 변화시키는 것이다. 돈이 들어오는 시스템을 진지하게 원한다면 돈에 대한 신념 체계에 큰 변화가 필요할 것이다. 당신에게 돈이란 무엇인가? 최근 발매된 〈월드 오브 워크래프트〉 CD를 사기 위한 수단인가? 아니면 자유를 쟁취하기 위해 함께 싸워 줄 병사인가?

도로교통법. 재무 지식

내 여동생은 21세가 되던 해에 첫 차로 닛산 펄사를 샀다. 그 사건은 여동생이 재무의 세계에서 저지른 첫 실수이자 내가 재무 지식의 세계에 입문하는 계기가 되었다. 동생은 자동차 할부금을 갚느라 애를 먹었다. 동생의 대출 서류를 보고 나는 할 말을 잃었다.

나는 동생을 추궁했다. "이 차를 도대체 어떻게 산 거니? 차 가격을 어떻게 흥정했어?" 동생이 대답했다. "딜러한테 한 달에 399달러씩 낼 수 있다고 했어."

동생의 문제는 흥정 능력의 부족이 아니라 재무 지식의 부족이었다. 딜러는 정확히 동생의 요구대로 해 주었고, 그 결과 동생은 바가지를 썼다. 동생은 차를 원래 가격보다 수천 달러 비싼 가격에 샀고, 거의 불법적인 수준의 이자율에 대출을 받았다. 딜러는 동생이 원하는 대로, 그러니까 한 달에 399달러씩 할부금을 갚도록 해 주었을 뿐이다. 동생은 60개월에 걸쳐(48개월 할부로 끝났어야 했다) 할부금을 18.8%의 이자로 (9%여야 했다) 갚고 있었다. 이 실수 때문에 재무적 문맹이나 다름없는 동생은 원래 가격의 2배에 달하는 금액을 지불해야만 했다.

돈이 들어오는 시스템을 관리하려면 재무 지식이 필요하다

기본적인 재무 및 경제 지식에 무지하면 당신만의 재무 왕국을 세울 수 없다. 이런 지식을 쌓는 훈련 하나하나가 재무 왕국의 기초를 닦는 벽돌이 된다. 이 과정이 없으면 인도를 벗어나지 못할 것이다. 기억해야 할 것은, 돈이 더 많다고 해서 돈 문제를 해결할 수 없다는 사실이다. 졸업 후 배움을 게을리 하는 것이 인도를 향하는 첫 번째 관문이라면, 두 번째는 기초적인 재무 및 경제 지식을 배우지 않는 것이다.

세상에는 재무적 문맹이 너무나 많다. 이들은 운전자 교육에 낙제해 도로교통법을 모르는 사람들이다. 우리는 성장기에 돈을 관리하는 방법이나 기초적인 재무 훈련을 제대로 받지 못한다. 그리고 위험한 포식자들로 가득한 재무 정글에 홀로 버려지곤 한다. 굉장히 똑똑한 사람들조차 다음과 같은 기초적인 재무 개념에 대해 지식이 없을 때도 있다.

- 이자율
- 과세 및 비과세 수익
- 주택담보 대출 분할 상환
- 개인 계좌의 수입 및 지출 상황 관리
- 투자 대비 수익률 계산
- 주가는 왜 오르고 내리는지

- 은행 양도성예금증서에 투자해 15% 수익률을 낼 수 있다는 주장이 왜 사기인지
- 스톡 옵션, 콜 옵션, 풋 옵션 등의 원리는 무엇인지
- 보험은 왜 존재하는지
- 뮤추얼 펀드의 원리는 무엇인지
- 어떤 채권이 상승 또는 하락세인지, 그 원리는 무엇인지
- 국제 통화

　돈이 들어오는 시스템을 활용하여 수동적 소득액을 증가시키려면 그 시스템을 활성화시키는 재무적 도구에 익숙해져야 한다. 단리를 계산할 줄 아는가? 투자 대비 수익률을 계산할 줄 아는가? 금리가 오르면 채권 가격이 어떻게 변동하는지 아는가? 과세 및 비과세 수익의 차이점을 설명할 수 있는가? 이러한 개념들 때문에 부를 향한 길이 어려워질 것이다. 재무적 문맹들은 돈이 들어오는 시스템을 관리할 줄 모른다. 부를 향한 여정을 성공적으로 마치려면 부의 길에 적용되는 도로교통법을 이해하고 '운전자 교육'을 통과해야 한다. 즉, 기초적인 재무 및 경제 지식을 쌓아야만 한다.

생활수준을 소득수준보다 낮게 유지하라 −서행차선?

　재무적 문맹으로부터 벗어나기 위한 첫 번째 규칙은 이것이다. "생활수준을 소득수준보다 낮게 유지하라" 이 문구는 서행차선을 신봉하는 사람들이 외치는 실용주의적 가르침이기도 하다. 조금 더 직접적으로 말하자면 "수입보다 적게 지출하라"는 뜻이다. 10달러를 벌면서 20달

러를 쓰지 마라. 그런데 이 규칙이 추월차선과도 관계가 있을까? 물론이다. 하지만 한 가지 차이가 있다. 추월차선에서는 소득을 늘릴 목적으로 생활수준을 소득수준보다 낮게 유지해야 한다.

"생활수준을 소득수준보다 낮게 유지하라"는 규칙은 소득수준이 높고 낮음에 관계없이 적용된다. 핵심 변수는 '소득'이다. 빌은 5만 달러를 벌고 잭은 100만 달러를 번다면, 누구의 소득이 더 큰가? 누가 더 호화로운 라이프스타일을 누리겠는가? 이 둘은 모두 '소득수준 이내에서' 생활하겠지만 잭의 라이프스타일은 빌과 확연히 다를 것이다. 기억하라. 서행차선을 달리는 사람들은 지출을 줄일 방법을 찾는 반면 추월차선을 달리는 사람들은 소득과 자산 가치를 늘릴 방법을 찾는다.

소득 범위를 넘지 않는 한에서 돈을 원하는 만큼 쓰면서 살 수도 있다. 하지만 추월차선에서는 서행차선과 달리 소득이 먼저 수중에 들어오고 그 후에 세금을 떼기 때문에 '소득수준보다 낮게 살기' 위해서는 평균 이상의 노력과 훈련이 필요하다.

재정 자문가는 재무적 문맹을 해결하지 않는다

나는 통제력을 잃는 상황을 좋아하지 않기 때문에 내 스스로 재무 계획을 관리한다. 다만 다음의 경고만 기억한다면 재정 자문가를 고용하는 것도 나쁘지 않은 선택일 것이다. 재정 자문가를 고용한다고 해서 재무적 문맹을 벗어날 수는 없다. 재정 자문가를 고용하려면, 그가 하는 조언의 가치를 평가할 능력을 먼저 갖춰야 한다. 그가 이자율 높은 채권을 권유하던가? 그가 '믿을 수 없을 만큼' 엄청난 투자 상품을 권유하던가? 재무적 문맹 상태를 벗어나면 자문가의 조언을 평가할 능력이 생긴다.

2009년 10월, 배우 니콜라스 케이지(Nicolas Cage)는 전년도에 벌어들인 4,000만 달러가 넘는 재산 가운데 2,000만 달러를 전임 재정 관리인의 잘못된 투자 권유 때문에 잃었다는 이유로 소송을 걸었다. 그는 재정 관리인 때문에 위험률이 큰 투자를 감행하게 되었고 그 결과 파산 상태에 이르렀다고 주장했다. 고소를 당한 관리인은 파산에 이른 원인이 자신의 조언 때문이 아니라 그의 '낭비벽' 때문이라고 주장하며 케이지를 맞고소했다.

사건의 진실이 무엇이든지, 재정적 조언을 스스로 평가할 수 없다면 통제력을 잃게 된다. 유익한 조언과 해로운 조언을 구별해 내지 못하면 통제력을 잃게 된다. 자산 관리사를 고용하려는 사람에게 금융 지식은 보험과도 같다. 돈으로 미숙한 돈 관리 능력을 해결할 수 없는 것처럼, 재정 자문가로 재무적 문맹을 해결할 수는 없다.

재무적 문맹 때문에 당신은 위험에 노출될 수 있다. 최악의 경우에는 사기를 당할 위험이 있다. 재무적 문맹은 귀머거리와 같아서, 경고의 목소리가 울려 퍼져도 듣지 못한다.

SUMMARY

- 추월차선은 당신의 목표를 이루기 위한 수단이다. 꿈을 이루려면 돈이 필요하기 때문이다.
- 큰 목표는 목표를 이루는 세부사항들로 쪼개서 달성하라.
- 매일 조금씩 저축하면서 돈과 당신의 관계를 강화시킬 수 있다. 이것은 자유를 살 수 있는 소극적 시스템을 구축하고 함께 싸워 줄 병사를 하나

더 구하는 셈이 된다.

- 돈이 들어오는 시스템은 부가 아니라 소득을 증대시키기 위해 존재해야 한다. 부의 증대는 추월차선에 맡겨라.
- 재무적 문맹 상태를 벗어나지 못한다면 재무 왕국을 세우기 어려울 것이다.
- "생활수준을 소득수준보다 낮게 유지하라"는 규칙은 소득수준에 관계없이 적용된다.
- 추월차선을 달리는 사람들에게 "생활수준을 소득수준보다 낮게 유지하라"는 곧 소득을 증대시키라는 의미다.
- 재정 자문가는 재무적 문맹을 해결해 주지 않으며, 재무적 지식은 보험과 같다.
- 재무적 문맹 상태에 놓여 있으면 통제력을 잃게 된다. 특히 재정 자문가의 조언을 평가하는 과정에서 그렇다.

당신의 실행력이
당신의 최고 속도다

아이디어를 실행하는 사람이
모든 것을 소유한다

아이디어는 내면에서 끓어 오르는 생각에 불과하다.
— 엠제이 드마코(MJ DeMarco)

아무 행동도 하지 않는 것은 예상 가능하다

부자가 되게 해 준다는 심야의 인포머셜 상품들이 실제로 효과가 있는지 궁금했던 적이 있는가? 정말 외환 거래로 백만장자가 되거나 현금 없이 부동산을 구입할 수 있을까? 실제로 가능한 일이다. 그러나 인포머셜 제공업체들은 당신에게 그들의 실제 수익 모델을 알려 주지는 않는다. 그들은 '계획적 진부화'를 이용해 돈을 번다. 계획적 진부화란 당신이 어떠한 상품을 구입하든지 이를 사용하지 않을 것이라고 마케터가 갖는 기대를 말한다. 산 물건을 사용하지 않는다면 환불을 요청할 가능성은 적다.

TV에서 판매하는 '부자 되기 시스템'은 인간 본성을 이용한다. 어떤 일이 벌어졌으면 하고 바라면서도 그 과정은 피하려 하는 것이 인간 본성이다. 가장 편한 길은 아무것도 하지 않거나 하더라도 건성으로 하는 것이다.

사실, 추월차선 전략에 대한 동의 여부에 관계없이 대부분의 사람들은 주어진 정보를 가지고 아무것도 하지 않을 것이다. 지도를 빤히 들여다보긴 하겠지만 길을 나서거나 가속페달을 밟지 않을 것이다. 보물지도를 소유만 하는 것과 집을 나와 지도를 따라가는 것은 전혀 다르다.

속도를 내기 위한 전략은 체커가 아닌 체스

체스는 복잡한 전술이 필요한 게임이다. 당신의 사업도 체스와 비슷하게 운영해야 한다. 그러나 대부분의 사업주들은 사업을 체커 게임 하듯이 한다. 체커는 모든 말이 동일하게 움직이기 때문에 1차원적인 반면, 체스는 각각의 말이 다른 역할을 담당하며 다르게 움직이므로 다차원적이다.

체커를 하는 사업주는 공격인 동시에 수비에 해당하는 한 가지 전략밖에 펼 수 없다. 바로 가격이다. 가격을 올리거나 내리거나, 비용을 절감하거나, 더 저렴한 공급업체를 찾으며 "어떻게 하면 가장 싼 가격으로 더 많은 고객을 유치할 수 있을까?"를 생각한다. 이런 1차원적인 공격은 사업가들이 주기적인 입찰 경쟁에 뛰어들게 한다. '가장 싼 가격'이라는 한 가지 목표로 인해 이들의 입찰오퍼는 무용지물이 되어버린다.

성공하려면 이러한 1차원적 접근 방식에서 다차원적인 공격 전략으로 옮겨 가야 한다. 체커식 전략은 집어치우고 각각의 말이 각각의 특정한 기능을 담당하는 체스식 전략을 펼쳐라. 당신이 각각의 기능을 어떻게 이용하느냐에 따라 추월차선의 속도를 키우게 될지 목적 없이 표류하게 될지 결정될 것이다. 말의 기능을 살펴보자.

- 킹 : 실행
- 퀸 : 마케팅
- 비숍 : 고객 서비스
- 나이트 : 상품
- 루크 : 사람
- 폰 : 아이디어

각각의 미묘한 차이를 분석하는 것이 이 책의 범위 밖에 있는 일이긴 하지만, 속도를 폭발적으로 증가시키는 중요한 가속도 형성 요소들을 다뤄 보도록 하겠다.

실행은 킹, 아이디어는 폰

사업에서 아이디어는 체스의 폰이며 주차되어 있는 람보르기니의 최고 시속 220마일에 해당한다. 실제 속도는 실행 즉, 가속페달에 가해진 압력이자 전체 게임의 킹에 해당한다.

가능한 속도 → 아이디어
실제 속도 → 가속되고 실행되는 아이디어

당신의 머릿속에 갇혀 있는 아이디어는 배터리가 다 되어 차고에 틀어박혀 있는 초고성능 자동차와 같다. 이런 아이디어로는 아무것도 성취할 수 없으며 그 목적도 알 수 없다. 그런데도 사람들은 아이디어가 수백만 달러의 가치가 있다고 생각한다.

"나도 그 생각 했는데!" 그런가? 누가 상관이나 하겠는가. 수많은 다른 사람들도 그 생각을 했다. 당신과 그들을 구별 하는 요인은 무엇일까? 그들은 실행을 했다. 당신은 실행하지 않았고 아무것도 하지 않았다. 피에르 오미디야는 단지 번득이는 탁월함으로 이베이를 시작한 것이 아니다. 그는 떠오르는 아이디어(사건)를 실행(과정)으로 탈바꿈시켰다. 실행은 승자와 패자를 아이디어로부터 분리시키는 훌륭한 도구다.

30년 일찍 퇴직하고 싶은 당신에게 필요한 것은 강력하고 가차 없는 왕이다. 냉담하고 심드렁한 왕은 게임에서 지고 경주에서도 이기지 못한다.

무가치한 아이디어 : 가치를 따질 수 없는 실행

내 포럼에 10분만 있어 봐도 대부분의 사업가들이 아이디어는 좋아하는 반면 실행에 관해서는 별말을 하지 않는다는 사실을 알게 될 것이다. 이들은 아이디어에 관한 이야기를 잠깐 나눈다.

아주 좋은 아이디어가 있어요!

이거 하고 있는 사람 있어요?

이 아이디어 누가 가로챌까 봐서 말 못 하겠네요!

제 아이디어 말하기 전에 비밀로 하겠다고 맹세해 줄래요?

기발한 발상을 하는 사람들 수백만 명이 이미 자신들과 같은 생각을 하고 있다는 사실을 모른 채, 아이디어를 훔치려는 사람들 손에 아이디어가 넘어갈세라 엄청난 공을 들여 아이디어를 보호하려는 모습은 참 재미있다. 그러나 아이디어를 떠올리기만 하는 사람이 아니라 실행하는 사람이 아이디어의 주인이다.

내가 웹 비즈니스를 시작했을 때 다른 여러 회사들은 이미 웹사이트를 구축해 놓은 상태였다. 나는 '이미 하고 있는 사람이 있는데⋯⋯'라고 생각하는 대신 아이디어를 더 열심히 실행에 옮겼고 이 분야에서 최고가 되었다. 그렇다고 내 아이디어가 거창한 것도 아니었다. 그냥 괜찮은 아이디어였지만 경쟁 상대들보다 실행에 더 힘썼다. 내 수익 모델이 성공을 거두고 여기저기서 엄청나게 이를 모방하면서 사업이 위축되고 파산했을까? 아니다. 성공으로 가는 길의 핵심은 아이디어가 아니라 실행이기 때문이다. 내 아이디어를 모방한 경쟁업체들은 부의 게임을 위한 강력한 킹, 바로 실행이 없었다. 폰을 훔친다고 체스에서 이기는 것은 아니다.

마이스페이스와 페이스북이 아이디어를 처음으로 내지 않았음에도 어떻게 가장 잘나가는 소셜 네트워크가 될 수 있었을까? 바로 실행에 답이 있다. 실행은 내면에서 끓어 오르는 아이디어를 취해 장미 같은 향기가 나게 한다.

내가 이 책에서 내내 이야기하고 있는 바를 진지하게 생각해 보라. 아이디어는 지극히 일상적인 것인 데 반해 왜 실행은 이렇게 어려운 것일까? 다시 한 번 부의 이분법으로 돌아가 보자. 일회적 사건 대 과정. 실행은 노력, 희생, 절제, 인내와 같은 과정을 거친다. 아이디어는 사건일 뿐이다.

600만 마일을 가야 하는데 시속 15마일로 이동한다면 목적지에 다다르는 데 45년이 걸릴 것이다. 이는 서행차선에 해당한다. 시속 95마일로 달린다면 7년이 걸릴 것이다. 추월차선을 탔을 때 그렇다. 속도가 있는 사업은 실행에 해당한다. 추월차선의 속도는 사업을 기하급수적으로 성장시켜 순이익을 증가시키고 자산 가치의 득을 가져온다.

SUMMARY

- 속도는 아이디어를 실행으로 변화시키는 것이다.
- 대부분의 사람들은 훌륭한 정보가 무가치해지도록 내버려 둔다.
- 성공적인 추월차선식 사업은 체스 게임처럼 다차원적으로 운영된다. 1차원적인 사업은 가격에만 초점을 맞춘다.
- 아이디어는 가능 속도다. 실행은 실제 속도다.
- 당신의 블록버스터급 아이디어는 남들도 생각한다. 아이디어를 생각해내는 사람은 아이디어의 주인이 아니다. 아이디어를 실행하는 사람이 모든 것을 소유한다.

최고의 사업 계획은
실행 실적이다

실행하지 않는다면 세상 최고의 아이디어를 가졌다 해도 당신에게 득이 될 것이 없다.
소가 당신에게 다가오리라는 기대 속에 들판 한가운데 의자에 가만히 앉아 있어서는
당신이 원하는 우유를 얻을 수 없다.

– 쿠트리스 그랜트(Cutris Grant)

세상이 어떻게 반응하느냐에 안테나를 맞춰라

당신은 1 더하기 1은 2라고 생각하는데 세상이 3이라고 한다면 그 이
전에 어떻게 생각했든지 세상이 옳다고 인정해야 한다. 당신의 아이디
어, 계획, 사업을 세상에 선보이기 전까지는 무엇이 효과 있을지 알 수
없다.

아이디어를 판단하고 배심하는 궁극적 주체는 세상과 세상을 떠받드
는 시장이다. 세상이 당신의 아이디어가 맘에 든다면, 시간, 생각 혹은
돈을 들여 지지의사를 밝힐 것이다. 당신의 아이디어가 맘에 들지 않는
다면, 세상은 돈을 쓸 수 있는 다른 것을 찾아 나설 것이다.

세상이 말해 준다

나는 6주에 걸쳐 내가 운영하던 웹사이트를 새롭게 디자인했다. 세상도 이 디자인을 인정해 줄 것만 같았다. 깔끔했고 사용하기 편했으며 내 솜씨가 디자인에 녹아 있었다. 마침내 새 디자인을 공개했다. 하지만 사람들은 디자인을 마음에 들어 하지 않았고 되레 항의가 쏟아졌다. 웹사이트의 한 페이지만 보고 나가 버리는 사람의 수가 급격히 증가했다. 웹사이트에서 활동하는 고객의 수가 바닥으로 곤두박질쳤다. 웹사이트를 드나드는 잠재 고객의 수가 하루 평균 1,200명에서 500명을 겨우 넘기는 수준이 되었다.

많은 사람들이 나와 다른 생각을 가지고 있음을 보여 주었다. 새로 디자인하느라 들어간 비용이 아까웠지만 나는 즉시 이전의 디자인으로 바꾸고 6주간의 노력으로 탄생한 결과는 과감하게 버렸다. 내가 각별하게 공들여 만든 작품은 멋진 실패로 남았다. 세상이 신호를 보내오면 나는 이를 해석하고 반응을 보였다.

세상은 항상 당신이 어떤 방향으로 가야 하는지 말해 준다. 세상이 보내는 신호에 주의를 기울여라. 세상이 당신에게 알려 주게 하려면 어떻게 해야 할까? 실행으로 옮긴 아이디어나 개념을 세상에 내보이면 된다. 당신의 특별한 재능으로 세상을 물들이면 세상은 당신이 옳은지 틀린지 말해 줄 것이다.

구식 대학 교수의 시대는 갔다

세상은 아이디어를 개의치 않는다. 다만 아이디어에 반응할 뿐이다. 이 단순한 사실은 사업 계획의 허점을 드러낸다. 거창한 사업 계획은 쓸모없다. 사업 계획은 실행될 때까지 아무 소용이 없다. 사업 계획 실행을 하는 순간, 당신은 세상으로부터 사업 계획이 쓸모없다는 말을 듣게 될 것이다. 시장(세상)은 상상도 할 수 없는 곳으로 당신의 사업을 이끌어 갈 것이다. 그 모습은 당신이 세운 사업 계획과는 전혀 다를 것이다. 5년 이상 사업에 몸을 담고 있는 사업가들과 이야기를 나누어 보면, 특정한 의도를 가지고 시작했지만 전혀 다른 방향으로 끝나게 된다는 말을 들을 수 있을 것이다. X라는 제품을 판매하지만 결국에는 전혀 다른 Y라는 제품을 팔게 된다는 것이다. 세상은 당신이 가야 할 길을 알려 주며 결코 당신이 파워포인트로 만든 150페이지의 사업 계획의 가치를 쳐주지 않는다.

필요한 벤처 자금은 어쩌고?

내 생각에 반대하는 목소리가 벌써부터 들려온다. 사업 계획 없이 어떻게 벤처 자금을 얻을 수 있겠는가? 투자자들은 어떻고? 불가능한 일이다. 사업 계획 없이는 자금을 조달받을 수 없다. 하지만 걱정하지 않아도 된다. 문제는 당신의 사업 계획이 아닐 뿐더러 나중에라도 그렇게 될 일이 전혀 없다.

세상 최고의 사업 계획은 언제나 실행 실적이 될 것이다. 만약 당신이 노련한 실행가라면, 사람들은 당신이 굳센 실행 의지가 있다는 사실을 알기 때문에 당신의 사업 계획을 보고자 할 것이다. 진짜 가치 있는 것은 그 사업 계획이 아니라 계획서를 내미는 그 사람과 그의 실행 실적인 것이다.

현재 내가 사업 계획서를 내밀면 기꺼이 읽어 볼 사람들이 있다. 그 사람들은 내게 나의 사업 계획을 입증해 주는 실행 실적이 있다는 것을 알고 있다. 만약 그동안 당신이 실행해 온 실적이 없다면 사업 계획은 쓸모없는 종이에 불과하다.

사업 계획이 아닌 실행으로 자금 지원을 받아라

나는 소자본과 900달러로 회사를 차렸다. 투자자는 물론이고 자금도, 도움도 없었다. 만약 내가 95페이지짜리 사업 계획서를 만드느라 150시간을 허비했다 하더라도, 내가 숙련된 사업가가 아니기 때문에 아무도 내 사업 계획서를 읽지 않았을 것이다. 나는 돈도, 실적도 없었고 새로 시작한 일도, 끝맺은 일도, 성과를 거둔 일도 없었다. 하지만 회사를 설립하고 사업을 키워 나가면서 기적 같은 일이 벌어졌다. 내 아이디어가 세상이 이용할 수 있는 실재 자산의 모습을 갖추게 되면서 나도 접근 가능한 자산이 되었다. 벤처 자본가들과 벤처기업 투자자들이 내가 전화를 걸기도 전에 먼저 연락을 해 왔다. 갑자기 사람들이 나의 사업 계획서를 보길 원했다. 왜 갑자기 마음이 변한 걸까? 나는 몇 년 전과 다를 바 없는 같은 사람이 아니던가? 나는 종이에 적힌 아이디어 대신 실제로 실행되어 눈으로 확인할 수 있는 개념을 보여 주었던 것이다.

추월차선 포럼에 관한 흔한 질문은 '내 아이디어에 투자할 투자자를 어떻게 찾을 수 있는가?'다. 아이디어가 발명품이든 훌륭한 새 웹사이트든 상관없이 질문에 대한 내 대답은 이 사람들이 원하는 대답이 절대 아닐 것이다. 투자받고 싶다면 나가서 실행하라. 시제품을 만들라. 브랜드를 만들라. 다른 사람들이 보고 만질 수 있는 결과물을 만들라. 과정으로 뛰어들라. 투자자들은 아이디어가 물리적인 모습을 나타낼 때 비로소 지갑을 열 것이다. 당신이 충분히 잘만 하면 투자자들이 앞다퉈 자금을 대줄 것이다.

SUMMARY

- 세상은 당신이 가야 하는 방향을 알려 준다.
- 겉만 번지르르한 사업 계획은 쓸모없다.
- 세상 최고의 사업 계획은 실행 실적이다. 실행 실적은 사업 계획을 승인하는 역할을 한다.
- 실행 실적이 있다면 안 그랬던 사람들이 당신의 사업 계획을 보고 싶어 할 것이다.
- 사업에 투자를 받고 싶다면 행동을 취하고 눈에 보이는 실행 결과물을 만들어라.
- 투자자들은 지겹도록 분석만 해 놓은 아이디어서가 아닌, 만질 수 있고 실제 존재하는 것에 투자할 가능성이 크다.

고객에게 힘이 있다!
고객에게 충성하라!

당신이 훌륭한 경력을 쌓는다면 고객들은 그것에 대해 서로 이야기할 것이다. 입소문은 굉장한 힘이 있다.

– 제프 베조스(Jeff Bezos)

내 내면의 지도 : 비밀 장부

추월차선 지도는 내게 부를 위한 나침반이었지만 나는 내면의 지도 또한 가지고 있었다. 그 지도는 사업 계획이 아니었다. 그것은 내 작은 비밀 장부였다. 비밀 장부에 매일 맞닥뜨리게 되는 고객들의 불평이나 고충, 문제 등을 기록했다. 이 장부는 10년 이상 내 가이드 역할을 해주고 있다.

고객의 불평이 들리면 대부분의 사업주는 이를 무시한다. 이들의 대다수가 그 책임을 고용주에게 돌리고 이 문제가 빨리 사라지길 바란다. 그러나 추월차선에서는 이런 대응방식이 먹히지 않는다. 불평은 아름다운 것이다. 불평은 공짜 피드백이며 당신의 사업이 충족시키지 못한 고객들의 요구를 드러낸다. 추월차선에서 나는 도로 소음과도 같은 것이 불평이다.

고객들의 불평은 고객의 다양한 생각을 들여다볼 수 있는 통로이기 때문에 나는 이를 장부에 기록해 두었다. 한 명이 불만을 가지고 있다는 것은 똑같이 생각하는 사람이 10명이나 더 있다는 사실을 의미했다. 그 장부에 매주 비슷한 불평이 계속 쌓이면, 그 문제를 평가하고 시정 조치를 취해야 했다. 고객들의 불평은 당신이 나아가야 할 방향을 알려주는 세상의 속삭임이다.

네 종류의 도로 소음(불평)

세상이 당신의 새 웹사이트나 제품, 아이디어에 대한 의견을 내놓을 때, 당신은 무엇을 기대해야 하는가? 무엇을 다루고 무엇을 무시해야 하는가? 불평에는 변화에 대한 불만, 기대로 인한 불만, 제공하지 않는 서비스에 대한 불만, 거짓 불만 이렇게 네 종류가 있다.

1. 변화에 대한 불만

사람들이 좋아하는 것을 바꿔 보라. 그러면 당신의 사업 추진 단계에서 거센 항의를 받게 될 것이다. 코카콜라 사가 제조법을 바꿨던 때를 기억하는가? 소비자들의 거센 반발에 부딪쳤다. 세상은 변화를 싫어하며 변화를 거부하는 것이 자연스러운 인간행동이다. 변화는 안락함과 기대, 안정적 상태를 위태롭게 한다.

웹사이트를 새로운 디자인으로 바꾸고 나서 수많은 항의가 쏟아졌을 때, 나는 어느 정도의 반대는 예상했었다. 그게 정상이다. 사실, 10년 이상 디자인을 바꿀 때마다 항의가 있었다. 고객의 비평을 듣고 생겼던 고민은 어느 정도가 보통이고 어느 정도가 적당하느냐 하는 것이었다.

변화에 대한 불평은 주어지는 정보가 거의 없기 때문에 해결하기가 가장 어렵다. 웹사이트 디자인 변경을 실패했던 당시, 자료를 통해 고객들의 불만이 상당하다는 사실을 확인하게 되었다. 웹사이트에 들어왔다 바로 나가는 고객의 수가 3배로 증가했고, 잠재고객의 수도 크게 줄었다. 나는 실패를 받아들이고 되돌아가 다시 시작해야 했다. 변화를 주면 고객들의 불평을 만나게 될 것이다. 당연하다. 당신이 한 일의 진실성이 아닌 인간 심리가 작용하고 있을 뿐이기 때문에 어떠한 조치를 취할 수 없는 경우도 당연히 발생할 수 있다.

2. 기대로 인한 불만

기대로 인한 불만은 당신이 고객의 기대를 부정적으로 저버릴 때 발생한다. 당신과 거래하자고 고객을 설득하고 그들은 무언가를 기대하지만 당신이 제공하는 서비스는 고객의 기대를 충족시키지 못한다. 이런 일은 당신의 서비스가 실패했거나 기만적인 마케팅 전략으로 그들이 잘못된 기대를 갖게 되었을 때 벌어진다. 양쪽 경우 모두 문제를 일으킨다. 이때 문제는 당신의 문제이지 고객의 문제가 아니다. 당신은 고객의 기대를 충족시키거나 고객의 기대를 조절할 수 있도록 더 열심히 노력할 필요가 있다.

"서비스가 형편없어"라는 불평을 수백 번 들었지만, 우리 회사는 살아남았을 뿐만 아니라 오히려 번창했다. 나는 고객들의 불평을 파헤쳤다.

"당신의 서비스는 형편없어"라고 불평하는 광고회사들은 내 서비스를 의도한 대로 사용하지 않았다. 그들의 기대는 잘못 형성된 것이었다. 나는 기업 고객들에 이메일 목록을 발송하는 잠재고객 발굴 서비스를 운영했다. 여기서 중요한 것은 이메일 주소를 팔로우해야 한다는 것이다. 발송된 이메일 주소를 3주 동안 이메일 함에 내버려 두었다가 초등학교 1학년생처럼 대답했다가는 잠재고객을 끌어올 수 없다. 1000년에 한 번처럼 어쩌다 한 번 이메일 계정에 로그인해서는 잠재고객을 확보할 수 없는 것이다. 적절하게 사용되지 않으면 내 서비스는 형편없는 것이 되어 버린다.

나는 고객을 탓하는 대신, 고객의 기대를 보다 잘 관리하는 방법을 택했다. 나는 이메일 목록을 팔로우하는 사람이 어떻게 하느냐에 따라서 어떤 잠재고객을 확보하느냐가 정해진다는 점을 충분히 밝혀 두었다. 이메일 목록을 팔로우하지 않으면 잠재고객은 확보되지 않는다고 말이다. 대부분의 기업 고객이 요령 있게 의사소통을 하지 못했기 때문에 교육 캠페인도 펼쳐서 전문적인 대응을 보장해 주었다.

만약 고객의 불평에 대응할 수 없다면, 고객의 기대라도 관리할 수 있는 것이다. 나는 고객들이 수익을 얻게 되면 돈을 지불하고 계속해서 내 서비스를 이용할 것이라는 사실을 알고 있었다.

식당에서 생선조림을 주문했는데 생선이 덜 익어서 나왔다면, 잘 익은 음식을 기다린 당신의 기대는 무너지게 된다. 당신은 불만을 토로할 것이다. 하지만 식당 주인의 입장에서는 문제가 그리 간단하지 않다. 주인은 '왜 생선이 덜 익었지? 요리사가 문제인가? 주방 조리 공정을 재편해야 하나?' 등 여러 가지 문제를 두고 고민한다. 기대로 인한 불평은 운영상의 문제들, 잘못된 마케팅 정보, 상품의 문제 등을 드러낸다.

3. 제공하지 않는 서비스에 대한 불만

제공하지 않는 서비스에 대한 불만은 고객이 지속적으로 요구하는 서비스를 제공하지 않을 때 발생한다. 이 불만은 충족되지 않은 요구를 보여 주기 때문에 굉장히 큰 가치를 지닌다.

잠재고객을 발굴하던 시기에 리무진 서비스 제공업체로부터 가장 많이 쏟아졌던 불평 중 하나는 결혼식용 리무진 서비스를 제공할 생각이 없다는 것이었다. 결혼식을 위한 리무진 서비스를 요청하는 고객들이 있었지만 이를 제공하지 않는 업체들도 있었다. 마찬가지로 공항 환승 서비스를 제공하지 않는 업체들도 많이 있었다. 불평이 쇄도했고 불평 패턴도 등장했다. 나는 웹사이트에 페이지를 추가해 업체들이 제공하는 서비스 종류를 명시하도록 했고 문제가 해결되었다. 이 문제를 시정함으로써 나는 잠재고객의 가치를 높일 수 있었다. 가치 상승은 규모 증가, 수익 증대, 자산 가치 증가를 의미한다.

없는 서비스에 대한 불만은 기회의 금광과도 같다. 사람들은 자유롭게 그들이 원하는 바를 정확하게 말해 주며 당신은 이에 대해 돈을 지불할 필요가 없다. 충족되지 않은 요구를 힘들이지 않고도 파악할 수 있는 것이다.

4. 거짓 불만

2005년 3월, 한 여성이 웬디스(미국 패스트푸드 체인) 매장을 찾아와, 주문한 칠리에서 사람의 손가락 마디가 나왔다고 주장했다. 이 여성은 불만을 제기함과 동시에 고소까지 하려는 심산이었다. 다행히도 여기저기 소송을 걸었던 이 여성의 행적이 드러나면서 사기행각이 발각되었다. 라스베이거스 경찰은 이 여성을 중절도죄로 체포했다.

나는 이러한 불평과 거의 매주 싸워야 했다. 한 고객사에서 잘못 표기한 가격표를 보고 리무진을 한 시간 이용하고 나서 이용료가 5달러인 것을 50달러를 지불했다고 주장한다. "돈 안 돌려주면 변호사 불러서 고소할 거야, 당신!" 그렇다면 행운을 빈다. 인쇄상의 에러로 발생한 차액 45달러 때문에 변호비로 한 시간에 250달러를 지불하겠다는 것인가? 그야말로 바보 같은 발상이 아닌가?

수백만 명의 고객을 상대하다 보면 부당하게 한몫 챙기려는 수백 명과 마주치게 될 것이다. 이런 목적으로 불만을 제기하는 하급 사기꾼들이 당신을 냉소적으로 만들 수도 있다.

이러한 착취형 고객을 어떻게 상대할 것인가? 한 번 정도는 아량을 베풀어 주고 당신의 입장을 설명한 뒤 넘어가라.

대응할 문제를 선택하라

코미디언 빌 코스비는 "성공으로 가는 열쇠는 모르지만 실패로 가는 열쇠는 모든 사람을 기쁘게 하려는 것이다"라고 말한 바 있다. 나는 모든 이를 행복하게 만들겠다는 지나친 열정으로 사업을 시작했다. 그러나 그것이 곧 무모한 생각이었음이 드러났다. 고객의 불만은 균형 잡힌 관리가 필요하다. 내가 기록을 남겨 온 이유이기도 하다. 나는 내 서비스의 가치를 제고할 수 있는 패턴을 알아내고 싶었다. 더 좋아진 상품이 더 좋은 고객으로 이어짐을 알고 있었기 때문이다. 게다가 더 좋은 고객은 돈도 잘 낸다.

요즘에는 사업에 대한 고객의 불만을 손쉽게 접할 수 있다. 사업주는 트위터를 통해 고객들의 의견을 지속적으로 관리할 수 있으며, 구글의 알람 서비스는 당신의 회사명이 웹사이트에 언급될 때마다 보고를 해 준다. 피드백의 기록도 훨씬 용이해지고 있으나 불평의 소리를 해결하는 문제는 더 어려워지고 있다.

"당신 서비스에 돈을 내고 싶지 않아"와 같은 불만들은 무시해야 한다. 모든 사람을 행복하게 만들려 하다 보면 당신만 괴로워질 것이다. 대응할 불만사항을 선택하라. 가치를 가장 부각시키면서 제일 도움이 되는 문제를 해결하라.

"형편없네!"라는 평가를 당신에게 유리하게 활용하라

좋게 말해 줄 이유가 없다. 기업체가 제공하는 형편없는 서비스가 넘쳐나다 보니 형편없는 서비스도 표준 기대 수준으로 받아들인다.

컴퓨터 제조업체에 기술 지원을 요청한 경험이 있는가? 거대 국영은 행이나 건강 보험 회사에 전화해 본 적이 있는가? 서비스가 형편없다. 그것도 아주 형편없다. 고객 서비스는 자취를 감췄다. 서비스에 대한 우리의 기대는 희박해진 나머지 무관심 외에는 기대도 하지 않게 되어 버렸다.

소비자로서는 불만스럽겠지만, 형편없는 서비스는 기업가들에게는 훌륭한 기회를 제공해 준다. 고객 서비스가 부족한 곳에 좋은 기회가 있는 법이다. 기대가 가지는 매력은 바로 반대로 작용한다는 점이다. 기대로 인한 불평이 기대를 부정적으로 꺾는 데 반해, 형편없는 고객 서비스는 기대를 긍정적으로 꺾는 효과가 있다.

형편없는 서비스를 예상 밖의 우수한 고객 서비스로 바꿔라

기대를 초월하는 고객 서비스 전략을 펼침으로써 당신의 사업을 폭발적으로 성장시킬 수 있다. 나는 이것을 '뜻밖의 우수한 고객 서비스'라고 부른다.

우리 모두는 고객 서비스에 있어 어느 정도 형편없는 수준을 예상한다. 이는 추월차선을 달리는 이들에게는 이점이다. 예를 들어 입출금 내역서를 보고 나도 모르게 1만 달러가 인출되었음을 알게 되었다고 할 때, 나는 우선 당황하여 어쩔 줄을 몰라 할 것이다. 그리고 나서는 문제를 해결하기 위해 해당 은행에 전화를 걸 것이다. 그 시점이면 뇌에서 전화에 거는 온갖 기대를 즉각적으로 만들어 낼 것이다. 다음은 나의 '예상 프로파일'이다.

- 녹음된 메시지나 자동 안내 시스템을 듣는다.
- '이 서비스를 원하시면 1번, 저 서비스를 원하시면 2번, 다른 서비스를 원하시면 3번을 누르세요'라는 안내 메시지를 따라 계속 메뉴 버튼을 누른다.
- 한 상담원으로부터 다른 상담원에게로 안내를 받는다.
- 자신을 '스티브'라고 미국식 이름으로 소개하지만 인도풍 영어를 구사하며 영어가 유창하지 않은 누군가와 말하게 된다.

이것이 나의 예상이다. 물론 나의 고객 서비스 기대는 그리 호의적이지 않다. 내가 이용하는 은행과 수백 개의 다른 은행들도 이를 마음에 들어 하고 형편없는 서비스도 대수롭지 않게 여긴다. 우리의 현재 기대가 그 정도이기 때문이다. 그런데 미로와 같은 복잡한 음성메일 서비스 대신에 사람이 바로 응답을 한다면 어떨까? 음성 메일이나 서비스에 따라 누르는 버튼, 자동 안내 시스템은 필요가 없다. 당신이 전화를 받는 것처럼 사람이 직접 전화를 받는다. 고객 서비스 담당자와 통화한 후 5분 후에 문제가 바로 해결된다. 또 다른 상담원을 거치지도 않고 말이다. 탄성이 터져 나올 것이다. "세상에! 진짜?"

이것은 뜻밖의 우수한 고객 서비스 사건이다. 본래 형편없는 고객 서비스로부터 뜻밖의 우수한 고객 서비스로의 변화다. 고객의 고객 서비스 기대를 긍정적으로 무너뜨리게 되면 고객을 지속적인 단골 고객으로, 더 나아가 궁극적으로는 당신이 운영하는 사업의 신봉자로 변화시킬 수 있다.

무료 인적 자원 시스템을 이용하라

수동적으로 소득을 올릴 수 있는 한 가지 방법은 도움이 되는 기존의 고객을 인적 자원 시스템으로 이용하는 것이다. 따라서 노동력이 싸지 않다는 사실만 제외하면, 인적 자원 시스템은 일반적으로 관리를 요한다. 인적 자원 시스템을 무료로 사용할 수 있다면 멋지지 않겠는가? 당신의 사업을 좋아하고 따르는 고객층을 형성한다면 실제로 가능한 일이다.

고객의 낮은 기대를 긍정적으로 꺾어 버리는 고객 서비스는 고객을 평생 고객이자 당신 사업의 신봉자로 만들어 준다. 이들은 끝없이 무료

광고가 이루어질 수 있도록 물꼬를 터 준다. 입소문은 비용이 발생하지 않으며 투자로 거둬들이는 수익도 무한대이기 때문에 효과적인 광고 방법이다.

당신의 고객 서비스 전략은 당신 회사의 성장에 영향을 끼칠 것이다. 고객 만족은 기대가 충족되었음을 의미한다. 고객이 당신 사업의 팬이 되도록 하려면 만족을 넘어서는 서비스를 제공해야 한다.

우리 회사의 잠재 고객과 협상을 할 때 자주 받았던 질문은 '모집 광고에 돈을 얼마나 쓰는가?'였다. 나의 예상 외 답은 0달러였다. 불신과 회의적 의견이 뒤따랐다. 물론 사업을 시작했을 때는 구식 방법을 사용했다. 예측하고, 마케팅하고, 광고하고, 서비스 권유 전화도 걸었다. 하지만 얼마 지나지 않아 고객들이 알아서 광고를 해 주면서 광고에 드는 비용이 필요 없게 되었다. 고객들이 당신 회사를 정말 좋아하게 되면 그들은 신봉자가 되어 당신을 위해 광고를 해 준다. 이들은 무급 인적 자원 시스템이 되어 필요한 곳이면 어디든지 당신의 이름을 알리는 전도사 역할을 한다.

그렇다면 어떻게 고객 팬 층을 확보할 것인가? 예상 밖의 우수한 고객 서비스를 제공해라. 어떤 회사에 이메일을 보내면 실질적 답변이 얼마 만에 돌아오는가? 하루? 한 주? 나는 몇 시간, 며칠, 몇 주가 아닌 몇 분 만에 고객의 이메일에 응대했다. 반응 속도를 시험하기 위해 이메일을 보내는 사람들도 있었다. 나는 고객의 기대를 깨버리는 사업에 몸담고 있었지만 도리어 나에게 큰 이익을 가져다주었다.

나는 여기에 더해 실시간 고객 서비스를 시작했다. 우리 회사로 전화를 걸면 실제 회사에서 근무하는 직원이 전화를 받았다. 음성 안내에 따라 버튼을 누를 필요가 없었다. 서비스를 외부에 맡기고 싶지 않았기 때문에 고객 서비스 지원을 외부업체에 맡기지 않았다.

고객 충성도는 사업을 기하급수적으로 성장시킨다. 인적 지원 시스템이 고객들의 말을 통해 작동하기 때문이다. 예를 들어 보자. 나는 리퀴드웹이라는 웹호스팅 제공업체를 이용하고 있다. 기술 지원을 위해 리퀴드웹과 처음 접촉했을 때, 나는 티켓과 나의 기대 프로파일을 제출했다. 나는 답변을 듣기까지 하루나 이틀이 걸릴 거라 생각했다. 그런데 리퀴드웹 지원팀은 10분도 채 지나지 않아 답변을 주었고 20분 안에 내 문제를 해결했다. 이들은 뜻밖의 우수한 고객 서비스를 제공했으며 나의 기대를 깼다.

결과는? 나는 리퀴드웹의 '광팬'이 되었다. 나는 "호스팅 괜찮은 거 있어?"라고 묻는 사람이 있으면 자신 있게 '리퀴드웹'을 추천한다. 나는 전도사 같은 고객이다. 나는 두 형태의 통화로 그들에게 지불한다. 하나는 돈이고 하나는 그들의 서비스를 많이 추천하는 것이다. 두 번째 통화의 효용가치는 따질 수 없다. 내가 돈도 받지 않고 그들의 제품을 판매해 주는 인적 자원 시스템이기 때문이다. 당신의 회사를 매우 좋아하는 고객이 단 한 명이 아닌 1만 명일 때의 결과를 생각해 보라. 당신의 사업이 1년 안에 2%만 성장하겠는가 아니면 200% 성장하겠는가?

훌륭한 고객 서비스를 제공하고 당신의 사업을 크게 키우려면 고객의 기대 프로파일을 알아내라. 고객들이 당신의 회사로부터 기대하는 바가 무엇인가? 이들은 경쟁업체와 당신의 업체와 유사한 업체들을 어떻게 보고 있는가? 고객들이 기대하는 서비스를 주관적으로 파악해라. 그리고 그 기대를 꺾어라.

고객의 기대를 긍정적으로 꺾을 때마다 당신에게 두 가지 이득이 따라온다. 첫째, 고객들은 당신을 다시 찾아올 것이다. 둘째, 당신의 서비스에 반한 고객들이 당신의 회사를 위한 연락통이자 추종자인 동시에 무급의 인적 자원 시스템 역할을 하게 될 것이다. 두 경우 모두 속도를 높여 줄 것이다. 속도는 부를 증가시킬 것이다.

당신은 누구에게 충성을 다하는가?

고객 서비스가 왜 형편없는지 정말 그 이유를 알고 싶은가? 이는 사업주가 이해당사자 사슬에서 고객을 제일 바닥에 두기 때문이다. 이해당사자란 '기업의 행동, 목적, 정책에 영향을 주거나 기업에 직접적, 간접적인 이해관계를 가지는 사람, 단체 또는 기관'을 말한다. 상장기업은 최악의 예로서, 주주를 1순위로 하여 금융가와 실무진이 차례로 그 뒤를 잇는다. 제일 밑바닥에는 누가 있을 것 같은가? 바로 당신과 나다.

내가 직원들에게 반복적으로 설교했던 모토는 '내가 아닌 고객이 당신의 급료를 지급한다. 고객을 행복하게 하라'였다. 나의 이해당사자는 빠른 자동차와 큰 집을 향한 나의 이기적인 욕망이 아니었다. 고객에게 힘이 있다는 사실을 알았기 때문에 나의 이해당사자는 고객이었다. 나는 고객에게 충성했다. 물론 내 위로 상사도 있었고 내 본위대로 갈망했던 모든 것들에 대한 열쇠는 상사가 쥐고 있었다.

경쟁자들이 시작하기 전에 물리쳐라

고객 서비스가 형편없는 곳에는 항상 사업 기회가 있다. 대단해 보이면서도 실제 적은 일을 하는 것은 뜻밖의 우수한 고객 서비스 사건을 위한 전초작업이다. 형편없는 서비스를 경험한 고객은 애초부터 보통 이상의 서비스를 기대하지 않는다. 이 전략은 실재 사무실 없이 운영되는 회사에 잘 맞는 방법이다. 작은 소매점을 소유하고 있다면 커 보일 수 없지만 우리 같은 인터넷 회사의 경우에는 가능하다.

내가 '커 보이려는' 목적 중 하나는 경쟁업체들이 시작도 하기 전에 그들을 이기려는 것이었다. 누군가(혹은 회사)가 상점을 차려 당신과 경쟁하고자 한다면, 그들은 먼저 당신에 대해 파헤칠 것이다. 당신의 웹사이트를 살펴보고 당신이 하고 있는 일과 당신이 매긴 가격을 보고, 그 자리를 비집고 들어가기 위해 돈과 시간을 투자할 것인가를 결정한다. 미숙한 기업가는 마치 대기업이 기업가가 되고자 하는 이들을 위협하는 것처럼 느낄 것이다. 내가 "맙소사! 나는 혼잔데 저쪽은 나를 상대하는 직원이 12명이나 있으면 어떻게 경쟁을 해?" 하고 아연실색했던 것처럼 말이다.

다른 기업가들이 당신의 회사가 너무 크고 재정적으로도 너무 풍족해서 상대가 될 수 없다고 생각한다면, 당신은 그들이 시작도 하기 전에 그들을 이긴 것이다. 그들은 건성으로 시작하거나 만만한 상대가 있는 다른 산업으로 옮겨갈 것이다. 크게 보이고 작게 행동하라.

SUMMARY

- 불만은 고객의 마음을 간파할 수 있는 소중한 도구다.
- 변화에 대한 불만은 파악하기가 어렵고, 입증하거나 무효화하기 위한 추가적인 자료를 필요로 하기도 한다.
- 기대로 인한 불만은 당신의 회사나 마케팅 전략의 운영상 문제를 드러낸다.

- 훌륭한 고객 서비스는 고객의 낮은 기대를 긍정적으로 꺾는 것만큼 간단하다.
- 형편없는 서비스는 추월차선의 기회다.
- 만족한 고객은 당신의 회사를 공짜로 홍보해 주는 인적 자원 시스템이 될 수도 있다.
- 만족한 고객은 두 가지의 잔여효과를 가져온다. 계속해서 서비스를 이용하는 것과 입소문을 통해 새로운 고객을 끌어 오는 것이다.
- 고객과 그들의 만족이 당신이 열망하는 모든 것에 대한 열쇠를 쥐고 있다.
- 커 보이지만 행동은 작게 하는 전략이 고객 서비스 기대 좌절을 긍정적으로 이끈다.
- 커 보이면 잠재 경쟁업체들이 겁을 먹고 도망갈 것이다.

사업 파트너십은
결혼만큼 중요하다

기업의 최고의 자산은 사람이다. 상품이 자동차건 화장품이건 별 차이는 없다. 기업은 기업이 지키는 사람만큼의 가치가 있다.

— 메리케이 애쉬(Mary Kay Ash)

파트너와의 비즈니스 결혼

사업 파트너는 결혼하는 것과 같다. 아주 좋은 관계가 유지되거나 맹렬한 이혼으로 끝날 수도 있다.

3년 전, 술집에서 맥주를 마시고 있던 짐과 마이크는 전설적인 아이디어가 떠올라 같이 사업을 시작하게 되었다. 이들은 흥분한 감정 하나만을 생각하고 연합을 결성했다. 두 사람은 수익을 반반으로 나누기로 하고 열정 가득한 마음으로 출발했다. 마이크는 첫 고객을, 짐은 두 번째 고객을 찾아 나선다. 몇 달 만에 이들의 고객은 28명으로 늘었는데, 이는 두 사람이 수익을 올리고 주간근무를 그만두어도 될 만큼 충분했다.

2년 후, 짐의 근무시간과 업무의 질에 문제가 생기기 시작한다. 마이크가 4명의 고객을 데려올 때 짐은 1명을 데려오는 데 그치고 어쩔 때는 1명도 없을 때도 있다. 하지만 짐은 매주 금요일이면 50%의 수입을 받아 간다.

마이크가 말을 꺼내기라도 하면 짐은 방어적인 태도를 보이고 긴장이 고조된다. 이러한 대치 상태는 짐의 생산성을 하락시킬 뿐이어서 심지어 수개월 동안 새 고객을 1명도 끌어오지 못할 때도 있다. 마이크는 이 파트너십을 끝내고자 하지만 짐은 반대한다. 왜 그렇지 않겠는가? 그는 마이크가 힘들게 뛰어 번 돈의 50%를 챙기고 있으니 말이다. 몇 년 후, 파트너십은 깨지고 그와 함께 두 사람의 우정도 깨진다.

파트너십은 결혼과 같다. 열렬한 감정과 욕망이 사라지고 나면 두 사람은 성격, 시너지 효과, 상호 보완적인 속성 등에 기대 살아가야만 한다. 나의 초기 벤처사업은 전부 동업이었는데 모두 끔찍한 실패로 끝났다. 동업자들이 나쁜 사람들이어서가 아니라 직업윤리, 가치, 비전이 서로 너무 달랐다. 한 파트너는 오전 9시부터 오후 5시까지 일하는 보통 직업에 종사하고 있었고 사내 스포츠 활동에 열심이었다. 우리의 사업은 그의 우선순위에서 4위나 5위 정도에 그쳤다. 또 다른 파트너는 우리의 사업까지 해서 총 4개의 사업을 벌이고 있었다. 결국 우리의 사업을 우선순위 1위에 두던 나와 사업만 남았다. 무엇이 문제인지 알겠는가?

'그들'은 상호 보완할 수 있는 기술을 가진 사람과 동업을 해야 한다고 말한다. 내가 마케팅 전문이라면, 기술 쪽에 밝은 파트너를 만나야 한다. 영업을 잘하고 사교성이 좋다면 분석을 잘하는 사람과 파트너가 되어야 한다. 이 방법이 파트너를 찾는 좋은 시작점이긴 하지만, 이는 가슴이 크다거나 브래드 피트처럼 생겼다는 이유만으로 한 번 데이트한 사람과 결혼하는 것과 같다. 다른 많은 개인적인 특성이 요인으로 작용하여 파트너십이 형성되기도 하고 깨지기도 한다.

- 같은 직업윤리를 가지고 있는가? 당신은 늦게까지 일을 하는데 파트너는 놀러 나가는가?
- 두 사람이 서로 같은 비전을 가지고 있는가? 아니면 서로 충돌하는가?
- 파트너는 빨리 세계를 손에 넣고자 하는데 당신은 천천히 성장하기를 원하지 않는가?
- 파트너는 돈이 되는 한 단위의 사업체만 유지하길 원하는데 당신은 독점 사업권·가맹점을 팔기를 원하는가?
- 당신은 진정으로 파트너를 신뢰하는가?
- 두 사람의 성격 유형이 같은가?

많은 사람들이 잘못된 이유로 파트너십을 맺는다. 필요에 의해서가 아니라 잘못된 전제하에 사업을 시작하는 사람들처럼 이들도 잘못된 전제하에 파트너십을 형성한다. 파트너들은 시너지 효과를 추구하지 않는다. 이들은 위험, 비용, 업무량의 분산을 추구한다. 종종 파트너들은 상대방이 부담을 짊어졌으면 하고 바란다. 그리고 한 사람이 짐을 더 짊어지게 되면 분노가 형성된다.

무모한 대리인을 해고하라

훌륭한 고객 서비스를 제공하는 것과 직원이 이를 수행하도록 하는 것은 다른 이야기다. 당신의 초점이 최종 결과로 바뀌게 되면 고객을 만나는 최전선에서 문제가 생기는 경우가 종종 있다. 시급 8달러를 받는 미숙한 접수원의 불량한 태도로 당신이 실제로 부담하게 되는 비용은 얼마나 되는가? 고객들이 당신 회사의 신봉자가 되게 하려면 직원들이 당신의 고객 서비스 철학을 공유해야 한다. 어느 무능한 직원이 수백만 달러가 걸린 투자를 망쳐 버리도록 할 수는 없다. 이 세상의 모든 무형의 것들도 형편없는 고객 서비스 경험을 바꿀 수는 없다.

나는 라스베이거스에서 9일을 머물고 나서, 로봇 같은 기계적인 서비스가 화려함과는 상관없이 어떻게 영업 책임의 궁극점이 되는지 알게 되었다. 많은 사람들이 직장동료, 무능한 직원, 더러운 집, 교통, 이런저런 일이 벌어지는 전형적인 삶의 틀에서 벗어나 이곳에서 휴가를 보낸다. 이곳은 피난처가 되어야 하는 것이다. 나는 컨벤션에 참가하고 있던 친구로부터 추천을 받아 리오 호텔에서 머물게 되었다. 한 번도 이 호텔에 묵은 적이 없었고 올 생각조차 하지 않던 곳이었다. 호텔은 약간 허름하고 구식이었다. 침대는 딱딱했고 시설은 낡았다. 그럼에도 직원들은 매우 친절했다. 딜러는 매우 친절했고 카지노 직원은 우리의 작은 요청도 모두 들어줬다. 나는 기분 좋게 그곳에 머물렀다.

이 호텔에서 머문 지 3일이 지났을 때 나는 아메리칸 익스프레스 직원이 예약해 준 베네치아 호텔로 숙소를 옮겨야 했다. 베네치아 호텔은 호화로운 건축 양식을 자랑하는 새 호텔이다. 화려하게 장식된 기둥과 코벨 장식, 호화로운 샹들리에, 기타 다채로운 시설은 누구든 귀족이 된 듯한 기분이 들도록 만든다. 베네치아 호텔에서는 6일 동안 머물렀다. 하지만 6일이 지나자 슬프게도 이 호텔에 다시 오고 싶지 않았다.

화려한 이탈리아 건축은 좋았지만 직원들이 엉망이었다. 악몽은 호텔 도착 첫날에 시작되어 6일이 지나도록 계속되었다. 묵묵부답의 시설 관리팀, 용납할 수 없는 호텔 서비스 지연 시간, 약속 불이행, 기계적인 직원, 과도한 요금에 기가 막혔지만 무엇보다도 이 호텔은 안식처를 제공해 주지 못했다. 이 경험을 통해 배운 두 가지 중요한 교훈이 있다.

1. 뜻밖의 우수한 고객 서비스 철학은 직원들이 실천해야 한다.
2. 서비스가 형편없으면 훌륭한 상품 기능도 소용없다.

SUMMARY

• 사업 파트너십은 결혼만큼 중요하다.
• 당신의 회사에 대해 대중이 갖는 인식은 직원들에 달려 있다.
• 열성적인 고객 서비스는 단점을 극복할 수 있지만 열성적인 기능은 형편없는 고객 서비스를 극복할 수 없다.

42

경쟁사를
어떻게 활용해야 할까?

시장에서 좋은 상품은 결코 과잉 공급되지 않지만, 나쁜 상품은 빠른 속도로 과잉 공급을 이룬다.
— 헨리 포드(Henry Ford)

경쟁자에게서 눈을 돌려라

내가 제공하는 인터넷 서비스가 개인 고객들을 위한 것이긴 하지만, 비용을 지불하는 고객은 소규모 자영업자들이었다. 수많은 소규모 자영업자들과 매일매일 교류하다 보면 그들이 어떻게 사업에 접근하는지 볼 수 있는 통찰력을 갖게 된다. 모든 기업 소유주들은 내가 추측한 실수를 저지르곤 했다. 나는 대부분의 기업 소유주들이 자기 사업보다도 경쟁자들에게 신경을 더 쓴다는 사실을 금세 알아챘다. 자기 사업에 신경을 쓰는 대신, 다른 모든 사람들이 하는 모든 일에 대해 예민하게 굴었다. 이렇게 되면 자신의 제품에는 태만해져 선대처를 하는 대신에 후처리를 하게 된다.

운전을 할 때 당신은 당신의 차와 앞에 늘어선 도로에 시선을 고정하는가? 아니면 당신 주변의 모든 차량을 두리번거리며 구경하나? 경쟁사에만 신경 쓰고 촉각을 곤두세우면 어떻게 될까? 앞으로 가야 할 길에 대해서는 신경을 쓰지 않게 된다. 추종자는 선두주자가 되지 못하고 선두주자가 아니고서야 혁신을 이루지 못한다. 만약 X라는 회사가 무엇인가를 하고 그에 대해 당신이 반응하면 선대처가 아닌 후처리를 하는 것이다.

왜 다른 기업이 당신의 리드를 따르지 않는 것일까? 만약 경쟁사가 하는일 하나하나 정신을 쏟는다면 당신은 자신의 회사와 고객을 기만하고 있는 것이다.

경쟁사를 어떻게 활용해야 할까?

경쟁사에 대해서 95%는 잊어버려라. 나머지 5%는 그들의 약점을 찾아내 당신 사업을 차별화할 때만 활용해라. 경쟁사를 잊어버리면 당신 사업으로 집중이 강요될 수밖에 없다. 이는 혁신을 이루고 고객들의 마음을 얻기 위한 것이다. 그리고 고객의 필요성을 충족해 고객이 늘어나면 다른 모든 사람이 당신을 따르게 된다.

나는 내가 몸담고 있는 업계에서 선두주자다. 혁신을 이룩했고 모든 사람들이 내 뒤를 따랐다. 내가 새로운 특징을 고안해 내면 경쟁자들도 같은 특징을 몇 달 뒤에 추가하곤 했다. 내가 도입한 세대 소득 모델은 수없이 복제되었다. 나는 성공과 고객 만족에 정신을 쏟았기 때문에 다른 사람들에게 눈을 돌리지 않았다.

가끔 경쟁사를 몰래 염탐하는 경우는 그들을 활용할 목적으로 제한하자. 그들의 약점을 캐내서 당신의 제품을 차별화해라. 경쟁자가 하고 있지 않지만, 당신이 해야 할 무엇인가를 찾아라. 필요성을 찾아라. 경쟁사들의 고객 서비스 실수를 찾아라. 좋은 서비스를 제공받는 것이 불가능한가? 불만 있는 고객들이 자신이 겪은 불쾌한 경험으로 웹사이트를 어지럽히나?

내가 리무진 디렉토리 서비스를 시작했을 때, 나의 경쟁사는 이미 있던 웹사이트와 전통적인 전화부였다. 그 둘의 약점은 바로 위험성이었다. 광고를 내기 위해서는 혜택과 상관없이 고가의 수수료를 먼저 지불해야 했다. 5,000달러를 쓰고 새로운 고객 한 명을 얻었다. 고객 한 명을 위해서 5,000달러나 썼다. 실로 엄청난 모험이 아닌가? 나는 이런 방식이 사업가들에게 위험부담이 너무 높다고 생각했고, 그래서 그 문제를 해결할 방법을 찾았다.

경쟁은 시장에서 자리를 잡은 회사가 무엇을 해야 할지, 무엇을 하지 말아야 할지를 보여 준다. 나의 최대 경쟁자는 이메일에 절대 답을 하지 않는 것으로 유명했다. 이 점이 나에게는 장점으로 작용했다.

만약 가야 할 길을 보지 않고 경쟁자를 관찰하려거든 그들의 약점을 찾아내라. 약점을 이용하는 것이 바로 브랜드가 만들어지는 시작점이다. 경쟁사가 무엇을 잘못하고 있나? 어떤 점이 비효율적인가? 고객들이 만족하지 못한 그 애매한 영역에서 차별화 방법을 찾을 수 있다.

거친 유사 제품과 서비스에 대한 유일한 대안은 차별화이고, 차별화는 혁신과 경쟁사의 약점 분석으로 성취될 수 있다. 혁신에 박차를 가해라.

SUMMARY

- 만약 당신이 경쟁사가 하는 것을 보고 베끼느라 바쁘다면 혁신하지 않는 것이다.

- 경쟁사는 잊어버리고 당신의 사업에만 집중해라.

- 경쟁사를 그들의 약점을 찾아 당신의 제품을 차별화하는 데 활용해라.

추월차선 비즈니스의
접근 포인트

모든 사람은 목에 보이지 않는 사인을 달고 다닌다. "나를 중요한 사람으로 느끼게
해 달라." 다른 사람을 위해 일할 때 이 문구를 절대 잊어서는 안 된다.
– 메리 케이 애시(Mary Kay Ash)

기업이 아닌 상표를 만들어라

자동차 회사 볼보(Volvo)를 생각하면 무엇이 떠오르나? 나는 안전성
을 떠올린다. 포르쉐는? 스피드가 떠오른다. 페라리는? 부를 생각하게
된다. 폭스바겐은? 실용적이다. 도요타는? 신뢰성이 떠오른다. 그러나
누가 쉐보레를 언급하면 임박한 파산이라든가 노조 싸움, 예측 불가능
한 신뢰성을 제외하고는 딱히 생각나는 게 없다. 어떤 자동차 제조회사
는 강력한 상표를 만든 반면 다른 회사들은 기업만 만든다.

기업은 정체성 위기를 겪지만 상표는 그런 일을 거의 겪지 않는다. 유
사 상품으로 가득한 시장에서 앞서 나가기 위해서는 자기 회사만의 상
표 즉, 브랜드를 만들어 차별화해야 한다. 브랜드는 기업이 가질 수 있

는 최상의 방어력이기 때문이다.

독특함 : 참신한 판매전략

브랜드를 만들기 위한 첫 번째 단계는 참신한 판매전략을 갖는 것이다. 참신한 판매전략은 브랜드에 있어서 기초 토대와 같고 높은 가격을 보장하거나 열등한 제품을 벌충한다. 페덱스는 '무슨 일이 있더라도 소포가 하룻밤 사이에 꼭 도착해야 한다면'이라는 문구와 함께 나타났다. 엠앤엠은 '손이 아닌 입 속에서 녹는 밀크 초콜릿'이란 문구를 썼다. 이런 참신한 판매전략이 어떻게 이득을 가져다주는지에 주목해 보자. 도미노 피자는 '30분 안에 배달되지 않으면 무료'라는 참신한 판매전략으로 피자 왕국을 건설했다. 도미노는 필요성을 분명히 했다. 피자 배달을 기다리는 것은 힘들다. 도미노는 그 문제를 해결해 상표로 만들었고 이제 역사가 되었다.

자신만의 독특한 판매전략 개발하기

어떻게 하면 당신 회사를 위해 견고하고 독특한 판매전략을 개발할 수 있을까? 6가지 간단한 단계를 따라 해 보자.

1단계. 혜택을 밝혀라

올바른 이유를 가지고 사업을 시작해라. 문제를 해결하거나 필요성을 충족하는 것이다. 그러면 당신 회사의 첫 번째 참신한 판매전략을 만드는 것이다. 이미 사업을 하고 있다면, 경쟁회사로부터 차별화시켜주는 당신 제품만의 최대 장점을 찾아라. 이 과정에서 고객을 염두에 두어라. 고객이 무엇을 필요로 하는가와 무엇을 원하는가를 생각하라.

2단계. 독특함을 가져라

참신한 판매전략의 목적은 독특함이다. 독특함은 고객들에게 왜 당신의 회사를 선택해야 하는지 논리적인 이유를 제공한다. 당신의 회사를 선택하지 않으면 그런 혜택을 버리는 것이기 때문이다. 참신한 판매전략은 강력한 실행 동사처럼 사용되어야 한다. '체중 감소'는 '지방 제거'로 바뀌어야 한다.

3단계. 명확한 증거를 대라

웹사이트 : 차량이 20일 이내에 팔리지 않으면 무료!
상품 : 9kg를 감량하지 못하면 한 푼도 내지 마세요!
서비스 : 30일 내 주택 매매 보장, 아니면 제가 대신 집을 사겠어요!

도미노 피자는 '제시간에 도착'이라고 하지 않고 '30분 안에 배달하지 못하면 무료'라고 했다. 이것은 명확한 행동이었고 그 행동의 증거였다.

4단계. 짧고, 분명하고, 간결하게 말하라

최고의 판매전략은 짧고, 분명하고, 강력하다. 긴 구절은 시선을 끌지 못한다.

5단계. 당신의 광고전략을 모든 마케팅 소재들과 통합해라

만약 참신한 판매전략이 당신 사업의 모든 면에 걸쳐 적용되지 않는다면 무용지물이다. 모든 대중적인 의사소통에 참신한 판매전략을 포함시켜라.

- 트럭, 차량, 그리고 건물들
- 광고와 홍보 자료들
- 명함, 편지지 레터헤드, 간판, 홍보용 팸플릿과 전단지
- 웹사이트나 이메일 사인
- 음성 사서함, 안내원, 판매 문구, 기타 등등

6단계. 현실화해라

참신한 판매전략은 사람들을 설득해 물건을 사게 할 정도로 충분히 강력해야 한다. 만약 참신한 판매전략이 고객들의 주의를 사로잡지 못한다면, 또는 상품이 주는 혜택이나 사람을 끄는 요소가 너무 약하면 효과를 발휘하지 못한다. 참신한 판매전략은 현실화해야 한다. 말한 것은 확실히 지켜야만 한다.

SUMMARY

- 브랜드를 만들어라. 차별화된 브랜드가 기업의 경쟁력이다.
- 브랜드의 성공 여부는 참신한 판매전략에 달려 있다. 견고하고 독특한 판매전략을 개발하라.

부자가 되기 위해
기억해야 할 20가지

선택은 순간이지만, 그 결과는 평생 영향을 끼칠 것이다.
– 엠제이 드마코(MJ DeMarco)

1. 공식

부는 라이프스타일의 바탕이 되는 믿음, 선택, 행동 및 습관이 만드는 공식이고 체계적인 과정이다. 부는 하나의 과정이지 일회성 사건이 아니다.

2. 인정

부자가 되는 방법이 미리 예정되어 있다고 주장하는 '천천히 부자 되기' 전략은 근본적으로 결함이 있다는 것을 인정하자. 즉, 시간 제약을 받으며 제대로 작동되지 않는 셈법 (부 = 직업 + 시장)이다. '빠른 속도로 부자가 될 수 있음'을 인정하라. '무계획'은 좋은 계획이 아니라는 것을 인정해라. 행운은 행동할 때 비로소 따라온다는 사실을 인정해라.

3. 멈춰서 바꿔라

잘못된 지도를 따라가는 것을 멈춰라. 이제껏 해 오던 일을 멈춰라. 주말을 기다리며 영혼을 파는 짓을 멈춰라. 퇴직연금제도와 뮤추얼 펀드가 당신을 부자로 만들어 줄 거라는 생각을 버려라. 비효율적인 안내서를 버리고 추월차선으로 갈아타라. 소비자가 아니라 생산자의 편에 합류하라.

4. 시간

시간은 추월 차선에서 가장 큰 자산이다. 특히 여유 시간은 더욱 중요하다. 자유 시간을 줄 활동에 투자하라. 자유 시간을 저당 잡히게 하는 기생적인 부채와 같은 시간 도둑을 피하라. 계약된 시간을 자유 시간으로 바꿀 수 있는 사업 체계에 시간을 투자하라. 결정을 내리는 데 있어 중요한 요소를 시간으로 간주하고 결단을 내려라.

5. 변수를 통제하라

부를 창조하기 위해 통제 가능하고 제약이 없는 수학을 이용해라. 서행차선 부의 방정식 즉, 시간 제약이 있는 방정식(시간당 임금, 연봉, 연례화된 수익과 수년간의 투자)에는 유리하게 이용할 것이 없다. 당신의 부를 결정지을 셈법을 통제할 수 없거나 그 숫자를 빨리 크게 키울 수 없다면 당신의 금융 계획을 통제할 수 없다. 수학적 영향력은 당신을 위해 일하는 시스템에 의해 발휘된다.

6. 자산과 소득

조직화할 수 있고, 최종적으로 매각해서 현금화할 수 있는 사업을 통해 소득과 자산이 폭발적으로 증가할 때 부는 가속화된다. 소득수준보다 생활수준을 낮게 유지하되, 지출을 관리하는 동시에 소득에 집중해 자신의 수준을 높이도록 노력해라. 지출 삭감이 아니라, 소득과 자산 가치의 기하급수적인 성장이 백만장자를 만든다.

7. 숫자

당신의 숫자는 무엇인가? 당신이 선택한 삶의 방식대로 살기 위해서는 얼마나 많은 돈이 필요할까? 자신의 숫자를 정하고, 1센트 단위로 쪼갠 후에 지금 바로 그것을 현실화해라. 굴러다니는 동전을 저축하기 시작하고 위탁계좌를 개설하고 저축한 돈이 늘었는지 확인할 수 있는 도표를 만들어 사무실 벽에 붙여라. 당신이 꿈꾸는 생활양식이 현실화되도록 그런 생활양식을 보여 주는 사진을 작업 공간에 붙여라. 예를 들어, 산자락 아래에 통나무집을 갖고 싶다면 그런 사진을 찾아 컴퓨터에 붙여 놓고 매일 들여다보라. 미래에 대한 생각을 현실화하고 그 생각에 영혼을 불어넣으면 끊임없이 떠올릴 수 있다. 만약 페라리를 갖고 싶으면 페라리 모형 자동차를 사서 자동차나 책상에 놓아라. 그런 꿈들을 현실화하고 피할 수 없도록 만들라!

8. 영향력의 법칙

영향력을 존중하면 부로 충만해지리라. 영향력의 법칙은 "당신이 통제하는 환경 안에서 더 많은 사람들에게 영향을 미치면, 더 큰 소득을 올릴 수 있다"는 것이다. 수백 명에게 영향을 미치면 수백만 달러를 벌수 있을 것이다. 대규모로 필요성을 충족시키면 돈은 저절로 굴러들어오게 된다. 돈이 가치를 반영한다.

9. 조종

삶에서 항해는 선택이다. 어느 순간, 당신이 추월차선 이론에 헌신해야 하고 그 헌신은 당신의 과정을 형성한다. 체중 45킬로그램을 줄이기로 결심한다고 해서 어느 날 아침 45킬로그램을 감량할 수 없는 것과 마찬가지로 부는 어떤 사건의 결과가 아니다. 어떻게 조종을 하는지가 추월차선이 생활양식이 되는지 취미가 되는지를 결정한다. 올바른 결정을 지나칠 정도로 극단적으로 강제하려면 최악의 결과 분석과 가중평균 의사결정 매트릭스를 효율적으로 활용해라. 젊을 때 하는 선택의 마력이 가장 강력하고 나이가 들수록 약해진다. 과거에 자신이 한 선택을 연구해 보라. 그때는 왜 그곳에 있었는지? 어떤 선택이 인생에 반역적인 것이었는지? 왜 지금 빚에 허덕이고 있는지? 과거의 선택에서 비롯된 잘못을 지금 바로잡지 않는다면, 같은 실수를 반복할 수밖에 없다. 행동 변화는 과거의 선택을 돌아보는 것과 추월차선식 사고방식을 갖기 위해 미래에 있을 그 실수를 수정하는 것에서 시작한다. 책임을 지되 의무가 그 뒤를 따라야 한다.

10. 벗어나기

당신의 사업 구조를 추월차선 실체에 부합하게 만듦으로써 서행차선의 불확실한 부의 방정식으로부터 공식적으로 벗어나라. 다시 말해, 주식회사나 소규모회사, 또는 유한책임회사의 형태로 사업을 해야 한다. 따라서 당신의 기업은 대리 기업 체계가 된다. 이런 기업 형태는 스스로에게 먼저 이익을 돌려준 후에 정부에 세금을 납부한다. 이런 기업 형태는 당신의 시간과는 관계없이 생존한다. 이것이 자산 창출을 위해 취해야 할 첫 번째 단계다.

11. 열정과 목적

사업체, 그리고 당신이 꿈꾸는 삶의 윤곽을 그려 줄 돈, 그리고 이와 함께 습관적인 행동으로 당신을 이끌 열정과 목적이 필요할 것이다. '열정'을 '당신이 사랑하는 일을 하는 것'이라고 혼동하지 말라. 열정은 당신의 영혼을 불사르고 당신이 어떻게 해서든지 그것을 할 수 있도록 만드는 것이다. 열정은 흥분으로 속도를 올리게 만들기도 하고 불만으로 격분하게 만들기도 한다. 이런 종류의 이기적인 마음도 있고(람보르기니를 갖고 싶다) 저런 종류의 이기적인 열정도 있다(고아들을 돕고 싶다). 열정이 너무나 강렬해서 당신을 그 과정에 빠져 들게 할 수 있을 정도라면 그 일이 무엇인지는 중요하지 않다.

12. 학습

학습은 졸업과 함께 시작한다. 절대로 배움을 멈추지 않겠다고 맹세하라. 지금 당신이 아는 것만으로는 내일 당신이 필요로 하는 사람이 되기에 충분하지 않다. 당신이 통제하는 환경에서 기업 체계를 만들고 운영을 위해 필요한 추월차선 지식을 공부하라. 도서관에도 방문하고 인터넷을 통해서도 배움을 계속하라. 정보란 재무적 여정의 기름과도

같다. 때로 낭비하는 시간들을 이용해서 짧은 시간 동안 매일 독서를
해야 한다. 기차나 비행기 안에서, 운동을 하면서, 점심 시간에, 또는
일하러 가기 전 아침에 한 시간, 또는 우체국에서 기다리면서도 독서를
할 수 있다.

13. 차선

추월차선으로 진입해라. 하지만 어떤 길을 가야 할지 모른다고 해서
걱정하지 마라. 그 길이 당신을 안내해 줄 수 있다. 필요성과 문제점들
을 알아볼 수 있도록 정신을 훈련시켜라. 당신의 생각과 언어를 관찰해
라. 왜냐하면 당신의 생각과 언어에 비춰 니즈가 전혀 혹은 제대로 충
족되지 않은 경우를 찾아낼 수 있기 때문이다. 깜짝 놀랄 만한 발견을
할 필요도 없다. 다만 문제점이나 애물단지, 또는 서비스의 허점 하나
를 찾아서 해결하면 되는 것이다. 세계 최고의 사업 중 많은 것들이 이
미 존재하는 제품을 기반으로 해서 문제를 더 잘 해결해 낸 것이다. 니
즈나 문제점, 불편, 쟁점에 집중하면 길은 스스로 열릴 것이다. 그렇다,
바로 그 길이 당신을 선택할 것이다.

14. 통제력

당신의 재정 계획은 통제의 계명과 통한다. 재정 계획을 통제하라.
가격 책정부터 마케팅과 운영까지 당신이 완전히 지배할 수 있는 기관
에 참여하라. 추월차선의 사업가들은 중요한 기업 기능에 대한 통제력
을 위계질서에 따른 통제 구조에 양보하지 않는다. 왜냐하면 그들 스스
로가 통제 구조이기 때문이다. 열대어가 아닌, 상어처럼 수영하라.

15. 소유

사람들이 필요로 하는 것을 가지면 돈은 자연히 굴러들어 올 것이다. 이는 필요의 계명을 반영한다. 돈을 뒤좇아서는 소득을 폭발적으로 증가시킬 수 없다. 돈을 뒤좇는 짓을 멈춰라. 왜냐하면 돈은 그것만 좇는 사람은 교묘히 피해가기 때문이다. 그 대신 돈을 유인하는 일에 집중하라. 그것이 바로 니즈를 해결하는 사업이다. 돈은 가치를 제공하는 데서 온다. 이기심을 버리고 다른 사람들이 원하는 것을 소유하도록 노력해라. 그렇게 할 때 돈은 자연히 들어오게 되어 있다. 왜냐하면 돈이란 다른 사람이 원하고, 바라고, 갈망하고 필요로 하는 것을 가진 사람에게 끌려오기 때문이다.

16. 자동화

사업을 자동화하고 시간의 계명을 소중히 여겨라. 당신의 시간을 사업으로부터 분리해라. 가장 수동적인 소득, 돈이 열리는 나무의 묘목은 자본 체계, 대출 체계, 컴퓨터 시스템, 내용 체계, 분배 체계, 인적 자본 관리 체계다. 어떤 사업에서든 자동화의 핵심은 이런 묘목에 근거한다.

17. 복제

당신의 시스템을 복제하고 규모의 계명을 존중해라. 홈런을 때릴 수 있는 환경에 진입해라. 수백만 달러를 벌려면 수백 명에게 영향을 줘야만 한다. 수백 명에게 영향을 주려면 수백 명에게 영향을 줄 수 있는 환경에 있어야 한다. 당신의 제품, 서비스, 과정이 영향력의 법칙을 이용할 수 있도록 국제적인 규모로 복제될 수 있는가?

18. 성장

당신의 기업을 마치 체스 경기처럼 다차원적으로 성장시켜라. 회사가 아닌 상표를 만들어라. 고객을 당신의 상사처럼 대하고 불만을 기회로 바꿔라. 세상에 귀를 기울여라. 세상이 최선의 방향으로 인도한다. 스스로를 경쟁에서 차별화시켜라. 하나의 사업, 단 하나의 사업에만 집중해라.

19. 출구

출구 전략을 세워라. 추월차선에서 단 하나의 목적지는 돈이 들어오는 시스템을 통해 얻은 완전한 소극성이다. 돈이 들어오는 시스템은 막대한 자산 가치의 현금화를 통해 가장 원활히 자금을 공급 받을 수 있다. 자산을 언제 현금화해야 할지 알고 종잇조각에 불과한 채권을 진짜 돈으로 바꿔라. 언제 말에서 내려서 새 말로 갈아타야 할지를 배워라.

20. 은퇴, 보상 그리고 반복

자산을 현금화한 이후에는 은퇴하거나 다시 그 과정을 반복해라. 어느 쪽을 선택하든 그 과정에서 겪었던 획기적인 사건에 대해서 스스로에게 보상을 해라. 첫 번째 상품을 팔았나? 축하해라! 저녁을 먹으러 가거나 시가를 사거나 맥주를 마셔라. 순자산 10만 달러를 돌파했다면? 자신에게 뭔가 근사한 선물을 해라. 합작 계획을 성사시켰다면? 하고 싶은 일 한 가지를 마음껏 하며 자축해라. 100만 달러를 넘었다고? 휴가를 떠나라. 1,000만 달러를 넘었다고? 람보르기니를 한 대 사라.

맺음말

당신을 가두는 혼란스러운 과거에서 벗어나라

추월차선은 목적지 자체가 아니라 여정이며, 이 여정은 바로 당신의 삶과 당신 스스로가 겪는 과정이다. 당신의 꿈이 살아 있고 실행 가능한 한 이런 여행을 할 가치가 있다는 것을 알게 될 것이다. 어디에서 시작하는지는 중요하지 않지만 어떻게 계속하는지는 중요하다. 멋진 인생으로 들어서는 차고의 문은 열려 있다. 당신을 가두는 과거는 잊고 새로운 길을 선택해라. 추월차선을 선택하는 모든 사람들은 인생에서 유사한 혼란을 겪으면서 시작한다.

하지만 엠제이, 빚이 산더미처럼 쌓여 있어요!
하지만 엠제이, 슈퍼마켓에서 물건 진열하는 일을 하고 있어요!
하지만 엠제이, 일이 끝나면 시간이 없어요!
하지만 엠제이, 아내가 제 사업 구상안을 싫어해요!

여러 장애물이 있지만 그것은 그저 장애물에 불과하다. 장애물은 그저 당신을 주저앉게 만들 뿐이다. 이런 변명들은 그 누구도 부유하게 만들어 주지 않았고 우리 모두 이런 변명을 하곤 한다. 다른 사람들처럼 생각하는 것을 그만두고 행동을 취하기 시작하라. 당신의 인생 여정을 영원히 바꿀 수 있는 결단을 지금 내려라.

독자와의
Q & A

Q | 저는 고등학교 교사입니다. 어떻게 하면 추월차선을 탈 수 있을까요?

A | 우선 현재의 길을 벗어나지 않고서는 불가능하다는 사실을 이해하셔야 합니다. 직업을 버리라고 (아직은) 말씀드리진 않겠지만, 병행할 수 있는 또 다른 길을 찾아보시라고 말씀드리고 싶습니다. 지금 몸담고 있는 직장에서 어떤 문제점을 발견한 게 있으신가요? 전국 모든 학교에서 교과 과정에 필요한 제품을 발명해 보시는 건 어떨까요? 아니면 교사들을 대상으로 책을 쓰는 건 어떠세요? 사립학교 개교를 목표로 하는 건 어떨지요?

현재의 직업에 관련해 대중화할 만한 니즈를 못 찾으시겠다면, 다른 업종에서 찾아볼 만한 것은 없을까요? 학생들로부터 힌트를 얻을 수도 있을 겁니다. 학생들의 불평에 귀 기울이시나요? 학생들 사이의 문제나 골칫거리, 고민에 대해서 들어 보셨습니까? 니즈는 현재 걷는 길 외에 어느 곳에나 존재합니다.

길은 문을 두드리는 사람에게만 열립니다. 게다가 교사이시니 다른 사람들이 누리지 못하는 시간을 자유롭게 활용할 수 있지 않습니까. 방학 기간 동안 쉴 수 있다는 사실을 얼마나 많은 사람들이 부러워하는지 아십니까? 이 자유 시간을 활용해 새로운 길을 찾고 추월차선 여행을 시작하십시오.

Q | 저는 19년간 사업을 했어요. 집에도 거의 못 들어가고 일 외에는 아무것도 할 수 없지만, 부자도 아니에요. 사업을 한다고 부자가 되는 것 같지는 않아요!

A ｜ 동의합니다. 당신의 문제는 부를 향한 길 위에 서 있지 않다는 점
입니다. 당신의 삶은 시간의 계명을 어기고 있기 때문입니다. 사
업을 돈이 열리는 나무로 만들어 시간으로부터 자유로워지지 않
는 한, 미래가 없는 직장인의 삶이나 다름없습니다.

Q ｜ 저는 지금 빚이 1만 2,000달러나 있고, 겨우겨우 먹고 사는 처지입니다. 무
엇부터 시작해야 할까요?

A ｜ 부채의 근본 원인을 이해하는 것부터 시작하십시오. 빚이 어떻게
생겼는지? 어쩌다 1만 2,000달러까지 불어났는지? 당신의 빚이
그만큼 쌓인 것은 하나의 사건이 아니라 몇 년에 걸쳐 일어난 과
정의 결과입니다. 하루아침에 1만 2,000달러의 빚이 생겼을 리 없
습니다! 당신이 선택한 것 즉, 현금 대신 신용으로 구매한 것들이
빚으로 남은 겁니다. 옷장 속에 널브러져 있는 옷들, 멋진 차, 비
싼 헬스클럽, 지나치게 비싼 집이나 신용카드로 구매한 일상적으
로 필요한 모든 물건들 때문일 수도 있습니다. 신용카드로 인해
생기는 부채로부터 벗어나려면 물건을 살 때 사건이 아닌 과정을
생각해야 합니다. 인도식 생활습관을 반성하시고 부채가 더 커지
지 않도록, 더 나아가서 줄일 수 있는 방향으로 선택하도록 하세
요. 모든 물건을 현금으로 구매하세요. 현금으로 살 수 없다면, 사
서는 안 되는 물건입니다.

둘째, 소득에 집중하세요. 현실을 직시하세요. 돈을 더 많이 벌어

야 합니다. 사업으로 매달 1만 5,000달러씩 벌어들일 수 있다면, 그래도 지금의 빚이 부담스럽겠습니까? 아닐 겁니다. 그 정도 빚은 몇 십 년이 아니라 몇 주 만에 갚아 버릴 겁니다. 소득이 답입니다. 단, 당분간 빚이 더 늘어나지 않도록 지출 역시 줄여야만 합니다.

사람들의 니즈가 무엇인지 파악해 사업을 시작하고 추월차선 부의 방정식에 한발 더 다가가십시오. 다른 사람들이 꺼리는 일을 하느라 고생할 수도 있습니다. 대부분의 사람들이 원치 않는 일을 해야 할 수도 있습니다. 독하게 달려들지 않는다면 아무것도 이룰 수 없습니다.

Q | 저와 제 아내는 서로 다른 길을 달리고 있어요. 아내는 평생 한 푼이라도 저축하며 검소한 삶을 살아온 서행차선 사람이고, 저는 좀 더 특별한 것을 원하는 모험심 강한 사업가입니다. '여러 가지' 사업을 벌였지만 성공한 적은 없고 관계만 악화되고 있어 문제입니다.

A | 부인이 이 책을 읽어 보셨나요? 읽어 보신 후에도 추월차선식 철학에 동의하지 않고 참여할 생각이 없다고 하시면, 미래를 위해 힘든 결정을 내리셔야 할지도 모릅니다. 배우자는 평생의 동반자입니다. 두 분의 길이 서로 어긋나 있다면 앞에 놓인 길은 힘들 수밖에 없습니다. 지금은 그 길이 1도 정도 어긋나 있다면, 몇 년 후에는 90도쯤 벌어지게 될 겁니다.

개인적으로 저는 '적당히 좋은' 관계에는 관심이 없습니다. 서로에게 최선의 도움이 되는 관계에만 관심이 있지요. 두 분의 관계는 오직 두 분만이 판단할 수 있습니다. 두 분 사이에는 각자의 철학을 이어줄 만한 공통의 타협점이 있습니까? 시간에 대한 가치관이 일치한다거나, 재무적 지식의 중요성을 이해한다거나, 돈을 벌려면 시간으로부터 자유로워야 한다거나, 빚의 유해성 등에 대한 생각이 일치합니까? 이런 공통점을 지니고 있다면 각자의 길을 달리하더라도 공통의 목표를 향해 나아갈 수 있을 것입니다.

마지막으로 '여러 가지' 사업을 벌이고 계신 점은 우려스럽습니다. 스스로가 한 번에 여러 가지 기회를 재 보는 기회주의자는 아닌지 생각해 보십시오. 사업은 배우자와 같습니다. 이 사업 저 사업을 찔러 보는 일은 그만두시고 오직 한 가지 사업에 집중하십시오. 투자한 만큼 얻게 될 것입니다.

Q 부동산 투자는 어떤가요? 부동산에 대해서는 많이 언급하지 않으시던데, 부동산도 추월차선에 해당하나요?

A 저는 부동산이 부의 기본이라고 생각하며, 그것을 추월차선식으로 활용하려면 5계명에 충실하려는 노력이 필요하다고 봅니다. 당신은 부동산에 대한 필요 때문에 투자합니까, 아니면 단지 아는 게 부동산 외에 별로 없어서 투자합니까? 부동산 투자로 성공하는 사람들은 부동산을 싼 가격에 사서 가치를 올려 되팝니다. 그리고

주민들이 원하는 바를 파악하여 아파트 단지를 개발합니다.

더욱이 부동산은 소유할 수 있는 범위에 한계가 있습니다. 그러니까 부동산으로 성공하려면 여러 번, 반복적인 과정을 거쳐야 한다는 의미입니다. 작은 부동산 하나를 가지고는 부자가 될 수 없지만, 부동산 200군데에 투자하여 몇 년을 거친다면 부자가 될 수 있습니다. 그러기에는 오랜 시간이 걸립니다. 부동산은 추월차선 전략이지만 사업으로 번 돈만으로는 불리기에 한계가 있는 자산 가치를 바탕으로 하기 때문에 상대적으로 오랜 시간이 필요합니다. 그래서 부동산 투자로 돈을 번 22세 부자를 찾기가 하늘의 별 따기인 것입니다. 자산 가치는 크기의 제약을 받으므로 부동산 투자로 부자가 된 사람들은 나이가 많을 뿐만 아니라 비싼 부동산을 주로 소유합니다. 도널드 트럼프 소유의 빌딩이 단독주택이 아니라 고층건물인 것처럼 말입니다. 부동산은 시간으로부터 자유롭게 소득을 올릴 수 있는 자산입니다. 부동산을 이용해 추월차선을 여행할지 여부는 당신의 결정에 달렸습니다.

Q 한 주에 4시간만 일해서는 부자가 될 수 없나요?

A 물론 가능합니다. 부의 3요소 중 자유를 정의하는 사람은 바로 당신이니까요. 당신에게 있어서 부란 지갑에 100달러만 든 채로 세계를 여행하는 것이라면, 그리고 각종 사기 및 범죄에 재능이 있는 분이라면, 그렇게 하세요. 스스로 삶의 주인이 되고 가족을 부

양하는 데 한 달에 1,000달러밖에 필요 없다고 생각하신다면, 그렇게 하세요. 한 주에 4시간씩만 일한 적이 있느냐고요? 물론 있습니다. 심지어 그보다 더 적게 일하기도 했어요. 여러분과 저의 차이점이라면, 저는 그 지점에 도달하기까지 많은 노력을 했고 그 결과 한 달에 1,000달러가 아니라 10만 달러씩 벌고 있었다는 점입니다. 처음부터 끝까지 한 주에 4시간씩만 투자해서 성공했다는 백만장자를 만나 본 적은 한 번도 없습니다. 성공으로 가는 길은 일방통행입니다. 하루 4시간의 근무는 돈이 열리는 나무가 맺은 결실이지, 토양이 될 수는 없습니다!

Q│ 제휴 마케팅도 추월차선 사업인가요? 제휴 마케팅으로 돈을 잘 버는 사람들을 본 적이 있어요.

A│ 제휴 마케팅(AM : Affiliate marketing)은 진입과 통제의 계명에 위배됩니다. 이 점만 해결된다면 추월차선 사업이 될 수 있습니다. 하지만 그 자체로는 추월차선이 될 수 없습니다. 저는 제 이런 개인적 견해 때문에 제휴 마케팅 포럼 몇 군데에서 혹평을 받은 적도 있습니다.

물론 많은 제휴 마케터들이 돈을 잘 번다는 사실은 무시할 수 없습니다. 그건 복권 당첨자들도 마찬가지입니다. 경력 네트워크 마케터들 중에도 부자가 된 사람들이 있지요. 제 견해가 절대적인 것은 아니지만 저는 확률을 두고 이야기하는 것입니다. 통제력을 조금이라도 침해당하면, 포기하는 것이나 마찬가지입니다. 제가 제휴 마케터와 손을 잡고 저희 회사 제품의 홍보를 맡긴다면, 그 사람은 자신의 통제력을 저에게 넘기는 셈이고 저는 낮은 진입 장벽을 이용하는 셈입니다. 진입 장벽이 낮은 분야에 진출하려면 반드시 뛰어나야 합니다.

한 명의 제휴 마케터가 한 달에 3만 달러를 버는 사이, 30만 명의 제휴 마케터들은 한 달에 100달러도 채 못 법니다. 한 명의 네트워크 마케터가 한 달에 5만 달러를 버는 사이, 50만 명의 네트워크 마케터들은 한 달에 100달러도 채 못 벌기도 합니다. 한 명의 복권 당첨자가 100만 달러를 손에 쥘 때, 100만 명의 사람들 손에는 꽝인 복권만 남아 있지요. 확률을 생각해 보십시오. 확률로부터 벗어나 뛰어난 존재가 될 수 있다고 생각하신다면, 도전해 보십시오. 큰돈을 벌어들인 뛰어난 제휴 마케터 몇 명을 알고 있습니다. 과정만 충실히 밟는다면 그들 중 하나가 되는 것도 불가능하지 않습니다.

비추월차선식 훈련을 택한다고 해서 그것이 무익하다거나 해로운 것은 아닙니다. 저는 수학과 확률을 이용하기 때문에 스스로 길을 찾을 수 있었습니다. 제휴 마케팅도 잘 활용하면 사업을 확장시킬 수 있는 강력한 방법입니다. 그렇기 때문에 저도 대중에게 편승하는 대신 대중이 직접 참여하고 싶어 하는 제휴 프로그램을 만들어 내는 일에 찬성합니다.

Q ｜ 대학교를 중퇴하는 게 좋을까요?

A ｜ 그 결정은 당신의 정신적 성숙도 및 목표, 그리고 대학교육의 비용 및 한계편익(Marginal Benefit)에 달려 있습니다. 의사나 엔지니어, 또는 간호사가 되고자 하는 사람이라면 물론 학교 교육을 마쳐야 합니다! 어려운 기술을 요하는 발명품을 만들고 싶다면 대학교육이 필요할 겁니다! 단지 교육의 노예가 되지 않도록 조심하십시오. 그리고 때로는 정규 교육이 당신의 앞길에 방해가 될 수도 있음을, 교육이 부의 전제조건이 아니라는 사실을 알아야 합니다. 교육의 효용성은 목적 및 비용에 따라 차이가 납니다. 저는 대학교육을 받은 것을 후회하지 않습니다. 즉, 다시 과거로 돌아가더라도 대학교를 다닐 것입니다.

Q ｜ 제 상사가 말하길 당신 말을 따르면 꿈을 이룰 수도 없고 당신의 네트워크 마케팅에 대한 의견은 잘못되었다고 해요.

A ｜ 좋습니다, 그러면 그 상사의 조언을 그대로 따르세요. 그리고 5년 후에 어떻게 되었는지 제게 좀 알려 주세요.

Q ｜ 제게는 부양해야 할 아내와 두 아이가 있어서 직장을 그만둘 수가 없습니다. 추월차선을 탈 시간을 어떻게 내죠?

A 문제는 시간이 아니라 열망과 열정입니다. 당신에게 지워진 책임이 곧 함정입니다. 사람들은 거기에 매어서 서행차선의 계획에 순응하고 말지요. 자유로워지려면 당신이 지닌 강한 열정에 몸 바칠 수 있어야 합니다. 그 열정이 있다면 이른 아침이든 늦은 저녁이든 주말이든 필요한 시간을 찾아낼 수 있을 겁니다. 타오르는 열정 없이는 당신이 열망하는 것들이 단순한 관심에 지나지 않고 사라질 겁니다. 헌신적으로 추월차선을 달리는 사람들은 부를 찾고, 단지 관심을 갖고 추월차선을 기웃거리는 사람들은 변명거리를 찾을 뿐입니다.

Q 처음으로 람보르기니를 샀을 때 행복했나요? 저는 포르쉐를 사는 상상을 하곤 해요.

A 자동차나 다른 비싼 장난감으로는 행복해질 수 없습니다. 저는 처음 람보르기니를 샀을 때 이미 행복한 상태였고, 차는 제 삶에 대한 보상일 뿐이었습니다. 행복은 성취의 과정에서 나오는 반면, 구입이라는 행위는 보상이자 사건에 지나지 않습니다. 성취는 과정이자 경험의 산물입니다. 당신의 특정한 목표를 향한 반복적이고 열정적인 성취 과정 덕분에 행복해지는 것이지, 자동차 때문에 행복해지는 것이 아닙니다! 그리고 마침내 원하던 것을 손에 넣게 되면 그 차에 대한 열망이 금세 사그라진다는 사실에 놀라실지도 모릅니다.

Q 저는 치위생사로 일하는 싱글맘입니다. 어떻게 하면 추월차선을 탈 수 있을까요?

A 직업과 관계없이 '추월차선'을 타려면 5계명(필요, 진입, 통제, 규모, 시간)을 지키면 됩니다. 다수의 니즈를 충족시키는 사업을 시작할 수 있습니까? 현재 몸담은 분야(치과 치료)에서 수천 명의 환자에게 도움이 될 만한 니즈를 찾아낼 수 있습니까? 그 분야가 아니더라도 어떤 분야로든 시야를 넓혀 보십시오. 당신이 단지 치위생사일 뿐만 아니라 한 사람의 어머니자, 여자이자, 딸이라는 사실을 기억하십시오. 각각의 하위 집단별로도 수백 가지의 길이 있습니다. 어떤 분야에 관심이 많으십니까? 정치? 웰빙? 정원 가꾸기? 그 분야에서 새로운 니즈를 발견할 수 있습니까? 직접 새로운 길을 발견하기 어렵다면, 해결을 필요로 하는 문제를 통해 새로운 길이 드러나도록 하십시오.

Q 사업을 시작하는 데는 당연히 위험이 따릅니다. 위험을 최소화하는 방법이 없을까요?

A 있습니다. 올바른 명분을 세우고 사업을 시작하십시오. 올바른 명분이 있다면 시장의 빈틈을 노리고 다른 경쟁자들보다 더 나아질 수 있습니다. 사업이 위험해지는 이유는 기업가들이 이기적이고 옳지 않은 동기를 바탕으로 사업을 시작하는 데 있습니다. 타인들

은 당신의 꿈에는 신경 쓰지 않습니다. 사람들은 천성적으로 이기적이라, 자기 욕구를 채우는 데만 관심이 있습니다. 니즈나 브랜드, 그리고 사업의 목적을 확립하지 않은 채 사업을 시작하면 위험은 더욱 커집니다. 니즈를 채울 수 있는 일이 아니라 단순히 당신이 하고 싶은 일을 하겠다는 생각으로 사업을 시작하면 위험은 더욱 커집니다. 사업의 주요 기능에 대한 통제력을 남에게 넘기면 위험은 더욱 커집니다. 사업의 기본적인 목적에 대한 관점이 흔들릴 때 사업은 위험해집니다. 사업의 기본 목적은 니즈를 해결하고 상생하는 것입니다. 그러면 수익은 자연스럽게 따라올 것입니다.

Q 당신은 통제 강박이 있는 것 같아요. 추월차선식 수동적 소득은 이자율에 의해 영향을 받을 수밖에 없는데, 이 통제 불가능한 이자율에 대해서는 어떻게 하실 건가요? 이자율이 '0'이라면 추월차선도 소용없는 것 아닌가요?

A 맞습니다. 저는 재무 계획에 있어서는 통제 강박증 환자이며, 여러분도 그래야만 합니다. 여러분이 직접 통제력을 쥐고 있지 않으면 안락하고 안전한 삶을 얻기 위해 다른 누군가에게 의존할 수밖에 없을 것입니다. 저는 그렇지 않습니다. 둘째, 이자율을 통제할 수 없다는 사실에는 저도 동의합니다. 하지만 당신이 다루는 숫자는 이자율의 변화를 수용할 수 있을 만큼 충분히 커야만 합니다. 지금과 같은 저금리 환경에도 저는 5%의 안전한 수익률을 기대할 수 있습니다. 저는 국내뿐만 아니라 국제적 투자처를 활용하기 때

문입니다. 매년 10%의 수익률을 기대하고 있다면 당신은 이자율 하락으로 인해 큰 타격을 입게 될 것입니다. 변동을 감안하여 기대 수익률을 낮게 잡으십시오.

Q | 좋은 멘토가 부를 향한 여정을 대신해 줄 수는 없나요?

A | 멘토들이 당신을 직접 이끄는 대신 길 안내 역할을 해 준다면 훌륭한 자원이 되어 줄 것입니다. 저도 몇 명의 사람들에게 멘토 역할을 할 기회가 있었는데, 소수의 사람들은 힘들게 일하거나 희생하는 과정에 전혀 관심이 없었습니다. 대신 누군가가 위험을 부담해 주고 힘든 과정에서 손을 잡아 주길 기대했습니다. 멘토란 과정을 대신 걸어 줄 사람이 아니라 당신 스스로의 여정을 다듬어 나갈 수 있도록 조언을 해 주는 사람입니다. 좋은 멘토를 만난다면 순풍에 돛 단 듯 앞으로 나아갈 수 있을 것입니다.

Q | 람보르기니니 대저택이니 하는 물질적인 보상으로 추월차선의 우월함을 설명하면서도 '물질적 사치'를 비난하는 건 위선 아닌가요?

A | 그렇지 않습니다. 추월차선은 물건이 아니라 자유를 사는 행위에 대한 이론이고, 자유란 당신이 원하는 것은 무엇이든 살 수 있음을 의미하기 때문입니다. 물건의 노예가 되는 것과 스스로 감당 가능

한 물건을 사는 것 사이에는 차이가 있습니다. 30만 달러짜리 차를 사고도 차의 노예가 되지 않을 수 있다면, 얼마든지 사십시오.

Q 저는 힘겨운 일상으로부터 자유로워질 수 없을 것만 같아요. 저는 낮에는 가게에서 물건을 진열하고 밤에는 식당에서 접시를 닦습니다. 제 인생에는 진전이 없을 것만 같아요.

A 우선 마음을 바꿔 먹는 것부터 시작하세요. 당신의 믿음이 미래의 선택을 좌우합니다. 진전을 이루고 싶다면 진전을 이룰 수 있다고 믿어야 합니다. 과정을 시작하기로 결심하고, 간단한 선택에서부터 시작하세요. 더 나은 선택을 내리기 위한 첫 번째 과정은 과거에 내린 선택들을 분석하는 것입니다. 당신은 어쩌다 지금과 같은 인생을 살게 되었습니까? 당신의 인생에서 내린 어떤 결정 때문에 식당에서 설거지나 하며 시간을 보내게 되었습니까?

다음으로, 당신이 지닌 재능을 활용하여 남들에게 도움이 될 방법을 개인적으로 고민해 보십시오. 재능이 없다면 만들면 됩니다. 공부와 응용을 통해 어떤 분야에서든 전문가가 될 수 있습니다. 사실입니다. 대신 그러려면 대가가 따릅니다. 지금 바로 텔레비전을 끄고 미래의 행복을 위해 현재의 기쁨을 희생해야 할 것입니다.

당신이 현재 화장실 청소부라도 상관없습니다. 다수의 니즈를 해결할 수 있다면, 한 사람의 니즈도 해결할 수 있습니다. 그 한 사람이 누구냐고요? 바로 당신입니다.

추월차선 라이프스타일을 위한 40가지 다짐

1. 나는 '빠르게 부자 되기'가 불가능한 일이라고 치부하지 않을 것이다.

2. 나는 서행차선이 내 꿈을 묻어 버리게 두지 않을 것이다.

3. 나는 서행차선 예언자들의 교리에 나의 진실이 오염 당하게 내버려 두지 않을 것이다.

4. 나는 서행차선이 유일한 계획이 아니라 계획의 일부가 되게 할 것이다.

5. 나는 주말을 위해 내 영혼을 팔지 않을 것이다.

6. 나는 부를 향한 여정을 대신해 줄 사람을 기대하지도 찾지도 않을 것이다.

7. 나는 내 시간을 돈과 맞바꾸지 않을 것이다.

8. 나는 내 재무 계획을 시간의 통제하에 두지 않을 것이다.

9. 나는 내 재무 계획에 대한 통제력을 잃지 않을 것이다.

10. 나는 시간이 얼마든지 있다고 생각하지 않을 것이다.

11. 나는 사건이 아닌 과정을 믿을 것이다.

12. 나는 자기가 돈을 버는 방법이 아닌 다른 방법을 설교하는 구루의 조언을 듣지 않을 것이다.

13. 나는 복리를 부가 아닌 소득 창출에 활용할 것이다.

14. 나는 돈의 소극성을 존중할 것이다.

15. 나는 졸업 후에도 배움을 멈추지 않을 것이다.

16. 나는 기생적인 부채의 짐을 지지 않을 것이다.

17. 나는 소비자 팀이 아니라 생산자 팀에 설 것이다.

18. 나는 내 꿈의 실현 가능성을 무시하지 않을 것이다.

19. 나는 돈이 아니라 니즈를 좇는 길을 갈 것이다.

20. 나는 애정이 아니라 열정으로 스스로에게 동기를 부여할 것이다.

21. 나는 지출이 아니라 수입에 집중할 것이다.

22. 나는 스스로에게 가장 마지막이 아니라 가장 먼저 투자할 것이다.

23. 나는 모든 사람이 하는 일은 하지 않을 것이다.

24. 나는 모든 사람을 믿는 게 아니라 믿음이 증명되길 기다릴 것이다.

25. 나는 내 사업에 대한 통제력을 잃지 않을 것이다.

26. 나는 히치하이커가 아니라 운전자가 될 것이다.

27. 나는 제한적인 규모와 작은 범위 내에서 행동하지 않을 것이다.

28. 나는 내 선택이 지니는 마력을 인정할 것이다.

29. 나는 연못 속의 구피가 아니라 바다 속의 상어처럼 헤엄칠 것이다.

30. 나는 먼저 소비하는 게 아니라 먼저 생산하고 나중에 소비할 것이다.

31. 나는 진입 장벽이 없거나 낮은 사업을 시작하지 않을 것이다.

32. 나는 남의 브랜드가 아니라 나 자신의 브랜드에 투자할 것이다.

33. 나는 아이디어에 집착하지 않고 실행을 할 것이다.

34. 나는 주주 때문에 고객을 버리지 않을 것이다.

35. 나는 사업이 아닌 브랜드를 구축할 것이다.

36. 나는 기능이 아닌 혜택에 중점을 둔 마케팅 메시지를 고객에게 전달할 것이다.

37. 나는 기회주의자가 되지 않을 것이다. 하나에만 집중하겠다!

38. 나는 체커가 아니라 체스처럼 사업을 운영할 것이다.

39. 나는 생활수준이 소득수준을 넘기지 않되, 소득을 늘릴 방법을 찾을 것이다.

40. 나는 재무적 문맹 상태로 살지 않을 것이다.

부의 추월차선

초판 1쇄 발행 2013년 8월 20일   초판 75쇄 발행 2021년 10월 19일
개정판 1쇄 발행 2022년 2월 4일   개정판 22쇄 발행 2025년 1월 14일

지은이 엠제이 드마코   옮긴이 신소영   펴낸이 김영범

펴낸곳 (주)북새통 · 토트출판사
주소 서울시 마포구 월드컵로36길 18 삼라마이다스 902호 (우)03938
대표전화 02-338-0117 팩스 02-338-7160
출판등록 2009년 3월 19일 제 315-2009-000018호 이메일 thothbook@naver.com

© 엠제이 드마코, 2011
ISBN 979-11-87444-72-5 13320

잘못된 책은 구입한 서점에서 교환해 드립니다.